国家级一流本科专业建设点（旅游管理）建设教材

高等院校旅游管理专业新形态系列教材

U0648757

XIUXIANXUE GAILUN

休闲学概论

第五版

张维亚 汤澍 主编

东北财经大学出版社
Dongbei University of Finance & Economics Press

大连

图书在版编目（CIP）数据

休闲学概论 / 张维亚，汤澍主编 . —5 版 . —大连：东北财经大学
出版社，2024.7（2025.2重印）
（高等院校旅游管理专业新形态系列教材）
ISBN 978-7-5654-5265-9

Ⅰ.休…　Ⅱ.①张…②汤…　Ⅲ.闲暇社会学–概论　Ⅳ.C913.3

中国国家版本馆 CIP 数据核字（2024）第 101704 号

东北财经大学出版社出版

（大连市黑石礁尖山街 217 号　邮政编码　116025）

网　　址：http://www.dufep.cn

读者信箱：dufep@dufe.edu.cn

大连图腾彩色印刷有限公司印刷　　东北财经大学出版社发行

幅面尺寸：185mm×260mm　　字数：292千字　　印张：13.75

2024 年 7 月第 5 版　　　　　　2025 年 2 月第 2 次印刷

责任编辑：魏　巍　　　　　　　　责任校对：宋雪凌

封面设计：原　皓　　　　　　　　版式设计：原　皓

定价：42.00 元

第五版前言

党的二十大报告明确指出，"必须坚持在发展中保障和改善民生，鼓励共同奋斗创造美好生活，不断实现人民对美好生活的向往"。2024年政府工作报告提出，深入学习贯彻习近平文化思想，丰富人民群众精神文化生活。休闲产业是一个关乎广大人民群众生活质量和幸福指数的民生产业、惠民产业。《中国休闲发展年度报告2023—2024》指出，本地休闲和远程旅游快速增长，城镇居民更愿意挤凑时间主动休闲，农村居民休闲意识不断增强；休闲空间以3千米半径为主，近地化趋势更加明显；文化休闲占比稳步提升，休闲需求趋于多元化，互动式、体验式、个性化休闲方式逐渐获得青睐；更多人将休闲时间视为一种"体验生活"的机会，认为休闲是幸福生活不可或缺的重要组成部分，"休闲即生活"的理念逐渐深入人心。

基于以上背景，我们对《休闲学概论》一书进行了第四次修订。本次修订重点做了以下三个方面的工作：

一是坚持价值引领，积极落实立德树人根本任务。党的二十大报告提出，"加强教材建设和管理""坚持为党育人、为国育才"。2024年政府工作报告要求，"落实立德树人根本任务，推进大中小学思想政治教育一体化建设"。国家教材委员会印发的《习近平新时代中国特色社会主义思想进课程教材指南》中指出："全面落实习近平新时代中国特色社会主义思想进课程教材，对引导广大青少年树立马克思主义信仰，坚定中国特色社会主义道路自信、理论自信、制度自信、文化自信，立志听党话、跟党走，形成正确的世界观、人生观、价值观，具有重大意义。"因此，编修体现党和国家意志、传递青年责任担当的新时代旅游专业教材是编者的责任和义务。本书以习近平新时代中国特色社会主义思想为指导，推进党的二十大精神进教材、进课堂、进头脑，秉承"能融则融、宜融尽融、以德促学、以学彰德"的基本原则，通过设置"新时代·新休闲"专栏以及"启智润心"二维码，有机融入经世济民、诚信守约、守正创新、责任担当和文化传承等思政元素，在原有的知识、能力等层次课程目标的基础上，强化教材的价值引领作用。

二是增加休闲产业的最新研究成果，更新数据信息。新时代休闲产业的发展日新月异，理论研究和行业实践时刻都在推陈出新，本次修订及时融入了休闲产业的新成果、新技术、新规范，如旅游休闲街区、旅游休闲空间治理新模式、冰雪旅游、露营经济、沉浸式体感仿真技术和数字孪生技术、海南休闲渔业发展政策体系等，以帮助读者更好地了解休闲产业发展的最新动态及未来发展趋势。

三是充分运用现代信息技术，打造数字资源丰富的新形态教材。党的二十大报告指出："推进教育数字化。"本书充分适应信息技术与教育教学深度融合的需要，以二维码的形式设置"启智润心""休闲驿站""边听边记""在线测评"等栏目，为学生的自主学习和研究性探索提供立体化素材支撑。

本书由张维亚、汤澍担任主编。全书共分为7章，各章编写分工如下：张维亚、童明明编写第1章、第2章、第3章；汤澍编写第4章、第5章、第7章；张维亚、蔡道华、童明明编写第6章。本书在修订过程中，东北财经大学出版社魏巍编辑提出了许多中肯建议，在此表示衷心感谢。

从2022年7月国家发展改革委、文化和旅游部联合印发的《国民旅游休闲发展纲要（2022—2030年）》可以看出，我国正在以美好生活为导向，积极推进国民休闲高质量发展。政府持续优化节假日分布格局，切实保障居民休假的权利。各地主动培育主客共享、近悦远来的多元化消费场景空间。业界以文化创造、科技创新和产业投资，为国民休闲注入高质量发展新动能。编者能够参与到休闲产业教育，见证中国从旅游大国向旅游强国迈进，既感到万分荣幸，又感到肩上责任的重大，衷心感谢学界和读者一如既往地支持《休闲学概论》一书，同时希望各位专家和读者不吝赐教，共同帮助它成长、成熟。

编 者

2024年4月

目录

数字资源目录

思政导图

典型案例	思政元素	思政目标	思政元素	典型案例

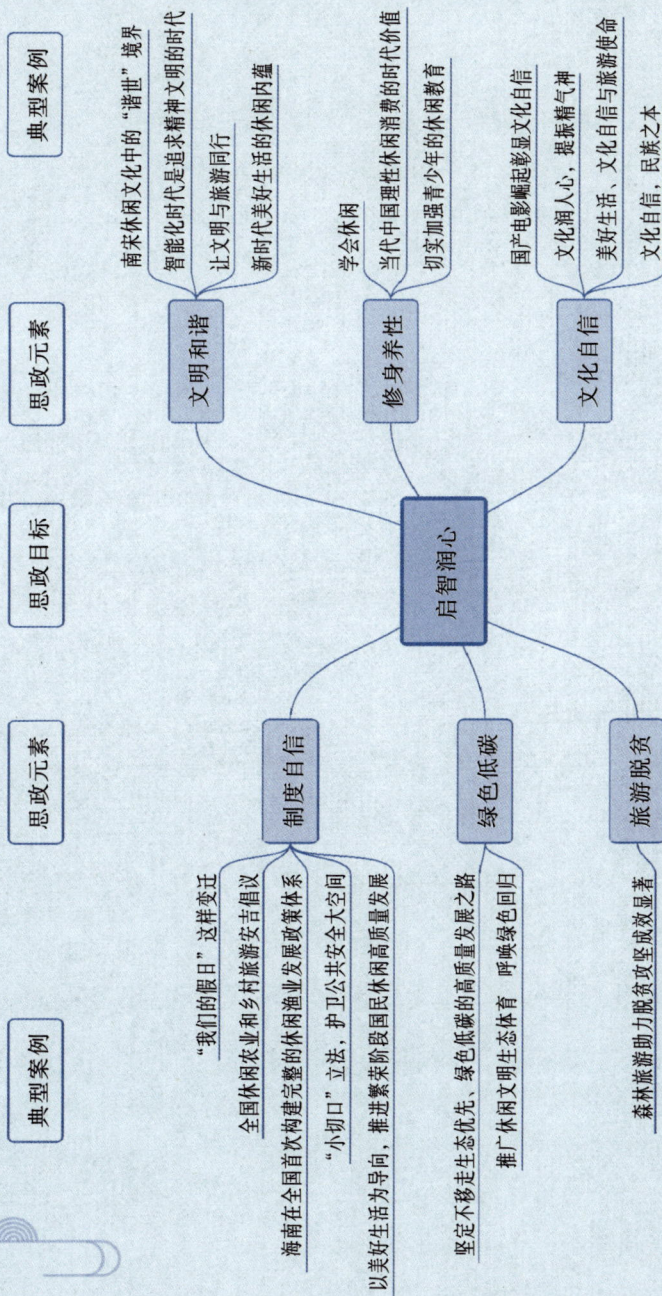

文明和谐
- 南末休闲文化中的"谐世"境界
- 智能化时代是追求精神文明的时代
- 让文明与旅游同行
- 新时代美好生活的休闲内蕴

修身养性
- 学会休闲
- 当代中国理生休闲消费的时代价值
- 切实加强青少年的休闲教育

文化自信
- 国产电影崛起彰显文化自信
- 文化润人心，提振精气神
- 美好生活，文化自信与旅游使命
- 文化自信，民族之本

启智润心

制度自信
- "我们的假日"这样变迁
- 全国休闲农业和乡村旅游业发展政策体系
- 海南在全国首次构建完整的休闲渔业发展政策体系
- "小切口"立法，护卫公共安全大空间，推进繁荣阶段国民休闲高质量发展

绿色低碳
- 坚定不移走生态优先、绿色低碳的高质量发展之路
- 以美好生活为导向，推广休闲文明生态体育呼唤绿色回归

旅游脱贫
- 森林旅游助力脱贫攻坚成效显著

第 1 章

休闲概述

【学习目标】

知识目标：

• 理解休闲的定义及内涵。

• 熟悉休闲的分类。

• 掌握休闲的特征。

技能目标：

• 能够结合休闲的历史，分析当代休闲问题。

素养目标：

• 树立正确的休闲观，增强民族自信心与自豪感。

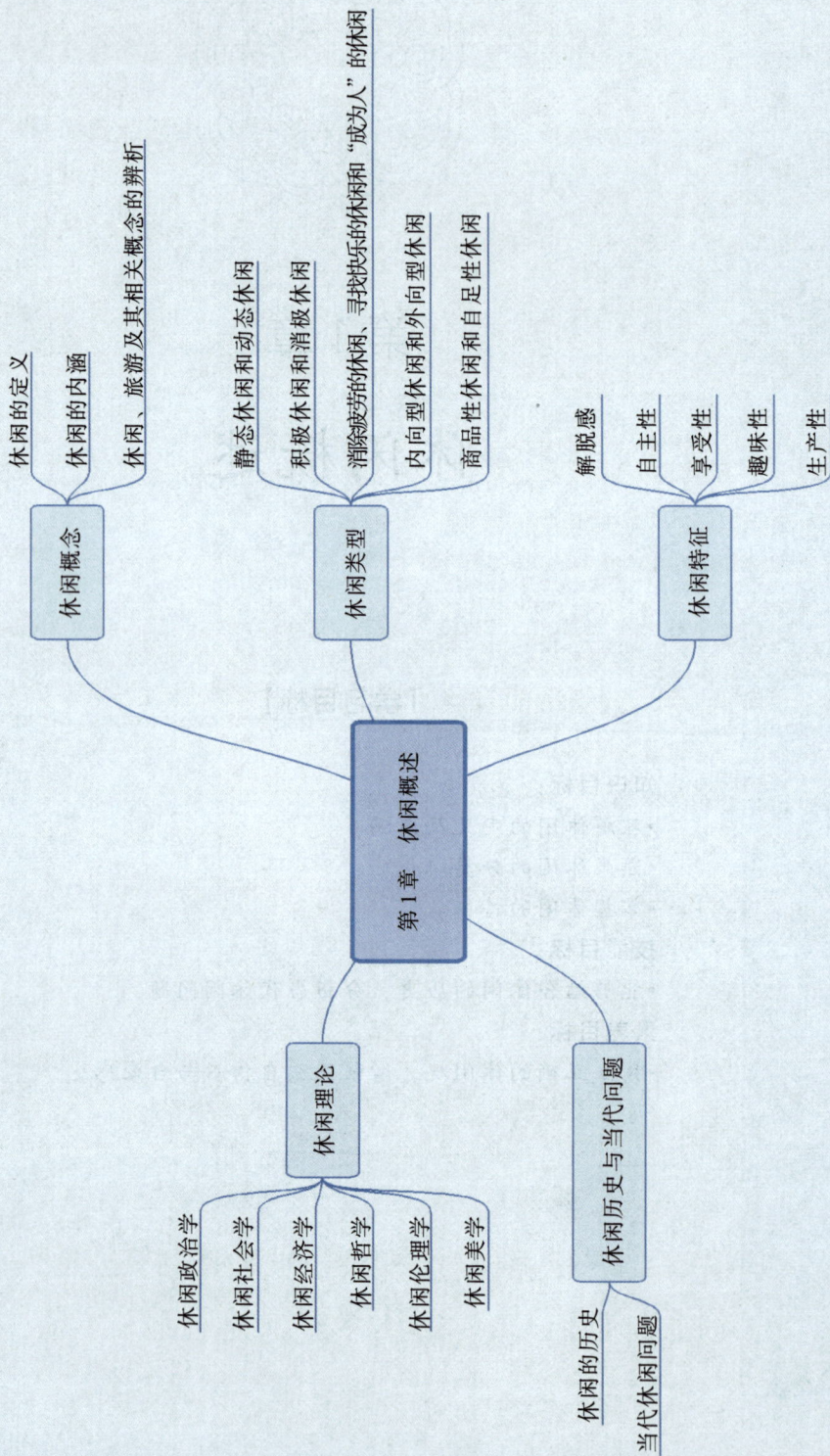

【思维导图】

第 1 章 休闲概述

休闲概念
- 休闲的定义
- 休闲的内涵
- 休闲、旅游及其相关概念的辨析

休闲类型
- 静态休闲和动态休闲
- 积极休闲和消极休闲
- 消磨疲劳的休闲、寻找快乐的休闲和"成为人"的休闲
- 内向型休闲和外向型休闲
- 商品性休闲和自足性休闲

休闲特征
- 解脱感
- 自主性
- 享受性
- 趣味性
- 生产性

休闲理论
- 休闲政治学
- 休闲社会学
- 休闲经济学
- 休闲哲学
- 休闲伦理学
- 休闲美学

休闲历史与当代问题
- 休闲的历史
- 当代休闲问题

引例

中国文化语境下的休闲概念

从古人对休闲及相关概念的理解中可以看出，休闲观念在中国起源较早，休闲表达的是一种优游闲暇的存在方式和生命态度。通过词源考察可以发现，"休""闲""游"等字出现很早，且较早被赋予了放松身心的含义。休闲及相关概念在古籍中出现的顺序依次是：《庄子》中的"闲游"、《韩非子》中的"游戏"、《史记》中的"游闲"、《三国志》注文中的"休闲"、《悲哉行》中的"旅游"、《晋书》中的"旅行"。"闲游"与"游闲"的内涵类似于"动态休闲"。休闲及相关概念的关系是，"休闲"包含"动态休闲"（游闲）和"游戏"，"动态休闲"（游闲）包含"旅游"，大部分"游戏"属于"动态休闲"（游闲）的范畴，"动态休闲"（游闲）和"旅行"的共有部分为"旅游"。"休闲""动态休闲""旅行""旅游""游戏""竞技"的交叉部分为"畅爽体验"。

资料来源　张野. 中国文化语境下的休闲及相关概念的考察 [J]. 旅游学刊，2013（9）.

1.1　休闲概念

1.1.1　休闲的定义

1）西方学者对休闲的定义

20世纪初，西方学者不断对休闲进行定义与诠释，从词源学上来阐释英文"leisure"一词，发现其源自拉丁文"licere"，"licere"也是"许可"（license）和"自由"（liberty）的词源。因此，休闲是一种理念上的自由状态和精神上的启蒙。对休闲的种种定义进行归类，大部分定义都会出现在四种基本语境中，它们分别是时间（time）、活动（activity）、存在状态（state of existence）和心态（state of mind）。代表性观点有：从时间语境来看，布赖特比尔提出，休闲是去掉生理必需时间和维持生计所必需的时间之后，自己可以自由支配的时间。基斯特和弗瓦认为，休闲是人们从劳动或其他义务工作中解放出来，自由地放松、转换心情，取得社会成就并促进个人发展的可利用的时间。从活动语境来看，休闲是在自由时间内的活动或体验。皮尔斯认为，休闲是自愿性而非强迫性的活动，其目的在于获得真正的娱乐。从存在状态语境来看，亚里士多德认为，休闲是一种深思的状态，是一种不需要考虑生存问题的心无羁绊的状态。休闲是一种人们在活动中找到的乐趣，即经验或经历质量，或者说是一种人们在工作中找到的乐趣。这种理解并没有把工作和休闲看成绝对对立的两者，休闲的自由是一种成为状态的自由，是一种在生活规范内作决定的自由，是一种在摆脱义务或责任的同时对具有自身意义和目的的活动的选择。从心态语境来看，休闲不仅涉及心理，而且与精神状态有关。休闲作为个体的一种思想状态，具有很大的主观性。杰弗瑞·戈比对休闲的定义是："休闲是从文化环境和物质环境的外在压力中解脱出来的一种相对自由的生活，它使个体能够以自己所喜爱的、本能地感到有价值的方式，在内心之爱的驱动下行动，并为信仰提供一个基础。"

纵观学者们对休闲的阐释，我们可以看出，不论从何种观点来看休闲，其都包含了一个重要的因素——自由。休闲是人类在自由时间内的自由活动和自在体验。自由是一个过程，而非静止的状态。只有在自由中，人性的"成为"过程才能发生。所以本书认为：休闲的中心要素是自由，休闲是自由的选择，是无条件的，自由是休闲的真正本质。

2）中国语境下休闲的定义

在中国语境下，从字义的角度进行考察，"休"在《现代汉语词典》中被解释为吉庆、欢乐。"人依木而休"，体现了人类生存过程中劳作与休憩的辩证关系，强调了人与自然的和谐。《诗经·商颂·长发》中有"何天之休"之句，释"休"为吉庆、美善、福禄之意。郑玄笺："休，美也。"《左传·襄公二十八年》中记载："以礼承天之休。"杜预注："休，福禄也。""闲"，通常引申为规范，多指道德、法度。《论语·子张》中记载："大德不逾闲。""闲"也有限制、约束之意。《周易·家人卦》中记载："闲有家。"孔颖达疏："治家之道，在初即须严正，立法防闲。""闲"还通"娴"，有熟习之意。从词语的组合上考察，"休闲"不同于"闲暇""消遣"，它强调精神的休整和颐养活动的充分进行，强调人与自然的浑然一体，强调赋予生命以真善美。"休"与"闲"是中国文化背景下"休闲"一词的词源。古代的"游""戏""闲""乐""艺"等，近代的"游艺""游戏""娱乐"等，都是休闲的表达形式之一。

20世纪80年代初，中国学者主要使用"自由时间"一词，在介绍西欧的学术著作时主要使用"闲暇"一词。"休闲"一词在中国语境中逐渐成为主流词语是在20世纪90年代末，休闲科学引入中国是在21世纪前后。中国学者也给"休闲"一词下了诸多定义，代表性观点如下：

于光远先生把"休闲"理解为"休"与"闲"在社会生产发展后的产物。马惠娣认为，休闲是人的生命状态的一种形式，一般包括两个方面：一是消除体力上的疲劳；二是获得精神上的慰藉。休闲不仅与人的全面发展密切相关，而且与实现人的自我价值和"心灵的永恒性"密切相关，因为休闲不仅是为了寻求快乐，更是为了寻找生命的价值与意义。刘啸霆认为，休闲的层次之一是有意休闲，即把休闲当作一种有意识、有准备的活动，追求一定的休闲质量，其隐含的目的还是更好地劳动；层次之二是追求休闲意蕴，这是在有了相对充裕的自由时间后，把休闲本身当作直接目标的一种社会行为。季忠认为，"休闲是现代人的一种生存方式和存在状态"，也是"主体自由自在活动的过程"。

虽然国内学者对"休闲"的定义尚无定论，但从学者们对"休闲"的理解上可知，休闲是人在一定的时间内保持平和、放松、自由自在，从而达到和谐（人与自然的和谐、人自身的和谐）的一种措施。自由是人类个体存在和发展的前提和基础，是身心状态达到和谐一致的状态。休闲强调的是以人为本，突出人在万事万物中的主导地位。从本质上讲，休闲是一个通过自我认识而获得自由并发现生命意义的过程，最终休闲可以帮助个体自由地、完美地表现出一个真实的、真正的自我。休闲强调的是内在的无忧无虑，强调的是一种平静，在追求完美人性的道路上使人"成为人"，即只有领悟到自由，人们才能达到休闲的境界。因为休闲的内核是自由，休闲的本质是自由。

3）不同视角下的休闲

随着社会的进步，休闲的定义也在不断发生变化，因此从不同的视角看休闲会得出不同的结论。

大众眼中的休闲，通常是指工作时间以外的剩余时间，休闲的意义和功能主要体现在恢复体能和打发时间上。人们在闲暇时购物消费、参与社会活动、进行娱乐休息，这是从事劳动后进行身心调整的过程，和劳动的再生产及必要劳动后的体力恢复相联系。

社会学家把休闲看成一种社会建制以及人的生活方式和生活态度，是发展人的个性的场所。近一个世纪以来，社会学家对休闲的研究取得了丰硕的成果，如各阶层对休闲时间的利用、休闲对社会生活的影响、未来社会人们对休闲价值的认识、休闲生活的设计和休闲文化的发展等。这些研究成果旨在指导人们对休闲行为做出价值判断和选择，使人们的知识、信念、态度、行为、技能等方面的能力不断得到提高。

经济学家考察休闲，侧重于休闲与经济的内在联系，根据休闲时间的长短，制定新的经济政策，促进不同方面的消费，调整产业结构，开拓新的市场。在西方发达国家，休闲产业是国民收入的重要来源，是政府部门制定相关政策必须考虑的因素。休闲产业的发展促进了产业格局的变化，在休闲业就业的人数占全部就业人数的比重相当大，这不仅促进了物质生产以外的社会交往的活跃，而且促进了在物质交往基础上的精神交往的产生。

哲学家研究休闲，会把休闲与人的本质联系在一起。休闲之所以重要，是因为它与实现人的自我价值和精神的永恒性密切相关。在人的一生中，休闲是一个持久的、重要的发展舞台，是完成个人与社会发展任务的重要空间。休闲本身是一种精神体验，是人与休闲环境融合的感觉，是体现人的社会价值、生活价值乃至生命价值的过程。

如果将休闲上升到文化的范畴，则休闲是指人在社会必要劳动时间之外，为不断满足自身多方面的需要而处于的一种文化创造、文化欣赏、文化建构的生命状态和行为方式。休闲的价值不在于实用，而在于文化。休闲使人在精神的自由中经历审美的、道德的、创造的、超越的生活方式。休闲是有意义的、非功利性的，它赋予人一种文化的内涵，可以支撑人的精神。

从审美的角度看，休闲可以愉悦人的身心。建立在休闲基础之上的行为，或是休息、娱乐，或是学习、交往，它们都有一个共同的特点，即使人获得一种愉悦的心理体验，产生美好的感觉。人与自然的接触，塑造了人坚韧、豁达、开朗、坦荡的品格；人与人的相互交往，使人与人之间变得真诚、友善、和谐、美好。休闲还会促进

人的理性的进步，许多哲学思想由此产生，如天人合一思想、生态哲学思想、可持续发展思想等，人类的科学发现、技术发明也与休闲紧密相关。通过休闲，人们不仅锻炼了体魄，激发了创新的灵感，而且丰富了情感世界，坚定了追求真善美的信念。

休闲同其他任何社会活动一样，都是在具体的环境中建立起来的，具有多层次性和多样性，甚至存在许多或然因素，因此不存在一个对所有人都适用的休闲模式。休闲的效果取决于每个个体的经济条件、社会角色、文化背景等因素。

休闲广角镜 1-1　　　　　　中国传统休闲文化遗产

中国传统休闲文化遗产分为物质遗产、精神遗产和行为遗产。其中，物质遗产包括我国至今留存的所有具有代表性的休闲场所；精神遗产包括中国历代形成的与休闲游憩有关的思想和文献；行为遗产包括休闲行为，如古乐、古代歌舞、戏剧、游戏、杂技、民间传统竞技活动等。

资料来源　吴承忠. 国外休闲政策实践及其启示 ［J］. 武汉大学学报（哲学社会科学版），2015（2）.

小思考 1-1

如何构建中国特色休闲文化体系？

1.1.2　休闲的内涵

1）休闲是一种时间的利用方式

社会学家将休闲看成一种时间的利用方式，是个人在闲暇时间所从事的各种非工作性活动，是社会普遍存在的、正常的人类行为，是一个发展人的个性的场所。持这种观点的学者主要有贝克、迪马泽迪耶和罗伯茨等。贝克认为，休闲才是人们真正追求的活动，而不仅是简单的辛劳之余的恢复精力之举。休闲和活动是不矛盾的，休闲本身就是一种活动，并且是最高形式的活动，是合乎理性的精神活动的一部分，但是休闲与那些不是自己所真正追求的，而是出自其他目的的活动是相矛盾的。迪马泽迪耶也将休闲看成人们为了以某种方式提升自我而选择的活动，他认为所谓休闲，就是个人从工作岗位、家庭和社会所赋予的义务中解脱出来，为了休息，或为了培养无利害关系的知识和能力，或为了自发地参加社会活动和自由地发挥创造力，而完全随意进行的活动的总体。罗伯茨更是将休闲直接定义为相对自由地从事非工作性活动。

社会学家从时间利用方式的意义上来定义休闲，重点在于考察人们以怎样的方式度过闲暇时间。这一定义强调了时间的不同用途，特别强调了休闲和工作是两种完全不同的利用时间的方式，因此休闲被视为工作的对立面。但事实上，工作和休闲并不是对立的领域，而是人类的不同行为方式。将休闲定义为非工作性的活动，其优点在于能够对人们利用闲暇时间的不同方式进行区分，有利于对闲暇生活的多样化进行描述。因为不同的休闲活动，实际上可以看成不同的闲暇生活方式。其缺点在于，根据这一定义判断一项活动是否属于休闲，主要看该活动是否在闲暇时间完成，但我们无法确切地知道一个人是否能从某一项休闲活动中得到真正的休闲感觉，也许某一项休闲活动带给某人的是非休闲的感觉，甚至有些人从工作中得到的乐趣比从休闲中得到的乐趣更多。也就是说，按照这一定义，工作不可能是休闲，有些在闲暇时间进行的活动可能对人是有害的，则会被看成休闲，这显然是不合理的。

总之，由于人类有无数种利用闲暇时间的方式，任何研究都无法列出一个详尽的关于休闲方式的清单。因此，任何从活动的角度对休闲所做的定量研究都是不完备的，而且定性研究也是存在缺陷的。

2）休闲等同于闲暇时间

持这一观点的学者也大多来自社会学领域，他们认为休闲就是闲暇时间本身，从而没有对休闲和闲暇时间加以区分。例如，最早将休闲问题从隐问题转为显问题的美国学者认为，休闲一般被定义为空闲时间，即除了工作和其他责任之外的时间。布赖特比尔将休闲定义为生存所需以外的时间，即在完成生理上为了维持生命所必须做的事情以及为了谋生所需要做的事情后剩余的时间，亦即可以自由运用的时间。

将休闲等同于闲暇时间，其优点在于能够对休闲加以量化。一般来说，作为活动的休闲本身是无法量化的，因此也不能对休闲这一活动本身进行定量分析。如果将休闲看作闲暇时间，就能确切地衡量出个人休闲的变化情况，休闲就可以量化了。因此，这类概念被广泛应用于个人时间的估算研究中。但这一定义也存在一个缺陷，即它把时间本身变成了目的，至于人们在闲暇时间里是否真正处于休闲状态，反倒变得不重要了。休闲虽然以闲暇时间的存在为前提，但闲暇时间并不一定是休闲，这也是社会学家格拉齐亚的观点。格拉齐亚认为，将休闲等同于闲暇时间，即工作的反面，是非生产性的，这种观点是危险的，因为如果一个国家的居民有很多闲暇时间却不知道如何去休闲，那么和平与繁荣不一定会带来幸福。

3）休闲是一种愉悦的心理体验

休闲心理学家大多将休闲看作一种心理体验，或者一种精神状态，它包含了对获得快乐的自我表达。格拉齐亚将休闲视为一种愉悦的感觉，他认为休闲和休闲活动是有区别的，并不是所有休闲活动都能给人们带来休闲的感觉。比如，我们选择去度假，结果下起了雨，住在又冷又潮的帐篷里，这虽然算是休闲，却不太好玩。其他学者如纽林格、曼内尔也认为，休闲是一种主观的感觉，是一种以人的闲适、放松、愉悦、发展等为目的的精神状态。他们认为，休闲是为了体验某种东西而自由选择的一种感知，一个人自由选择的机会越多，参与某一活动的动机越是来自活动本身而不是外界的强制；一个人醉心于其中的活动越是与工作无关，越是目标性强，其体验就越有可能被定义为休闲。纽林格甚至希望可以用某种方式来测量休闲，即使这种测量的对象必须是个人的感知。奇克森特米哈伊则研究了最佳休闲体验的存在，他将休闲者所感知到的最佳休闲体验称为"爽"。

从体验的意义上来定义休闲，即将休闲看成人们发自内心的一种自愿选择，从而揭示了人们选择休闲的心理本质和内在动机。但这一定义也存在一定的缺陷，即由于一项活动是否被定义为休闲，在很大程度上取决于参与者个人的体验，因此同样一项活动，对某个人来说可能是休闲，在另一个人看来则可能不是休闲。因此，许多从事休闲研究的学者认为，要根据体验来判断某项活动是否为休闲，几乎是不可能的。

4）休闲是一种自由的生存状态

自由是休闲的核心，是人的最高目的和终极追求。柏拉图认为，休闲是自我发展和表达的自由时刻。亚里士多德继承了柏拉图的观点，他在《政治学》一书中将休闲定义为免于劳动需求的自由，是存在于必要劳动之外的一种自由状态。迪马泽迪耶曾明确指出，休闲是一种新的、个人是自己的主人并使自己感到愉快的社会需要。格拉齐亚则认为，休闲是一种罕见且奇异的状态，只要有任何社会操纵的痕迹，或是缺乏自由表现的可能，就无法称为真正的休闲。因此，休闲是自由，它以人们相对自由的选择为特征，是一种在摆脱责任与义务的同时对具有自身意义和目的的活动的选择。罗伯茨指出，闲暇时间可以被定义为不需要承担义务的时间，而休闲活动可以被定义为不需要承担义务的活动。在工作中，一个人的时间不是他自己的，他的行为也不能凭他的个人兴趣而决定。下班后，一个人也有一些特定的、由习俗或法律规定的义务需要完成，如个人对家庭应尽的义务。只有当这些义务完成后，一个人才真正拥有闲暇时间。在这段时间里，他可以根据自己的意愿或爱好行事，他才真正实现了休闲。

这类定义主要是从哲学的意义上得出的，考察的主要是休闲的哲学本质，认为自由是人类追求的最终目标，追求自由是人的本性。社会的进步、文明的演化、人类的解放以及个性的发展，都是为了追求自由，为了实现由必然王国向自由王国的飞跃，使人真正成为人。人类真正的自由是在闲暇时间里发展的，因此休闲才是生活的本来目的。

5）休闲是一种生活态度或方式

这一定义也是研究休闲问题的哲学家们最早提出来的。从传统上看，休闲是人们在闲暇时间进行的，以寻求放松愉快的情感体验为主要目标，从而在心理上和身体上得到满足的生活方式。休闲的特征是通过人的个体或群体的行为、思维、感情、活动等方式，创造文化氛围，传递文化信息，构筑文化意境，从而实现个体身心全面完整的发展。正如哲学家皮珀所言，休闲是一种思想或高尚的态度，不是外部因素作用的结果，也不是利用空闲时间的结果，更不是游手好闲的结果。他认为，休闲作为一种现实存在，首先通过人的外在形式表现出来，并且是由特定历史时期的人们对其所面对的生活和所抱有的生活理想确立起来的文化样式、生活方式、价值取向所决定的。休闲同知识与美德、愉快与幸福是不可分离的，是对自由、教育与文化的维系，是通过节制行为、限制奢望和避免对世俗占有物的竞争而获得一种内心世界的安宁与快乐的人生状态。它的意义在于为人类构建一个精神的家园，使人类的心灵有所归依。因此，亚里士多德明确指出，唯有休闲者才是幸福的，这一思想无疑也符合中国古代的休闲观。中国古代的休闲观强调，休闲不是建立在物质基础上的享乐，而是心智和精神上的一种态度，是恬静的心境、简朴的生活和人与自然的和谐共存。

6）休闲是一种时间的非生产性消费

经济学家一般将人们的活动分为生产性的和非生产性的。在早期的经济学理论中，休闲就被看成一种时间的非生产性消费。持这一观点的经济学家把时间本身看成一种消费品，因此休闲就是一种以时间为消费对象的消费活动。欧文认为，休闲可以被看成一种用于生理、工作和家务劳动以外的自愿性活动的时间消费。由于时间被直接用于消费而不是生产，因此休闲是不创造价值和财富的活动，是非生产性的纯消费活动，是一种浪费时间的行为。基于此，休闲在早期没有受到经济学家的鼓励，反而一再成为他们批判的对象。

18世纪下半叶以来，随着资本主义工业社会的来临，休闲在带有资产阶级印记的幸福的概念中开始确立起来，并被人们所追逐。新兴资产阶级给幸福的定义是：首先要有一定的社会地位、金钱、安全保障，也就是说，要有一系列的外在条件。因此，对幸福的追求就成为一种对财富的占有欲，正是在对财富的追逐中，休闲被扭曲了，变成了一种炫耀富有的消费活动，变成了生产的附属物，变成了为经济和政治所控制的工具，而不是发展和完善自我的条件。在这样的环境下，休闲只剩下了对财富占有和控制的欲望，休闲仅仅是一个小小的虚假的自主空间。

将休闲看成时间的非生产性消费，仍是从活动的角度对休闲进行定义的，不过它不再是社会学家眼中的活动，而是经济学家眼中的活动，是一种消费活动。事实上，消费者的休闲不但是一种对时间的消费，而且是一种对物质和服务的消费。尤其是在现代社会，由于工作时间的减少和闲暇时间的增多，人们在工作之余用于恢复体力和脑力的时间已经非常充裕，因此休闲中消遣和休息的成分日益减少，休闲成为一种更加积极的自主选择的活动。同时，收入的增加又提高了人们自主选择的可能性，过去那种将闲暇时间作为唯一消费对象的休闲活动大大减少了，现在人们往往追求在闲暇时间里消费越来越多的休闲物品和休闲服务，以获得尽可能多的休闲满足。在这样的背景下，与其说休闲是对时间的消费，不如说休闲是一种以闲暇时间为载体的对休闲物品和休闲服务的消费活动。如今，休闲已经成为现代社会最重要的一种消费活动，成为拉动消费需求进而推动经济持续增长的重要引擎，其重要性还会随着社会财富的不断增长而增强。而休闲一旦被看成一种消费活动，它必然会和休闲供给、休闲需求、休闲产业、休闲经济等概念联系在一起，从而也会适用于经济学的分析框架。

1.1.3 休闲、旅游及其相关概念的辨析

休闲、旅游及其相关概念是休闲学与旅游学研究的理论基石。然而，目前学者们对休闲、旅游及其相关概念的理解尚没有统一的标准。

休闲是指人们在闲暇时间里所从事的各种自由活动，它是当今社会人们的一种重要生活方式，被誉为现代社会的"安全阀"。在国外，休闲常常在三种意义上被使用：一是闲暇时间；二是休闲活动；三是在休闲活动中人的闲适的精神状态。实际

上，这三种意义通常结合在一起使用。

旅游，即旅行游览，是指人们暂时离开常住地而前往异地他乡游览的一种休闲活动。区别旅游与一般休闲活动的关键在于人们是否离开了惯常的环境。正如有些学者所指出的，旅游是指个人前往异地以寻求审美和愉悦为主要目的而度过的一种具有社会、休闲和消费属性的短暂经历。这是我国传统文化中的旅游概念，也是当前国内旅游学术研究中所谓的狭义的旅游概念，更是社会大众所知道、认同的旅游概念。此外，还有一个与国际接轨的广义的旅游概念，即人们为了休闲、商务和其他目的，离开惯常的环境，到某些地方去以及在某些地方停留，但连续停留时间不超过一年的活动。广义的旅游概念由三个要素组成：离开惯常环境的旅行距离；停留时间不超过一年；旅行目的不是就业和移民。但是，这种广义的旅游概念可能将旅游泛化为旅行，因此仍然需要进一步探讨。

闲暇、娱乐、游憩和休息是与休闲、旅游紧密相关的概念。闲暇，一般是指空闲、暇时，也就是闲暇时间。人们的休闲活动需要以闲暇为条件，这就是闲暇与休闲的关系。有时候，人们也把闲暇看作休闲活动，从这个意义上来说，闲暇类似于休闲，但用休闲似乎更通俗，更容易为人们所接受。娱乐，顾名思义，是指欢娱快乐。人们试图通过快乐有趣的娱乐活动，获得身心的喜悦和体魄的康健。它是人的自然情绪或本性的流露，具有集体性、竞技性和智慧性等特点。显然，娱乐是休闲的一种形式，休闲离不开娱乐，跳舞、爬山、划船、养花、赏鸟、看戏、听音乐等娱乐活动都是现代甚为流行的休闲方式。游憩是指游乐、游戏，它包括旅游和娱乐，由于娱乐既可以是室内活动，也可以是室外活动，因此游憩也有室内和室外之分。休息是指劳累时暂停活动，以恢复精神体力。严格地说，休息并不是一种休闲方式，因为休闲并非无事闲着，而是有积极意义的，但是休息为人们实现自我、追求高尚的精神生活、获得心灵的体验提供了机会。因此，从这个角度来看，休息与休闲、闲暇、游憩、娱乐及旅游在本质上并不是同一性质的概念。

从狭义的旅游概念来看，我们可以认为旅游即异地休闲，旅游是休闲的一部分。在休闲时代，休闲已经成为一种重要且不可或缺的生活方式，而这种日益旺盛的休闲需求正是推动休闲业和旅游业持续发展的原动力。同时，休闲方式也会因社会的进步而日趋多样化，新的休闲方式将不断产生，一些传统的休闲方式也将被赋予新的内容。

由于旅游是休闲的一部分，因此旅游学也是休闲学的一部分。这种关系正如人文地理学和经济地理学的关系一样，随着经济地理学的不断发展及学科体系的日益完善，有人认为经济地理学已经从人文地理学中独立出来了。同样的道理，随着人们对旅游的关注以及旅游学科的蓬勃发展，旅游学似乎已经从休闲学中独立出来了。

从休闲与旅游，以及休闲学与旅游学的关系来看，休闲学与旅游学的研究内容、研究方法都是相似的。相互借鉴研究方法，无论是对休闲学与旅游学的研究，还是对休闲业与旅游业的发展，都具有十分重要的意义。因此，休闲产业与旅游产业必将在休闲时代相互融合、相得益彰，休闲学与旅游学也必将在休闲时代相互促进、共同进步。

1.2　休闲类型

　　通过对不同时代、不同文化中人们的休闲活动，以及人们对休闲的不同理解的考察，我们不难发现，休闲常常与闲暇时间、自由选择、劳动、快乐、人生意义等关键要素联系在一起。同时，当代休闲还呈现出这样的特点：第一，人们的休闲时间越来越多；第二，休闲正在面向所有人；第三，各国、各地区的休闲文化有同化的趋势；第四，劳动与休闲都是寻找人生意义的途径；第五，休闲的价值越来越受到人们的重视，同时作为一种产业的休闲，其作用与日俱增；第六，休闲体现出的雅文化和俗文化的分野渐渐模糊。根据不同的标准，人们对自由生活的追求——休闲可以分为不同的类型，但所谓不同的类型并不是一种绝对的差别，只是划分休闲所依据的标准有所不同。

1.2.1　按照表现形式的不同，休闲可以分为静态休闲和动态休闲

　　静态休闲是作为存在状态以及直接体验的休闲，它是一种相对静止的状态，包括在思考中寻找生命的意义及生理或心理的休闲感，这种状态通常表现为感觉到自我心无羁绊、从容宁静，甚至忘记了时光流逝。亚里士多德所说的"沉思"就能达到这种状态。《论语》中有言："吾日三省吾身：为人谋而不忠乎？与朋友交而不信乎？传不习乎？"一日三省就是为了获取一种内心的宁静与满足，从而创造一个更具理性的自我的过程。心理学家纽林格认为，"休闲感有且只有一个判据，那便是心之自由感"。

　　动态休闲是作为活动的休闲，它是个体实实在在的行动，是个体休闲价值观的外在表现形式。从这个角度来看，休闲不仅是感觉，而且是决定和行动。动态休闲的一个取向是找到一种能够促进发展的行动方式，如工作之余的写作、垂钓、绘画等，这些都是个体获取能力感和自我创造感的行为方式。动态休闲的另一个取向则是社会。人天生是社会动物，人的休闲活动可以是独处的，也可以是社交的，但休闲确实发生在社会空间里。在社会空间里发生的动态休闲，不仅能够创造出一个不同的自我，而且可以创造出一种共同体——具有相同休闲行为的个体的集合。

1.2.2　按照影响结果的不同，休闲可以分为积极休闲和消极休闲

　　积极休闲是休闲者主动、积极、自由选择的结果，是休闲者在内心之爱的驱动下本能地以自己喜爱的方式进行的行动。休闲既包括对自我的创造，也包括其他关系或物质方面的创造。一个人写作，可以是为了写下当时涌动的文思，也可以是为了使他人有更多可以阅读的东西；一个人作曲，可以是为了抓住灵光一闪的音律，也可以是为了使世人能听到更好的演奏；一个人画画，可以是为了留住那一片美丽的景色，也可以是为了使人们能观赏到纸上的景致和体会到作者的意境。所以说，积极休闲既是为自己，也是为他人；既是自我的发展，也可以使他人受益。

消极休闲在一定程度上是积极休闲的对立面，它通常包括这样一些状况：被压迫状态下进行的休闲、无所事事地独处和闲玩，以及那些我们的主流文化并不鼓励的、对自身有害的活动。被压迫状态下的休闲，如违法者被判做社区服务，但他仍从中获得了"休闲"的体验；一个小孩在原本希望打篮球的时间里被父母送去学钢琴，却没有想到原来学钢琴也很快乐。无所事事的独处和闲玩常见于连续加班数天后心情烦闷的情况，如人们常说"我只想找个清静的地方好好休息一下"。提起那些主流文化并不鼓励的、对自身有害的活动，我们也许很快会想到令许多父母头痛的"网瘾"。长时间地和习惯性地沉迷在网络时空中是对时间这一宝贵资源的浪费，更可怕的是，还会造成一种畸形的人格。

1.2.3 按照作用层次的不同，休闲可以分为消除疲劳的休闲、寻找快乐的休闲和"成为人"的休闲

一般意义上的休闲包括两个方面：一是消除身体上的疲劳，恢复生理上的平衡；二是获得精神上的慰藉，成为心灵的驿站。

消除疲劳的休闲是对劳作状态的剔除，是一种生理和心理上的放松。例如，农民在一天耕种结束之后的歇息。"一箪食，一瓢饮"的身体能量的补充，或者富有情调的"烛光晚餐"，这里的重点不是膳食是否丰盛，而是要让身体符合"能量守恒定律"。

寻找快乐的休闲上升到了精神层面，就是一种精神的寄托，一种远离外部压力的"自我的世界"。通过休闲，不论是静态休闲还是动态休闲，我们都能获得一种满足感。例如，踢球之后或者著作完成后，都会让人感到畅快、充满乐趣。

我们说休闲，旨在从中发现人生的价值和生命的意义。"成为人"的休闲是一种高投入的创造性活动，这种休闲使个体寻找到自我，发展了自我，既是个体对自身的肯定，也获得了外部环境的肯定。

1.2.4 按照目的的不同，休闲可以分为内向型休闲和外向型休闲

休闲的目的是多种多样的，可以是恢复体力、寻找心灵的驿站（这属于内向型休闲），也可以是获得一种他人认可的结果（这属于外向型休闲）。内向型休闲既包括个体劳作后的休息、自娱自乐，也包括个体为了增长知识、提高技能的休闲活动。内向型休闲只涉及休闲者自身，与他人无关，是一种独善其身的休闲。外向型休闲不仅涉及休闲者自身，而且包括外在的成分，如志愿者们为环保而做的宣传、为帮助他人所行的义举等，这些在一定程度上也是一种兼济天下的休闲。

1.2.5 按照是否商业化，休闲可以分为商品性休闲和自足性休闲

我们知道，市场这只无形的手已经伸进了几乎每一个领域，如个人的衣、食、住、行，企业的创建、经营和发展，政府的采购等。在市场经济引领时代发展的今天，无论是普通公民、企业管理者的休闲活动，还是政府公务员的休闲活动，都或多

或少地带有市场的印记。我们说的商品性休闲是指个体的休闲感来源于对作为商品的休闲手段或休闲方式的运用。城市、乡村数不胜数的生态农场、垂钓场、文化宫、健身房、高尔夫球场，都是我们休闲的好去处。因此，商品性休闲依托于休闲产业，在很大程度上是受消费主义思潮渲染的结果，当然也并不排除许多休闲需求是我们真正的需求。不过，对个体来说，不管商品性休闲是一种真正的需求，还是一种虚假的需求，有一点都是确定的——休闲是需要付出代价的。

启智润心1-2

智能化时代
是追求精神
文明的时代

自足性休闲是一种远离市场、远离商品的休闲，如毛利人捕鱼、捉鸟、耕田、盖房、造独木舟之后的怡然自得，又如马克思所言的"上午打猎，下午捕鱼，傍晚从事畜牧，晚饭后从事批判"的无拘无束。自足性休闲是一种原始的、自然的休闲，不需要依靠外在的、商业化的机制。

休闲广角镜1-2　　　　　　　影响居民休闲消费潜力的因素

休闲消费能力、休闲消费支出和休闲消费环境是影响居民休闲消费潜力的三个重要因素。

一是休闲消费能力。休闲消费能力是由家庭可支配收入与储蓄存款额决定的，不同教育水平群体消费的商品与服务存在较大差异。政府在社会保障和服务方面的财政支出是降低居民生活成本的重要外在因素，家庭中老年和儿童人口比重的提高会抑制居民休闲消费潜力的释放。

二是休闲消费支出。休闲消费支出大致包括以下方面：教育文化娱乐支出、医疗卫生保健支出、生活用品及服务支出和其他用品及服务支出。食品消费在消费支出中所占比重越低，说明居民消费了越多的休闲类商品与服务。家庭拥有的汽车、电视机、电脑等也是休闲消费潜力的具体体现。

三是休闲消费环境。地区宏观经济发展水平、市场化程度、城镇化水平、医疗保健水平和对外开放程度会影响居民消费的延展程度。金融发展降低了休闲消费的信贷门槛，第三产业发展增加了休闲类商品与服务的供给，从而间接发挥了释放居民休闲消费潜力的作用。

资料来源　乔亮国，胡莉娜. 我国居民休闲消费潜力测度及时空演化分析［J］. 商业经济研究，2024（1）.

小思考1-2

答案提示

小思考1-2

如何提升居民休闲消费潜力？

1.3　休闲特征

1.3.1　解脱感

休闲是劳动或工作以外的活动，它具有使人们在一定程度上从各种各样的义务和约束中解脱出来的属性，也具有使人们在一定程度上从维持生计和心理压迫中解放出来的属性。从时间的角度看，休闲活动是指发生在个人自由时间之内的活动，这种自由时间既可能是工作之外的闲暇，也可能是工作间隙的闲暇。因此，休闲具有使主体获得某种解脱的特征，这种解脱感在理想社会中的表现就是一种自由感。

1.3.2 自主性

人类一旦摆脱了社会拘束，休闲时间的使用就会处于完全自发的状态。因此，休闲是一种自主性的活动，是人们主动并乐于参与的活动。如果人们参与休闲活动完全是出于个人的自主性，那么休闲生活的参与方式则具有自由选择的属性。真正的休闲是个人自由选择的结果；被迫参与的休闲活动是一种准休闲状态，这些休闲行为中包括义务性、商业性等非休闲因素。当然，这并不是说所有休闲都是完全自主性的。人们在享受休闲的过程中，还要受到社会基本规范的制约，即遵守人与人之间的权利和义务关系，以及大众的基本价值取向。

1.3.3 享受性

休闲作为一种自主性的活动，还有一个重要的特征，就是享受性。人们在休闲的过程中能够获得心理和精神上的愉悦，这种享受性也是人们在摆脱各种约束后必然形成的一种精神状态。休闲的享受性在劳动与享乐分离的状态下，显得尤为重要并具有极大的感召力和吸引力。马克思指出，那些能成为人的享受的感觉，即确证自己是人的本质力量的感觉。但是长期以来，人的享受的感觉不是从劳动中获得的，而是从休闲等生存形式中获得的，因此休闲将在相当长的时期内成为人们追求自身本质力量实现的重要形式。

1.3.4 趣味性

休闲是为了获得纯粹的快乐而进行的活动，纯粹的快乐是指行为的目的即快乐本身。休闲活动应具有轻松和消遣的特性，必须使参与者愿意付出热情，并且能够从中感受到快乐和满足。如果参与者在休闲活动中为了获胜而感到焦躁不安，那么这样的休闲无异于工作，也不会使参与者产生发自内心的快乐。因此，休闲应体现出个人内在的原动力和自我完善的特征，而不应带有社会的强迫性。休闲必须使人对某一类事物保持相对持久的兴趣，而这种持久的兴趣来自人们对所做的活动发自内心的喜爱。

1.3.5 生产性

休闲一方面是消费，另一方面是生产，即对人的心理和生理的再生产，这种再生产就是休闲的生产性（或建设性）。休闲能够使人的身体强健、头脑清醒、道德高尚，并且获得快乐和实现价值；休闲有助于个体的进一步发展和完善；休闲具有追求快乐和价值的性质。在现代社会，通过休闲获得的满足和快乐能使人们从社会责任的压迫中解放出来，从而满足人们的情感需要以及对内在价值的追求。

休闲广角镜1-3　　　　　　　　　**城市居民休闲体育空间的类型**

城市居民休闲体育空间主要有以下五种类型：

第一种是居住区型休闲体育空间。居住区型休闲体育空间是指与居住地关联密切的休闲体育场所，通常包括健身苑（点）、公园内体育设施等。在这类空间中活动的人群以康体保健为主要目的，以身体运动为手段。

第二种是社区型休闲体育空间。社区型休闲体育空间是指以社区居民为主要服务对象的休闲体育场所，如社区公共运动场（建在大型居住小区、绿地、公园等公共场所中）、百姓健身房（建在社区活动中心等设施内）。在这类空间中活动的人群以获得心理快乐并达到身体放松为主要目的。

第三种是城市公共型休闲体育空间。城市公共型休闲体育空间是指城市大型体育设施空间，包括综合体育中心、体育场、体育馆、大型游泳馆等。在这类空间中活动的人群以获得身心愉悦为主要目的，对运动场所的环境、运动的氛围等有一定的需求，对活动中产生的费用并不敏感。

第四种是城市商业型休闲体育空间。城市商业型休闲体育空间是指城市中以营利为目的，从事经营活动的休闲体育场所，如综合健身会所、台球馆、保龄球馆、壁球馆等。在这类空间中活动的人群主要是追求时尚运动的年轻人或白领，他们以娱乐交友和健身为主要目的，对运动场所的环境、器材、运动的氛围等有一定的需求，愿意并有能力支付活动中产生的费用。

第五种是城郊广域型休闲体育空间。城郊广域型休闲体育空间是指建在城市郊区空旷区域，利用自然环境条件建立的休闲体育场所，主要满足城市居民运动、休闲、度假、体验等方面的需求。在这类空间中活动的人群多采用私家车出行，并且收入水平较高。

资料来源　金银日，姚颂平，蔡玉军. 上海市居民休闲体育时空行为特征研究［J］. 体育科学，2015，35（3）.

小思考1-3

城市居民休闲体育行为具有哪些特征？

小思考1-3

答案提示

1.4　休闲理论

1.4.1　休闲政治学

休闲首先是一种政治自由，是一种普遍的、基本的人权。在此意义上，休闲与劳动、工作相对立。没有休闲，人类将永远是工作的奴隶，被束缚于狭隘的世界之中不得脱身，也就不可能有自由的思想活动，不会有科学、艺术以及构筑其上的文明。亚里士多德被西方学者称为"休闲学之父"，他认为，休闲是人类天赋的意愿和要求，"人类天赋具有求取勤劳服务同时又愿获得安闲的优良本性"。他告诫政治家在拟定一邦的法律时，要注意保障公民休闲的权利。

欧洲启蒙运动思想家提出了"自然权利"（中国早年译为"天赋人权"并一直沿用）的思想。1776年，美国《独立宣言》第一次以国家的名义对"自然权利"做出解释："人人生而平等，造物者赋予他们若干不可剥夺的权利，其中包括生命权、自由权和追求幸福的权利。"这个政治纲领将自由和平等作为人权的本质特征，因而被马克思称为人类历史上"第一个人权宣言"，但它尚未把休闲的权利作为自由权之一明确提出。1817年，罗伯特·欧文提出了"八小时劳动，八小时休闲，八小时休息"的口号，支持工人们争取八小时工作制。

1886年5月1日，美国芝加哥工人为争取八小时工作制举行大罢工。1889年，由恩格斯领导的第二国际宣布每年的5月1日为"国际劳动节"。1948年，联合国《世界人权宣言》第二十四条明确规定："人人有享受休息和闲暇的权利，包括工作时间有合理限制和定期给薪休假的权利。"这是人类首次以重要文件的形式将"休闲"纳入人权范畴。2000年，世界休闲组织正式批准通过的《休闲宪章》更是在第一条就规定："所有的人都拥有参与符合其所在社会的规范和价值标准的休闲活动的基本人权。"亚里士多德的政治理想终于得到了广泛实现。

休闲驿站 1-1

《休闲宪章》

启智润心 1-3

"我们的假日"这样变迁

综上所述，休闲涉及基本人权和政治自由，休闲是政府制定政策时必须考虑的因素。在前述《休闲宪章》全部八条的内容里，关于政府的义务和责任就占了六条。其要义就在于指出休闲不是富人和"有闲阶级"的专利，政府有责任确保公民享受充分的休闲。我国自20世纪90年代起，先后设立了双休日，以及"五一""十一"等假期，都意在为国民休闲提供更多的时间保障。2011年7月，山东省人民政府率先发布了《山东省国民休闲发展纲要（2011—2015）》，开篇就指出国民休闲是"公民的基本权利"，"基本原则"部分的第一条就是"以人为本，保障权利"，"政策措施"部分提出了"实施休闲促进政策"的具体方案，突出了"落实带薪休假制度"，以期将保障国民休闲权利落到实处。《国民旅游休闲纲要（2013—2020年）》《国民旅游休闲发展纲要（2022—2030年）》的发布，旨在满足人民群众日益增长的旅游休闲需求，促进旅游休闲产业的健康发展，推进具有中国特色的国民旅游休闲体系的建设。这些都标志着我国政府已将休闲问题上升至国家战略的高度。

因此，休闲学首先是政治之学，具有高度的政治属性。休闲学从人的政治权利的角度出发，以研究休闲理念和政治的关系为内容，以保障国民休闲权利为目标，为各级政府制定相关决策提供智力支持。休闲学还进一步研讨如何在旅游、体育、文化娱乐等方面更好地实现人的休闲权，从而为政府相关职能部门开展工作提供理论基础和现实指导，为各类大型会展活动（如休闲博览会、旅游博览会等）提供服务。休闲学影响执政行为，关乎国计民生，具有极强的生命力与影响力。需要指出的是，在当前的研究中，应注意不能把休闲当作为少数"有闲阶级"服务的工具，而应把休闲的社会公益性研究放在优先位置，并为公共休闲设施建设的健康发展提供良策。

1.4.2　休闲社会学

　　社会学主要研究社会现象，解决社会问题，以期实现社会文明与进步。但是迄今为止，衡量社会文明与进步的标准多数都不太完善，因为学者们都只关注客观的科学与工具理性，从而忽视了主观的感受和社会发展的最终目的。我们不禁要问：机器的先进、交通的快捷、钟表的精准，是否就代表了社会的进步？西方社会对闲暇生活漠然已久。西方修道院制度的创立者圣本笃的名言就是："去劳动吧！振作起来！"近现代以来，越来越多的先哲开始把休闲视为衡量社会进步的标尺。马克思和恩格斯在《德意志意识形态》一书中描绘未来理想社会时，将休闲看作未来理想社会的基本特征和内容。罗素亦直言："运用休闲的能力是检验文明的最终手段。"因此，我们只有把休闲这种个人权利同社会发展及人类进步紧密结合起来，才能在更高层次上理解休闲的价值所在。

　　休闲是和谐社会的必然要求。高度紧张劳累、缺少放松的社会，必然会产生不安定的因素。正如杰弗瑞·戈比所言："将休闲的障碍降到最低，可能会降低人们对自己、他人和世界造成的威胁。"休闲也是社会地位的衡器。1991年，美国斯坦福国际咨询研究所的一份报告中列出了未来判断个人社会地位的主要依据，其中包括：自我支配的自由时间；工作与玩乐的统一；对个人创造力的认可；非金钱的回报；对社会的回报。我们发现，以上项目都与休闲有关。所以，休闲反映了社会文明与进步的程度。休闲将不断演变为人类生活的中心内容，人类对进步的定义也将发生根本变化。既然未来社会的主要特征是个人能得到更多的自由和解放，那我们就要重视休闲，并赋予它社会学意义上的重要价值。因此，休闲学应当是社会之学。

　　社会学的特点是重视群体的特征及其互动影响。因此，休闲学的使命就是在社会学的方法下，研究因民族、阶级、年龄、性别、人口、职业、信仰、婚姻、家庭、邻里、社区、村镇、城市、团体等因素而形成的人群的休闲生活，关注各类社会组织、政治组织、商业组织、网上社区、虚拟社区中的休闲现象，解决其中存在的问题。事实上，西方许多现代休闲学者就是按照这一思路来展开研究的，如杰弗瑞·戈比所著的《你生命中的休闲》和《21世纪的休闲与休闲服务》、约翰·凯利所著的《走向自由——休闲社会学新论》等。社会发展日新月异，这条途径亦将常走常新。

　　社会学是在18世纪工业革命导致社会转型的背景下产生的。在新的形势下，如何提高城乡居民的休闲生活质量，是一项亟待用社会学方法加以研究的课题。马克思指出："整个人类的发展，就其超出人的自然存在所直接需要的发展来说，无不是对这种自由时间的运用，并且整个人类发展的前提就是把这种自由时间作为必要的基础。"当前，都市休闲生活中的一个主要问题就是自由时间不足，人们的工作节奏越来越快，加班成为常态，休闲生活日益萎缩，这是最值得休闲学研究的问题。因此，我们可以通过宏观定性的观察、访谈、小组讨论，以及微观定量的问卷调研、专题调研、网络调查等社会学方法，精确地找出该问题的种种具体表现，以期为制定相关休闲政策、改良相关休闲服务提供指导和依据。

1.4.3 休闲经济学

满足休闲需求的服务性产业构成了休闲产业。休闲造就了以旅游业、娱乐业和文化产业为龙头的庞大经济形态。休闲作为一种产业，日渐成为一个令人瞩目的经济现象，成为衡量一个国家经济发展的重要指标。休闲产业并非伴随人类文明始终，而是出现在生产力发展的高级阶段。一般认为，休闲产业是近代工业文明的产物，其发端于欧美发达国家，在19世纪中叶初见端倪，第二次世界大战以后得到迅速发展。有人认为，是休闲而不是劳动使工业资本主义走向成熟，此言实非夸张。发达国家的休闲产业大多是其经济的重要支柱。在当代美国，休闲消费约占全部支出的1/3，是排在第一位的经济活动。1999年，美国未来学家格雷厄姆·莫利托在《经济学人》杂志上发表了《下一个千年：推动经济增长的"五大"引擎》一文，指出下一个千年推动世界经济增长的"五大"引擎中，第一个就是休闲。他当时预言，到2015年，人类将走过信息时代而进入"休闲时代"，休闲产业将为各国提供最大的就业市场，并占据GDP的最大份额。休闲经济会给人们带来新的生活态度、观点和活动。

21世纪以来，休闲产业给我国经济的发展带来了巨大的活力。当前，我国已初步形成了一条以旅游、影视、娱乐、餐饮为主打产品的休闲产业链，休闲农业、休闲工业、休闲体育业等延伸产业也得到了迅速发展。"休闲城市"不断涌现，城市经济主要依赖于加工制造业的历史正逐渐被依赖于休闲产业的现状所改写，节假日制度的完善使得休闲消费更加如虎添翼，并在调整产业结构、拉动内需、解决失业、调节再分配等方面发挥了重要作用。

休闲参与经济创造这一重要事实，使休闲经济学的研究显得极为重要和迫切。学术界普遍将《有闲阶级论》一书的出版作为休闲学诞生的标志，而其作者凡勃伦原本就是经济学家，他自称写书的目的就是"讨论作为现代生活中一个经济因素的有闲阶级的地位和价值"，从而将该书的副标题定为"关于制度的经济研究"。经济学家保罗·萨缪尔森早在20世纪60年代就进行过美国人闲暇时间分配状况的调查和每周40小时工作制的论证。2008年中国（国际）休闲发展论坛的主题就是"休闲与经济"，可谓与时俱进。那么，当前应当如何从经济的角度进行休闲学研究呢？休闲经济既体现为人们在闲暇时间的休闲消费活动，也体现为休闲产业对休闲消费品的生产活动。因此，我们可以从产品的生产和消费两个方面来研究休闲。

如果说过去的"劳动型生产"是追求财富最大化的效率型经济，那么"休闲型生产"则是追求人生价值最大化的人性化经济，其生产目的和价值观念都发生了根本变化。因此，从生产的角度来说，要根据休闲消费侧重人的体验、欣赏和情感表达等特点，研究如何提供更能激发人们兴趣和创造力的休闲产品与服务，并使其具有高文化含量和高附加值；思考如何将以人为本的理念融入第一、二产业，通过产品与服务的休闲化、个性化价值使传统产业结构更加合理等。特别值得指出的是，旅游业如今已经成为世界上最大的混合型产业，开展休闲旅游经济研究大有可为。随着休闲时间和国民收入的增加，休闲消费在我国已渐成时尚，在经济中的比重也将越来越大，因此休闲消费研究极为重要，这既是对传统经济学范围的拓展，也需要营销学的介入。休闲学要思考如何转变经营模式，使市场、销售、组织、策划、服务都以人为本，以及如何使休闲信息业、休闲中介企业起步并走向壮大；要研究在传统休闲消费项目以外，如何利用会展、庆典、公共艺术进行休闲产品推广，以及如何合理利用自然遗产和文化遗产来推动休闲消费等。

此外，研究休闲经济还不能忽视政治、政策对休闲产业的影响。休闲学应研究政府如何根据国民休闲实际来制定更合理的休闲消费政策，以提高消费热情；研究如何科学运营国家公园、博物馆、艺术馆、纪念馆等公益性休闲设施，并尽量发挥其在休闲经济方面的作用。

1.4.4 休闲哲学

1）认识论层面

毫无疑问，休闲活动提高了人们对世界的认识。柏拉图这样指出默观带来的对世界的深层次认识："许多伟大真知灼见的获得，往往正是处在闲暇之时。在我们的灵魂静静开放的此时此刻，就在这短暂的片刻之中，我们掌握了理解'整个世界及其最深邃之本质'的契机。"亚里士多德也认为理性认知离不开休闲，他指出："理智活动需要闲暇……有着人所可能有的自足、闲暇、孜孜不倦。"犬儒主义、怀疑主义、斯多葛学派、伊壁鸠鲁学派，以及西方后来的经院哲学，都主张把学问与休闲思想联系在一起。他们认为，知识总是同自由相关，自由又同休闲相关。古希腊至中世纪的许多思想家都认为，感官的感觉和知性的认知一样具有感受性很强的"观看"能力，是一种如赫拉克利特所说的"倾听事物之本质的能力"。早期基督教教义中有关"默观生活"的思想，就是从柏拉图、亚里士多德的闲暇观念中得到启发而建立起来的。托马斯·阿奎纳特别把默观和游戏拿来相提并论，指出《圣经》中谈到神性的智慧时有这样的神谕：由于默观的闲暇性质，"神性的智慧一直都带有某种游戏的性质，在寰宇中玩耍，绕行不止"。德国哲学家皮珀也始终强调，人类的认知并非完全借由推论思考的方式完成，因此休闲默观必不可少。他说："认知的本质并非取决于如前述思想的努力和劳累，而是在于能够掌握事物的本质并在其中发现真理……认知的最伟大形式往往是那种灵光乍现般的真知灼见，真正的默观是一种馈赠，不必经过努力，亦无任何困难……认知的目的在于探寻存在事物之本质，但不必强调费心思考或'心智工作'之努力的必要性。"赫伊津哈则将古典哲学中对世界的认知归功于休闲游戏，认为"在游戏这一面，它产生的是智者派"。他还说："断言希腊哲学的早期成果来自远古的猜谜问题，既不会太吃力，也不会太牵强。"

因此，休闲学是认识之学。它的意义在于提醒我们去发现，人类如何在休闲之中，以或静或动的感性方式去认知世界，去获得知识和真理。在这一视角下，我们可以考察休闲活动中人类认知世界的心理状态有何种特点。

2）人性论层面

哲学即人学。约翰·凯利在《走向自由——休闲社会学新论》一书中提出了一个重要观点：休闲应被理解为一种"成为人"的过程，是人的一生中一个持久的、重要的发展舞台。"成为人"意味着摆脱"必需"后的自由，它使人超越虚假意识，获得人性的面貌。在功利思想的误导下，人自幼便丧失了天性。在效率原则和技术理性的控制下，人在工作中有沦为机器的危险。苏格拉底说："我的朋友，请不要强迫孩子们学习，要用做游戏的方法。你可以在游戏中更好地了解到他们每个人的天性。"皮珀认为："在闲暇之中——唯有在闲暇之中，不是别处——人性才能得到拯救并加以保存。"的确，在休闲活动中，人以欣然之态从事心爱之事，这样才能发现属于自己的真正本性，才能维持真实而不受束缚的人性本质。

因此，休闲学是人性之学。马克思的女儿曾问他："您最喜好的格言是什么？"马克思回答："人所具有的我都具有。"只有在休闲活动中，人所全部具有的丰富人性才会得到展现。因此，休闲学研究将使我们惊喜地发现越来越多属于真正人性的构成元素，哲学上的人性论才会越来越深刻。

3）存在论层面

两千多年来，西方总是习惯上以理性主义来把握世界。这种方法的一个致命缺陷就是只关注所谓永恒不变的本质规律，而忽视了人这个感性个体的生存活动。存在主义的兴起，就是出于对这种思路的反驳。克尔凯郭尔抨击黑格尔的思辨哲学一味致力于构建逻辑体系，却遗忘了人的存在这个重要问题，并力主把哲学核心问题转向人的生存活动。在其影响下，雅斯贝尔斯、萨特和海德格尔从理论上构建起了存在主义大厦。存在主义有一个著名的观点，即存在先于本质。萨特解释说："首先是人的存在、露面、出场，后来才说明自身……所以，人性是没有的，因为上帝没有提供一个人的概念……人除了自己认为的那样以外，什么都不是。这就是存在主义的第一原则。"也就是说，人性不是固定僵死的，而是具有巨大的开放性的。人性的概念需要我们通过自己的存在、行动来定义，并不断丰富和完善。

马克思和恩格斯在《德意志意识形态》一书中写道："在共产主义社会里，任何人都没有特定的活动范围，每个人都可以在任何部门内发展……因而使我有可能随我自己的心愿今天干这事，明天干那事，上午打猎，下午捕鱼，傍晚从事畜牧，晚饭后从事批判，但并不因此就使我成为一个猎人、渔夫、牧人或批判者。"其实，这就是一种理想的、休闲的存在方式。这就是马克思对人类生存真正目标的回答，也是存在主义所隐含的必然要求。然而在当今社会，休闲仍然会受到理性主义技术崇拜、效益优先和工作至上理念的禁锢和压抑。我们必须洞悉，人的存在并不是为了满足生理需要而拼命工作的过程。被工作占据的存在状态是片面的和单向的，为物质操劳的人生是畸形的和不完整的。没有休闲，就没有健康的存在方式，人性就无法得到健康的诠释。人需要的是丰富的"整体生存"，这种健康完满的存在状态必须由休闲赐予。正如杰弗瑞·戈比所言："显然，将休闲和生活中的其他部分结合起来是'整体生存'的一个主要组成部分。"因此，休闲学必然是存在之学。它强烈地关注人的存在，表现为对生命存在的反思，如对现有的生存状态进行批判、对理想的生存方式进行探索等。

概言之，休闲历来以其在哲学认识论、人性论和存在论诸方面的意义为哲学家所长期关注。因此，休闲学不可能不是哲学。国内第一个休闲学博士点在浙江大学哲学系设立，这是有其深刻内在原因的。在哲学的殿堂中，休闲学将大有用武之地，除了以上三个主要层面外，还可以继续考察休闲与世界观、人生观、价值观、目的论、方法论、实践论等诸多层面的关系，其学术范围极其广阔。

1.4.5 休闲伦理学

古代伦理学基本上等同于道德、品性之学。西方传统伦理学把休闲能力视为一种应当具有的美德，而没有"游手好闲"那样的贬义。亚里士多德曾云："这是明显的，个人和城邦都应具备操持闲暇的品德。"他甚至说："勤劳和闲暇的确都是必需的；但这也是确实的，闲暇比勤劳更为高尚。"他赞赏音乐的价值，就是因为音乐有益于形成休闲的品德。他说："音乐的价值只在操持闲暇的理性活动。"在他看来，人们需要崇高的美德去工作，同样需要崇高的美德去休闲。有趣的是，中国传统的意识形态也不乏把休闲与伦理直接挂钩的思路。在古代汉语中，早在先秦就有"比德好闲"（出自《楚辞·大招》）的用法，之后还有"音性闲良"（出自《捣素赋》）、"资性闲淑"（出自《宋书·符瑞志下》）、"淑性闲华"（出自《七召》）、"闲明之德"（出自《全梁文》卷五十二）、"进止闲华"（出自《南史·后妃传下》）等。这些词语的出现无不说明，在中国古代，"闲"被视为一种道德风范。

从伊壁鸠鲁学派的观点出发，近代伦理学突破了道德学的樊篱，把伦理学看作一门研究人生目的和生活方式的学问。正如伯纳德·威廉斯所言，伦理学是研究"我应该怎样生活"的学问。它关注的不仅仅是人类的责任、义务，更关注人生的目的、意义、价值和生活态度等问题。从这个角度来看，亚里士多德的思维同样是超前的。他多次说，"闲暇是劳作的目的""务必以求取闲暇与和平为战争的终极目的……我们业已反复论证和平为战争的目的，而闲暇又正是勤劳（繁忙）的目的"。卢梭也发表过类似的论点："无所事事乃是人的最原始也最强烈的激情（仅次于自我保护）。如果仔细地观察，可以发现，甚至在我们中间，人们工作仅仅是为了得到休息；依然是出于懒惰，我们才勤快。"

在此意义上，休闲学具有伦理学的品质，它启发人们在争取生存之外体悟人生和领略自我，是全面、系统地思考人为何生活和怎样生活的一门学科。从这一角度来说，我们可以观察并阐释在不同的历史时期，不同的地域或民族在休闲活动中诸如必然和自由、目的与手段、动机与效果、理想与现实、理智与情感、行为和环境、个人和集体等多方面的问题，从而为休闲伦理做出贡献。当前的情况是，有些人只知不停地工作而失去了目的感。休闲学将启发我们对此进行反思，并重新唤起失落的人文精神。此外，还要指出的是休闲消费中的伦理问题。当前，在摆脱工作束缚之外，有些人又陷入了新的束缚，他们把手段当作目的，将休闲活动等同于盲目的消费。我们只有把休闲的主旨上升到生活伦理的高度，才能健康地休闲，因为休闲活动的主旨不是消费，而是支持一种肯定的态度——肯定生活是美好的。

　　由于伦理学视域下的休闲学具有德育导向性，因此休闲学又是一种教育之学，必须把休闲教育纳入其职责范围。"浙江大学亚太休闲教育研究中心"（现为浙江大学旅游与休闲研究院）这个机构名称中"教育"二字的使用，正是因为注意到了休闲学的伦理导向性。亚里士多德曾经问过："在闲暇的时刻，我们将何所作为？"其实，休闲兴趣是要激发的，休闲技能是要学习的，休闲伦理是要引导的。休闲学将教会人们如何追求并善用闲暇，如何培养简单的哲学思考习惯，如何在日常生活中凭借拥有的闲暇去体验生命中的真实时刻。青少年应如何有意义地度过每年100多天的假期？老年人应如何积极面对退休后的漫长岁月？如何利用一些休闲活动培养自己勇敢、沉着、镇定的伦理品质？如何合理开发并健康引导博彩、网络游戏等休闲活动？要回答这些问题，休闲教育必须发挥作用。此外，休闲教育还要责无旁贷地协助政府研究如何进行适合国情的休闲管理，从而使国民休闲活动在整体上更加文明、进步。

1.4.6　休闲美学

1）休闲与自由的关系

　　现代休闲学总是在人类自由的层面上界定"休闲"这一概念。杰弗瑞·戈比将休闲的状态描绘为："以优雅的姿态，自由自在地生存。"休闲是从文化环境和物质环境的外在压力中解脱出来的一种相对自由的生活。从根本上说，所谓休闲，就是人的自在生命及其自由体验，自在、自由、自得是休闲最基本的特征。在马克思主义理论中，自由王国只是在由必需和外在目的规定要做的劳动终止的地方才开始，即在休闲中诞生。在未来理想社会中，人们有充分的自由，做他想做的事情。无疑，自由是每个工作者的渴望，也是休闲最重要的价值所在。

2）审美与自由的关系

　　黑格尔将自由作为人类主体的最高价值，他认为："主体方面所能掌握的最高的内容可以简称为'自由'。自由是心灵的最高的定性。"他明确指出，人类在审美中可以获得这种最高的价值，"知解力总是困在有限的、片面的、不真实的事物里。美本身的确是无限的、自由的"。他还说："审美带有令人解放的性质，它让对象保持它的自由和无限……无论就美的客观存在，还是就主体欣赏来说，美的概念都带有这种自由和无限。"法兰克福学派也主张以审美来获取自由和人类的全面解放。马尔库塞认为，在审美想象中，现实对象的表象失去了内容和功利目的，"从而成为自由的存在"。在审美中，人们摆脱了"不自由社会的抑制性满足的感受"，消除了"竞争性的剥削或恐怖"因素，因此"审美活动就是自由的需要和机能赖以获得解放的领域"，是造就自由的"新感性"的领域。没有自由，就不会有人类的想象力和创造力，就不会有个性。

3）休闲与审美的关系

　　在哲学自由观的奠基下，休闲的基本特征与审美活动最本质的规定性在"自由"的层面上翩然相遇了，"玩"就这样顺理成章地过渡到了审美状态。前文还提到，游戏性是休闲的本质属性之一，休闲活动多以游戏的形式呈现。这样，赫伊津哈直接指出了游戏所具有的审美属性："游戏往往带有明显的审美特征。欢乐和优雅一开始就和比较原始的游戏形式结合在一起。在游戏的时候，运动中的人体美达到巅峰状态。比较高级的游戏充满着节奏与和谐，这是人的审美体验中最高贵的天分。游戏与审美的纽带众多而紧密。"

休闲在给予人精神自由和人生幸福的过程中，还会给人带来审美的、创造的、想象的和超越的感受。同时，在休闲活动中，人同样可以表现出行为美、心灵美和人格美。因此，休闲学是审美之学。目前，越来越多的学者都已认识到了这一点。

我们发现，旅行观光、美食养生、体育游艺、各种艺术活动等都有可能成为休闲活动，我们可以寻找出其审美方面的内涵，对其从美学的角度进行理论分析，这就是休闲美学。休闲美学旨在通过审美的方式揭示出休闲所蕴含的人本意义和人的生命价值，从而赋予休闲真正的含义。具体来说，休闲美学的研究还包括：归纳不同时期、不同地域人群对休闲审美现象的认识，并用文化学、哲学、美学的理论加以比较和分析；发现人们在选择不同的休闲方式时审美趣味的差别，并探究其心理成因；对休闲活动中呈现出来的人格美、人体美、艺术美进行分析，归纳出其特有的审美范畴；由以上结论来探讨休闲活动与自由的关系，思考什么样的休闲活动能够带给人更多的自由体验和更多的美感，以指导当今社会的休闲实践。

综上所述，休闲学是最典型的交叉学科，只有明确了它的学科界定和所负有的使命，我们才能根据它的自身性质进行科学的研究，从而为人的全面发展与社会的进步做出贡献。

休闲广角镜1-4　　　　　　　　　　　　　**休闲重塑**

　　休闲重塑是指在休闲领域个体以积极主动的态度和有目的、有计划的行为对内外部环境进行合理的改善或调整（休闲要求与资源的匹配），以实现个体成长与发展等多样化的目标，进而收获健康、意义与绩效等结果，最终实现工作与生活的相互促进。

　　休闲重塑行为包括间接体验与爱好参与两种形式。间接体验表现为个体通过他人（如家人、朋友或名人等）对特定领域活动的参与，为自己的未应呼唤领域提供愉快而有意义的体验。换句话说，人们不一定要亲自体验自己的未应呼唤，还可以想方设法通过他人体验呼唤来实现自我的未应呼唤。爱好参与则表现为个体参与工作领域之外的活动或志愿者岗位等，并且这些活动或职位与未应呼唤密切相关。换言之，人们会在工作领域之外的其他社会角色中追寻自己的未应呼唤。

　　资料来源　倪旭东，高锟. 激活休闲时间：休闲重塑研究述评与展望［J］. 外国经济与管理，2024，46（3）.

小思考1-4

休闲重塑理论对休闲组织管理有什么启示？

小思考1-4

答案提示

1.5　休闲历史与当代问题

1.5.1　休闲的历史

1）休闲的历史走向

中国与西方社会的历史差异，使休闲的历史也形成了不同的发展阶段。西方的休闲活动呈现出两头高、中间低的马鞍形曲线，圣哲亚里士多德、伊壁鸠鲁等对享乐和休闲都十分关注。亚里士多德明确指出："幸福存在于闲暇之中。"当年的雅典人更是在午前办理公务，午后便跻身浴室、角力场、剧场中尽情地饱尝消闲之乐。然而在中世纪，这一传统被基督教的统治打断了，直到文艺复兴时期，享乐和休闲才被一些启蒙思想家重提。近代启蒙思想家斯宾塞在其所著的《教育论》一书中宣称："这些种种趣味的陶冶和喜悦不但是重要的，而且在我们即将到来的时代里，这些趣味会比现在远远地占有人生的绝大部分。"享乐消闲之溪在近代工业革命后终于汇成巨流，学者和机构给予了休闲活动合法合理的地位。"无论在城市还是农村，消遣都是重要的，消遣为人提供了激发基本才能的变化条件。消遣时间是一种自由时间，但在这个时间里，人们能掌握作为人和作为对社会有意义的成员的价值。"与西方休闲文化这种两头高、中间低的马鞍形曲线不同，中国休闲文化却是数千年一脉相承、从未中断过的，如我国传统的导引养生功、太极拳等。现在，随着双休日及"五一""十一"等休假制度的实行，人们有了更多的闲暇时间，对健康和健身的愿望也越发强烈，对休闲文化更加重视。

2）休闲的历史特征

在中西方传统的休闲文化中，中国人的传统休闲活动以静态为主，而西方人的传统休闲活动以动态为主。中国人习惯于以卧游、神游来取代剧烈的运动，即使是外出旅游，也不过是傍依"杨柳岸，晓风残月"，进行静态观赏，与大自然共享安闲之乐。西方人信奉伏尔泰的"生命在于运动"的名言，而中国许多理学和道学大师都主张"生命在于静止"。西方人的动是动中求静，于健身中兼求娱心；中国人的静是静中求动，于怡情养性中兼求养生。明代洪应明在其编著的语录集——《菜根谭》中概括了中国人静态的休闲观和人生观，即"从静中观物动，向闲处看人忙，才得超尘脱俗的趣味；遇忙处会偷闲，处闹中能取静，便是安身立命的工夫"。中西方休闲文化动静性质之差异，导致了二者休闲活动速度之殊途。西方人的休闲活动表现出了快速激烈的特征，中国人的休闲活动则表现出了缓慢柔和的特点。

3）休闲的历史形式

西方的传统休闲文化重视集体活动，除了拳击、击剑、摔跤等个人争雄的项目外，更多的是结队成伙的比赛，如足球、篮球、排球、手球、橄榄球、曲棍球、冰球、水球等。中国的传统休闲文化则注重个人活动，如打拳、练气功等。中国人在休闲时，着意去寻求孤独，让自己的身心尽量去接近天籁而远离人籁，于孤独中求一方清静，孤独的休闲心态便作为一种文化传统传承至今。郁达夫在《故都的秋》中写出了他在领略北京秋意时的悲凉感受。徐志摩则在《我所知道的康桥》中更坦白地表达了孤独休闲的心态："那些清晨，那些黄昏，我一个人发痴似的在康桥！绝对的单独。"正是由于孤独，才最大限度地敞开了中国人的心扉，使得所有飘逸绝俗的意念和一切轻柔香甜的梦幻沁人心田。这是以集体休闲为主的西方人难以感受到的。

4）休闲的历史内容

西方人的性格特点是开朗热情、喜欢冒险，因此西方人的传统休闲活动多是一些运动竞技项目，如拳击、击剑、摔跤、足球、篮球、排球、橄榄球、曲棍球、冰球、水球等，以及具有冒险性质的刺激性运动，如斗牛、跳伞、蹦极、攀岩等。此外，还有综合性的狂欢节日，如巴西狂欢节等。中国人的传统休闲活动则多是一些平和悠闲、修身养性的项目，这些项目花样繁多、简便易行，一般不需要太大的经济投入，如打拳、练气功、种花、养鱼、听戏等。这是由于古代东方大河流域的民族世世代代生息在可以自给自足的以小农经济为基础的社会环境中，已习惯了和谐、宁静及相对稳定的生活方式，因此休闲活动素以个人的修身养性为主。

5）休闲的历史功用

中西方传统的休闲文化在功用上也有一些细微区别。中国传统的休闲文化重在向内发掘心灵世界；而西方传统的休闲文化重在向外张扬人的个性。中国传统的休闲文化重在调适性情，追求心灵的慰藉；而西方传统的休闲文化重在追求感官的刺激。中国人面对着明月清辉、和煦微风，常感到飘飘然的快意；而西方人认为，要取得飘飘然的快意，只有去高空跳伞，去滑翔，去乘热气球翱翔蓝天。

中国人的休闲主要是为了挖掘内心世界，使内心世界丰富多彩，并通过顿悟和神游与大自然融为一体。在中国人看来，大自然永远是与人共呼吸的，大自然最容易让人产生共鸣，所以其内心颇易归依大自然的怀抱。中国人一直认为，休闲的真谛在于投身自然、认同自然，并在自然中陶冶心灵。中国人将其独特的智慧和审美情趣投入休闲生活，结果获得了无限的乐趣。中国人在物质生活未能得到满足后，便会以超然物外的休闲心态到精神世界求补偿。中国人的最高追求是以大自然的精灵之气涤荡自己的身心，追求一种心旷神怡的自得，从而求得物质、情感、心灵的融合。因此，在中国人这里，休闲文化具有独特的心性塑造功能。

1.5.2　当代休闲问题

1）休闲观念落后，制约了健康休闲的发展

随着休闲时间的日益增多，我国居民逐渐开始享受休闲生活，希望能够提高"幸福指数"。然而，当前我国居民中还存在着不少较为肤浅、落后的休闲观念，从而导致休闲行为出现了偏差。例如，有些人将休闲看成有权有钱人的象征，普通百姓对休闲只能是可望而不可即；也有人指出，随着休闲活动的增多，各种社会问题也会增加，如一些酒吧发生的犯罪活动等；部分人觉得休闲时间完全就是自己的，自己有充分的选择权来决定享受哪种休闲生活，在这种情况下，酗酒、赌博等就成为部分人所

谓的"休闲";还有一些人把休闲看成空虚的表现,一味地拼命工作,结果身心劳累。以上种种对休闲认识的偏差,主要是由于许多居民还未从传统的观念中脱离出来,在这些观念的主导下,很容易产生不健康的休闲生活。

启智润心 1-4

学会休闲

2)休闲产品单一,导致居民的休闲生活单调化

一直以来,我国居民都比较重视安排工作时间,从而忽视了享受休闲生活。当前,人们假日休闲活动的形式仍较为单一,主要集中在食、游、购等几个方面,一些健康休闲、教育休闲活动还处于原生状态,原本应该充满新鲜色彩的休闲活动渐渐被披上了单调的外衣。这导致多数人一遇上假期,反而不知道该做些什么,从而对人们的生活产生了一定的负面影响。

3)休闲信息供给不足,制约了休闲活动的丰富多样化发展

休闲活动的开展需要联合各方面的力量,如交通、旅游、餐饮、娱乐等,以提供全面的保障。然而,国内对于休闲方面的信息,如休闲内容、休闲方式、休闲观念等的供给严重不足。例如,在对已有休闲信息的传播过程中,重娱乐信息,轻知识信息;人文信息过多,自然信息偏少;表面信息过多,深层次信息偏少;让人们被动接收的信息过多,能够引起人们共鸣的信息偏少。此外,休闲市场上经常出现人满为患的现象,这在很大程度上与休闲信息提供不足、休闲行为指导不力有关。休闲信息供给的不平衡问题,制约了休闲活动的丰富多样化发展。

4)休闲市场不完善,损害了消费者的合法权益

休闲热带来了产品的供不应求,导致各类休闲项目盲目开发,一哄而上,既造成了社会有限休闲资源的浪费,又影响了人们休闲活动的质量。此外,部分企业的不规范经营行为时常发生,如任意改变行程、增加附属服务的收费、提供的服务质量与所承诺的严重不一致等,严重损害了消费者的合法权益,阻碍了我国休闲市场的健康发展。因此,在促进休闲业不断发展的过程中,必须科学规划休闲产品开发,加强休闲市场的规范管理,切实保障休闲的健康发展。

休闲广角镜 1-5　　　　新媒体环境下大学生休闲生活及观念存在的问题

随着新媒体时代的到来,大学生的外部成长环境发生了较大的改变。新媒体日益成为大学生休闲生活必不可少的重要载体,同时也给大学生的休闲生活带来了一些新问题。

一是休闲生活趋向网络化。随着新媒体的影响日益广泛,手机、电脑等电子产品已经成为大学生的生活必备品,他们的休闲生活也更加依赖于互联网和电子产品。很多大学生不仅在闲暇时间沉溺于网络社交、网络游戏、网络购物,而且在上课、走路时也沉迷于此,成为校园的"低头族"。大学生的休闲生活日趋网络化,因此他们利用闲暇时间学习思考、提高技能和修习涵养的时间也减少了。

二是休闲观念逐渐消极化。具体表现为三个方面：①休闲越来越娱乐化。当前大学生的休闲以消遣、娱乐为主，简单追求感官上的刺激，往往通过观看影视娱乐节目、各类文艺表演和玩电子游戏等来消磨时间，以提高学业技能、个人素质和精神修养为目的的休闲方式，如第二课堂活动、学科竞赛和科技创新活动等则越来越少。②休闲越来越个性化。周末舞会、集体联欢、球类比赛等传统的团体性休闲方式越来越受到冷遇。大学生往往按照自己的个性取向来选择休闲方式，最经常做的就是上网、看电影等活动。③休闲越来越商品化。大学生的休闲生活不再是简单放松身心，而是越来越趋向商品化，如网上购物、聚餐、旅游等。

资料来源　周志火. 新媒体环境下的大学生休闲观研究［J］. 中北大学学报（社会科学版），2014，30（6）.

小思考 1-5

大学生应如何树立科学的休闲观？

小思考 1-5

答案提示

新时代·新休闲 1-1　　　　　**世界休闲大会首次在北京举办**

2021年4月16日，第十六届世界休闲大会在北京市平谷区金海湖国际会展中心开幕。本次会议在北京举行，说明中国在休闲方面的影响力已经彰显于全球。2019年中国人均GDP突破1万美元，这为中国休闲旅游的发展提供了一个较大的释放空间。本次世界休闲大会使休闲文化在一个新的高度上被全球所关注。其中，中国休闲产业的发展经验会被世界人民了解，中国也可以通过这样一个大会来了解世界休闲发展的新趋势、新走向。

资料来源　根据网络资料整理。

学有所悟：第十六届世界休闲大会展现了中国传统休闲文化，传递了休闲生活新理念。党的二十大报告指出，"增进民生福祉，提高人民生活品质""不断实现人民对美好生活的向往"。本次世界休闲大会圆满落幕后，北京平谷区秉承"拥抱新消费新生活、打造世界休闲谷"的宏伟愿景，全力整合各类优质资源，呈现出一幅幅生动的休闲文化画卷。农事节、桃花节、红叶节等丰富多彩的活动接连上演，不仅激发了消费潜能，助力文旅高质量发展，更为人们的幸福美好生活赋能。

本章小结

● 从本质上讲，休闲是一个通过自我认识而获得自由并发现生命意义的过程，最终休闲可以帮助个体自由地、完美地表现出一个真实的、真正的自我。休闲强调的是内在的无忧无虑，强调的是一种平静，在追求完美人性的道路上使人"成为人"，即只有领悟到自由，人们才能达到休闲的境界。因为休闲的内核是自由，休闲的本质是自由。

● 休闲的内涵很丰富，如休闲是一种时间的利用方式，休闲等同于闲暇时间，休闲是一种愉悦的心理体验，休闲是一种自由的生存状态，休闲是一种生活的态度或方式，休闲是一种时间的非生产性消费。

● 按照表现形式的不同，休闲可以分为静态休闲和动态休闲；按照影响结果的不同，休闲可以分为积极休闲和消极休闲；按照作用层次的不同，休闲可以分为消除疲劳的休闲、寻找快乐的休闲和"成为人"的休闲；按照目的的不同，休闲可以分为内向型休闲和外向型休闲；按照休闲是否商业化，休闲可以分为商品性休闲和自足性休闲。

● 休闲具有解脱感、自主性、享受性、趣味性、生产性等特征。

● 休闲学是一门交叉性学科，休闲的理论主要有休闲政治学、休闲社会学、休闲经济学、休闲哲学、休闲伦理学、休闲美学。

● 当代社会面临的休闲问题主要有以下几个方面：休闲观念落后，制约了健康休闲的发展；休闲产品单一，导致居民的休闲生活单调化；休闲信息供给不足，制约了休闲活动的丰富多样化发展；休闲市场不完善，损害了消费者的合法权益。

边听边记1-1

第1章

主要概念

休闲　动态休闲　积极休闲　商品性休闲

基础训练

1.1　选择题

1）现代休闲呈现的特点有（　　　）。

A.人们的休闲时间越来越多

B.休闲正在面向所有人

C.各国、各地区的休闲文化有同化的趋势

D.休闲的价值越来越受到人们的重视

2）休闲按照表现形式的不同可以分为（　　　）。

A.静态休闲　　　　B.消极休闲　　　　C.商品性休闲　　　D.动态休闲

3）下列属于休闲美学研究范畴的有（　　　）。

A.归纳不同时期、地域的人群对休闲审美现象的认识

B.发现人们选择不同的休闲方式时审美趣味的差别，并探究其心理成因

C.对休闲活动中呈现出来的人格美、人体美、艺术美形态进行分析

D.探索休闲活动与自由的关系

4）中国与西方社会的历史差异使休闲的历史也形成了不同的发展阶段，西方的休闲活动呈现出（　　　）。

A.驼峰形曲线　　　　B.波浪曲线　　　　C.马鞍形曲线　　　D.折线

1.2　判断题

1）休闲学诞生的标志是《有闲阶级论》一书的出版。　　　　　　　　　（　　　）

在线测评1-1

选择题

在线测评1-2

判断题

2）休闲是一种时间的生产性消费。 （　　　）

3）从狭义的旅游概念出发，我们可以认为旅游即"异地休闲"，旅游是休闲的一部分。 （　　　）

1.3 简答题

在线测评1-3

简答题

1）休闲美学主要研究哪些方面的内容？

2）当代休闲主要面临哪些问题？

案例分析

我国旅游休闲产业的发展

我国的旅游休闲产业起步较晚，因此公众对"休闲"这个概念不甚明确，在休闲行为上也存在着一定的偏差。这主要体现在：一是由于长期以来对工作的关注，很多人将休闲等同于闲暇或休息，并没有意识到休闲的深刻文化内涵，从而导致休闲方式匮乏，休闲手段单一。二是受不良文化或消极消费行为的影响，在一些休闲行业尤其是娱乐性休闲行业中，存在着低级趣味的文化消费现象，从而给社会生活造成了极坏的影响，使得人们对休闲的内涵产生了偏见。公众对休闲认知的差异是旅游休闲产业发展的制约因素。

随着社会生活水平的提高，我国居民的消费结构在不断发生变化，居民的食品消费支出在家庭消费总支出中所占的比重逐年下降，而文化、娱乐、教育的消费支出比重在逐年上升。国家统计局的资料显示，改革开放以来，由于收入持续快速增长，我国城镇居民家庭的恩格尔系数呈下降趋势。同时，我国居民对旅游的参与热情呈现出逐渐高涨的特点，旅游休闲产业发展的经济基础和社会环境已经成熟，并具有强大的发展潜力。

与旅游休闲市场发展的巨大空间形成鲜明对比的是，我国居民当前的旅游休闲消费能力较低。主要表现为：一是旅游者的休闲行为层次较低。我国的休闲旅游以观光、游览、探亲访友为主，度假层面上的休闲旅游也基本上以短期逗留为主，远未达到休闲的层次。二是休闲消费参与度较低。据调查，游客对旅游地或居住地娱乐活动的参与度普遍较低。三是休闲消费水平较低。我国居民受传统消费观念和消费行为的影响较深，休闲距离成为一种社会生活方式尚有一定的差距。

旅游者的休闲消费意愿与旅游休闲产业的发展现实存在着矛盾。社会生活的信息化和网络化，使得信息的更新和传送速度加快。一方面，旅游者对旅游信息的选择范围扩大；另一方面，旅游者对旅游景区的休闲项目设置、配套设施、服务水平等提出了更高的要求。而现实的情况是，在一些旅游城市，休闲产业大多未形成规模，即使那些与休闲相关的企业，也有很多因为休闲经营者急功近利的想法或经营不善，而无法满足旅游者的休闲消费意愿。主要问题有：一是休闲项目匮乏。现有休闲企业经营的项目大多雷同，表现方式单一，具有独特创意的项目很少。二是休闲手段单一。互动式的休闲活动较少，基本上都以自娱自乐型休闲为主，不利于参与者之间的交流与合作。三是休闲的文化表现力低。可见,我国旅游休闲产业需要提高经营管理水平,规范发展方向,提升文化及审美价值。

资料来源 朱玲,沈通. 浅析我国旅游休闲产业的发展 [J]. 商业研究,2004(5).

问题:根据你的亲身经历,谈谈目前我国旅游休闲产业在发展中存在的问题。

实践训练 ✓

从城市公园、公共绿地、游乐、餐饮、购物、健身等方面考察你所在城市休闲产业的发展情况。

本章参考文献

❶章辉. 论休闲学的学科界定及使命 [J]. 中央民族大学学报(哲学社会科学版),2012,39(2).

❷邢希强. 我国居民休闲存在的主要问题与解决思路 [J]. 商业经济,2010(31).

❸张晚林. "休闲" 的奠基及其内涵 [J]. 自然辩证法研究,2010,26(9).

❹廖小平,孙欢. 休闲及其类型:一种文化哲学的视角 [J]. 河南社会科学,2010,18(6).

❺卿前龙. 什么是休闲?——国外不同学科学者对休闲的理解 [J]. 国外社会科学,2006(4).

❻马惠娣. 人类文化思想史中的休闲——历史·文化·哲学的视角 [J]. 自然辩证法研究,2003(1).

本章推荐阅读文献

❶金雪芬. 试论休闲之本质 [J]. 湖北大学学报(哲学社会科学版),2011,38(2).

❷程遂营. 北美休闲研究:回顾与展望 [J]. 旅游学刊,2009,24(10).

❸吴承忠. 国外休闲政策实践及其启示 [J]. 武汉大学学报(哲学社会科学版),2015,68(2).

❹郭鲁芳. 中国休闲研究综述 [J]. 商业经济与管理,2005(3).

本章推荐网站

❶中华人民共和国文化和旅游部网站,https://www.mct.gov.cn.

❷携程旅行网,https://www.ctrip.com.

第 2 章

休闲者

【学习目标】

知识目标：
- 了解休闲时间的内涵及影响因素。
- 熟悉休闲动机的类型和特征，了解休闲需求的内容。
- 理解休闲满意度的类型和影响休闲满意度的因素。
- 熟悉休闲行为的特征、类型。

技能目标：
- 能够对细分市场上休闲者的心理和行为进行分析。

素养目标：
- 树立正确的休闲消费观。

【思维导图】

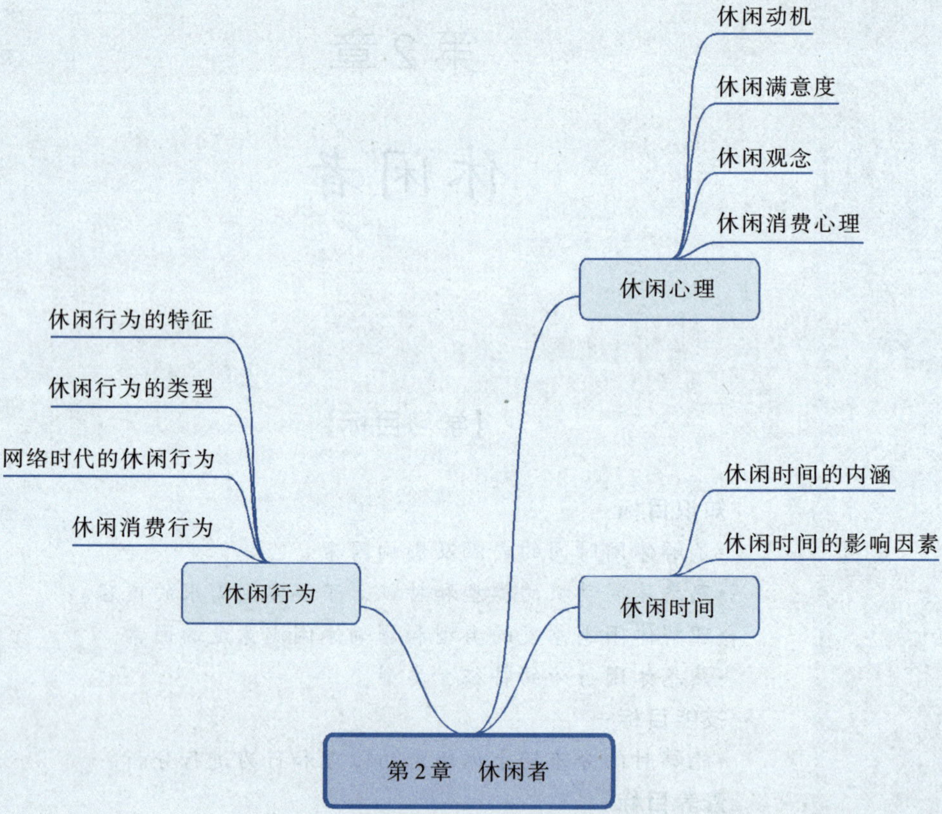

休闲动机

休闲满意度

休闲观念

休闲消费心理

休闲心理

休闲行为的特征

休闲行为的类型

网络时代的休闲行为

休闲消费行为

休闲行为

休闲时间的内涵

休闲时间的影响因素

休闲时间

第2章　休闲者

❀ 引例 ❀

广州荔枝湾文化休闲区

荔枝湾文化休闲区位于广州荔湾区西部，涵盖了龙津西路、黄沙大道、中山八路、多宝路一带，包括荔湾湖、荔枝湾涌及街区等公共休闲空间。荔枝湾是广州经济、政治和社会文化的发源地，素有"小秦淮"之称。荔枝湾还有"广州会客厅"之称，是城市居民和游客休闲和游憩的地方。荔枝湾不仅是广州众多城市公园和历史街区的代表，而且是广州城市更新和旧城改造的缩影。

对荔枝湾休闲者的调查研究发现，老年人对住所周边的城市休闲空间具有强烈的情感依恋，高学历的青年上班族对住所附近的城市休闲空间主要是功能性依赖，中老年离退休人员对住所附近的城市休闲空间具有很强的功能性需求和情感性认同，这些居民构成了城市休闲空间需求的主体。

资料来源　王华，严婷.城市居民休闲的地方依恋研究——以广州荔枝湾为例［J］.地域研究与开发，2014，33（5）.

2.1　休闲时间

2.1.1　休闲时间的内涵

1）休闲时间是人的发展空间

休闲时间与劳动时间一样，都是社会时间。就本质而言，社会时间是人为了在有限生命时间中获得相对自由，从而以能动的方式对时间进行的社会化规定。具体内涵如下：

（1）社会时间体现人的生命尺度

人具有自然属性，但人之所以为人，更重要的是，人还具有社会属性。在此前提下，我们对时间的领悟必须以社会时间为依据。动物只会被动地顺应自然时间，所以动物没有真正的"历史"，而人能够通过劳动的方式在有限的自然时间内创造社会时间。正是通过有目的、有意识的自由创造，人最终从动物中超越出来。

（2）社会时间昭示了人的积极存在

自从人类在劳动实践中形成意识以来，人类在面对客观自然世界的快速变迁，以及生命成长的光阴飞逝时，就产生了时间意识。就心理层次而言，人类的时间意识与死亡意识紧密相关，因为每个人的自然生命时间都是有限的，都必然存在着一个终点。在生命的旅途中，人类可以尽可能地发挥主观能动性，以自在、自为的活动积极面对有限的自然生命时间。

（3）劳动时间与休闲时间达到同一

社会时间由劳动时间与休闲时间构成，前者是指进行物质生产所花费的时间，有必要劳动时间与剩余劳动时间两种形式；后者是指人可以自由支配的时间，它被用于开发个人潜能，如教育培训、社会交往、科学探索、艺术创作等。总之，休闲时间即"非劳动时间"。在生产力极大发展的条件下，剩余劳动时间逐渐减少直至转化为自由时间。到了共产主义社会，人对自己的本质力量实现全面占有，也就是劳动成为人的第一需要，劳动时间也是自由时间。这时，社会时间的形式划分显然没有意义，每个人都在以自由自觉的活动来达到自由全面的发展。人类成为时间的主人，劳动时间与休闲时间达到同一。

2）物质基础与精神空间是休闲时间产生的前提

（1）物质基础

人要获得生存，必须解决吃、穿、住等基本问题。马斯洛的需求层次理论也认为，生理需求是人类最低层次但最基本的需求。可见，只有事关生存的基本需求得到满足，人类才能进行其他活动，才会有其他追求。人类的休闲也是如此，即休闲必须有一定的物质基础作为保障。

（2）精神空间

自由与休闲是人们内心的一种自在体验，它是人们释放生理和心理本能的自然需求。自由与休闲不仅仅在于身体的放松休息，更在于获得精神慰藉和打开心灵空间，去体验生命存在的意义。

3）共产主义使休闲时间真正实现

共产主义是马克思寻求的一种全新的社会制度。在这种每个人都能够得到自由而全面发展的社会状态中，劳动不再是谋生的手段，而是生活的"第一需要"。自由自觉的劳动将人的自由与休闲时间都包含其中，是对人的生命本质的自由展现。在自由自觉的劳动中，劳动的主体和休闲的主体不再分属于不同的群体，它们是直接同一的。在自由劳动状态中，人们能够全面占有发展自身的社会时间。这种自由舒展的劳动与异化劳动有本质的不同，它能够释放出巨大的创造性与生命力。人们劳动的目的不再是服务于资本的增值逻辑，而是丰富个性和自由发展。由于解除了劳动的外在强制性，因此人们的劳动是一种自由自觉的生命活动，人们即使在劳动中也能体验到自由与休闲的愉悦感。

2.1.2　休闲时间的影响因素

随着生活水平的日益提高，关注健康生活方式的人越来越多，如饮食健康、运动健康、出行健康等。休闲的生活其实就是健康生活方式的一种。那么，人在一天中有多少时间可以用来休闲呢？影响休闲时间的因素又有哪些呢？

1）年龄

年龄方面，20～29岁的青年正处于思想开放、爱玩的阶段，在日常工作之余，会有很多时间用在娱乐、休闲方面；40～59岁的居民事业稳定，具备一定的经济基础，有充足的时间投入到家庭生活中，假期更愿意陪伴家人去旅游，参与一些休闲活动；60岁以上的居民多数处于退休状态，每天都有充足的闲暇时间，出于改善自身健康状况的考虑，会参与一些集体性质的文娱活动。

2）工作时间

工作时间、家务劳动时间、睡眠时间是对人们的休闲时间影响最大的因素。其中，工作时间是对休闲时间产生影响的最直接的因素。一般而言，工作时间越长，休闲时间越短；反之，休闲时间越长。

3）生活满意度

亚里士多德认为，休闲是幸福生活的重要组成部分。这一观点深刻影响着西方世界的文明。休闲在人们的日常生活中扮演着非常重要的角色。一方面，个体的心理健康会受到个人从休闲活动中所体验到的满足程度的影响；另一方面，人们在休闲活动中获得的满足对幸福感产生的影响要大于人们在工作、家庭、健康、收入等方面获得的满足。大量研究结果均证实，休闲对生活满意度具有积极正面的影响。生活满意度越高，居民的休闲时间越多。

休闲广角镜2-1　　　　　　杭州市居民运动休闲时间对空间选择的影响

在日常运动休闲时间，杭州市居民大多选择步行可以到达的1 000米范围内的运动休闲空间，即居住区级运动休闲空间。比较受欢迎的运动休闲项目为跑步、篮球、羽毛球、太极拳。在周末运动休闲时间，杭州市居民多选择5 000米范围内乘坐公共交通工具可到达的运动休闲空间。跑步、篮球、羽毛球、游泳、骑行、足球、广场舞等运动休闲项目较受欢迎。运动休闲场所较为固定，在时间充沛的情况下，人们愿意重复参与。在节假日运动休闲时间，杭州市居民热衷于自驾车或者乘坐火车、飞机等交通工具来到半径为100千米的运动休闲空间。运动休闲项目多为长途骑行、登山、滑翔伞、户外拓展等。选择的场地较为随机，重复体验次数较少。

资料来源　金余园. 杭州市居民运动休闲时间与空间研究［J］. 体育文化导刊, 2016（1）.

小思考2-1

如何根据杭州市居民运动休闲活动的时间特征优化利用空间资源？

小思考2-1

答案提示

2.2　休闲心理

2.2.1　休闲动机

1）休闲动机的类型

休闲者的行为决策是一个复杂的过程，休闲动机是直接推动一个人进行休闲活动的内部动因或动力，是休闲行为形成的基础。休闲动机主要来自社会、心理、文化等方面，具体来说主要有：逃离感到无聊的环境；探索和评价自我；身心放松；追求声望；情感回归；增进血缘关系；促进社会交往；满足新奇感；接受教育。

2）休闲动机的特征

第一，休闲动机因时而异，会随着生命周期而改变。在休闲的过程中，个体对休闲活动的选择更有自主性，对自己的休闲能力更加满意，对自己的休闲行为更有愉悦的心情。

第二，休闲动机因人而异。每个人的成长背景与社会化过程各不相同，因此不同的人具有不同的休闲动机。即使是同一个人，在不同的时间和地点，也可能有不同的休闲动机。

第三，休闲动机因情境而异，会随着环境的不同而有所改变。通常，因情境而改变的休闲动机可分为随性式的休闲动机、未经过设计或筹划而具有的休闲动机，以及参与某一种休闲活动之后而有所改变的休闲动机。因此，个人过去的休闲经验也会影响休闲动机。

3）休闲需求

马斯洛将人的需求分为五个层次，依次是生理需求、安全需求、社交需求、尊重需求和自我实现需求，后来又在此基础上增加了两个更高层次的需求，即审美需求和超越自我的需求。在高级需求得到满足之前，必须先满足较低层次的需求。低级需求直接关系到个体的生存，高级需求则一般与人的生理和心理的健康发展密切相关。我们可以将生存需求看作生理需求，而将其他需求看作精神需求，那么休闲主要是用于满足精神需求的。这些精神需求包括以下内容：

（1）安全的需求

人们总是在不断寻求安全感，不安全感主要来自社会和自然。个人安全感的增强一方面有赖于社会安全系统，另一方面有赖于个人防止外界侵害的能力。通过休闲，人们可以增强体质，积累经验，提高应变能力，从而提高自己与他人相处的能力，增强自身的安全感。

（2）归属的需求

任何人都是社会的人，人的社会属性决定了个人必须归属于一定的社会群体并为群体所接受。通过休闲，人们可以融洽人际关系，增强相互交流和理解，并在与他人的交往过程中不断提高处理人际关系的能力，从而使自己更容易获得他人和社会的认同。

（3）受尊重的需求

每个人都有获得他人尊重的愿望，而个人所获得的尊重取决于个人的影响力，影响力越大，所能获得的尊重也越多。通过休闲，人们可以提高自身工作、生活、处世等各个方面的技能，将自己的观点传播给他人，在和他人的交往中影响他人，从而提高自己对社会和他人的影响能力和影响范围。

（4）自我实现的需求

这是个人最高层次的需求，它主要来自个人所获得的成就感，它直接体现为个人自我价值的实现。在休闲中，个人可以充分展现自我，将自己的所有才能尤其是专长发挥得淋漓尽致；同时，休闲是个人自愿选择和参与的，允许多次失败和尝试，不必像在工作中一样承担失败所带来的压力，因此休闲为人们提供了成功展现自我的机会。休闲是人生的重要组成部分，从某种意义上说，它与马斯洛的需求层次理论中最高层次的需求——自我实现的需求相一致。

2.2.2　休闲满意度

1）休闲满意度的类型

休闲满意度是指休闲者的期望值与体验值之间的匹配程度。体验值高于期望值，则休闲满意度为正值，否则为不满意。休闲者的体验值高于期望值的幅度越大，休闲满意度越高。

休闲满意度可以分为特殊层面和动机层面。所谓特殊层面，主要用来说明与休闲相关的行为、生活经验或需求。如果休闲活动特定，则只能测得单一活动的休闲满意度；如果休闲活动不是指特定单一的活动，而是指所有休闲活动，则可测得整体活动的休闲满意度。所谓动机层面，主要用来说明休闲满意度是否由个体的内在动机所形成。若休闲满意度不是由个体的内在动机所形成的，那么只能说明这种满意度是由个体对生活品质的评估所形成的。

2）休闲满意度的影响因素

休闲活动包含对意义的期望，人们之所以选择某项活动，是因为他们对其意义和结果有所期望，这些结果与满足感会因为社会地位的不同而不同。尤其是在人们生命的不同阶段，随着工作、家庭角色的变化，这些结果与满足感也会发生相应的变化。休闲满意度对休闲参与程度的影响力要明显高于休闲态度、收入、年龄、就业模式、婚姻状况等变量。受教育年限和性别也对休闲参与程度有特别的影响力。一般而言，休闲参与程度越高，休闲满意度越高。休闲满意度是影响休闲态度的唯一变量。影响休闲满意度的因素，按强弱排序依次为兴趣爱好、文化背景、体育行为、社交行为、大众媒体行为。休闲满意度由可感知到的个体的实际状态与渴求状态之间的差异、达到渴求状态的内在和外在的休闲阻碍、社会经济地位决定。老年人和有着积极心态的人休闲满意度高，年轻人和有着悲观心态的人休闲满意度低，休闲满意度的制约因素包括内在制约（如兴趣、能力等）和外在制约（如时间、金钱、环境等）。低收入群体多属于低满意度群体，中产阶层也有很低的休闲满意度，具有较高社会地位的人有着最高的休闲满意度。

2.2.3　休闲观念

1）西方休闲观念

（1）上古西方的休闲观念

西方文化主要源于希伯来文化与古希腊文化。在远古时代，人们的思想和行为方式受宗教观念与宗教习俗的影响很大。产生于希伯来文化的《圣经》已用神话对休闲的意义做出了解释，并以宗教诫命与律法的形式为休闲提供了制度性的保证。《圣经》中记载的创世神话说神用六天时间创造了世界与人类，而到第七日，神造物的工作已经完成，于是神就在第七日歇了他一切的工作，安息了，这便是七日一循环的星期的来历。经过基督教的继承和传播，星期到现代已成为世界各国普遍接受的一种生活节律。

古希腊是一个非常重视休闲的社会，其哲人也对休闲的意义做出了明确的论述，这对后世（包括当代）的休闲观念影响深远。在亚里士多德看来，人类的终极追求是幸福，而真正的幸福是积极地实践德行。对古希腊人来说，勇气、正义、智慧等都是重要的德行。要做到积极地实践德行，一方面需要有相应的知识与技艺，另一方面需要有一定的物质条件。而只有自由人，特别是贵族阶层，才可能具备这些条件。

在希腊化时代和罗马帝国时代，希腊的思想与文化在地中海一带广为传播，但这时的政治情形已跟古典时代大不相同，庞大的帝国取代了城邦。这期间出现了多种哲学思想，如断然回避物质享受的犬儒主义、追求快乐的享乐主义。但这些思想又有一个共同点，那就是都偏重个人的修养或行乐，而没有显示出积极参与政治的热情。在帝国的统治下，积极参与政治与追求个人的自由和幸福，已不像城邦时代那样能够兼容了。

（2）中世纪西方的休闲观念

罗马帝国崩溃之后，基督教便承担起了从文化上重新整合西方世界的历史使命。它使西方的中世纪弥漫着强烈的宗教气氛，对西方中世纪的文化精神产生了深刻的影响。基督教代表着与贵族化的古希腊哲学颇为不同的一种精神，特别是在中世纪早期，它表现出了强烈的禁欲主义倾向。在《圣经》的《新约》部分，耶稣多处说到财富是灵性修养和接近神的障碍，"骆驼穿过针的眼，比财主进神的国还容易"。

基督教的禁欲主义在中世纪的制度化体现是隐修制度，其中，由圣本笃创建的本笃会的数量最多。圣本笃不主张以极端虐待自己的方式进行苦修，但也为本笃会的修士立下了恪守清贫与戒除色欲的教规，每个加入本笃会的人在入会时都必须立下誓约。圣本笃认为，过于舒适的生活会使人处于闲散状态，感到倦怠，由此则易生淫逸之心，易屈服于罪的诱惑，因此他要求修士们有规律地从事一定量的体力劳动。这当然也起到了使本笃会在经济上能够自立的作用，但其主要的用意不在于达到这种功利的目的，而是通过劳动来摆脱罪的诱惑。

本笃会的教规已摆脱了极端的禁欲主义，随着中世纪文化的成熟，在罗马帝国后期与中世纪初期的社会动荡中形成的禁欲主义得到进一步缓解。到了经院哲学大师托马斯·阿奎纳那里，我们看到的是天恩不夺走人性，只会使人性完善。当时，亚里士多德的著作在失传多年后又经由阿拉伯学者之手传入欧洲，并对阿奎纳的思想产生了极大的影响。阿奎纳充分肯定了在休闲状态中进行的沉思对灵性修养的重要性，并且也像亚里士多德一样，认为这样的状态是优于追逐功利的生活的。他承认灵性修养需要努力精进，但认为努力程度高并不一定意味着更接近真理和神。在知识的获得方面，他区分了理性与智性的作用，认为前者主要用于逻辑分析与推论，更多地体现为积极的思维活动，是人正常地获取知识的方法；后者则是通过沉思，用直觉去体会、感悟世界，不是靠个人的努力精进，而是带有神启的性质，其所获得的知识是对世界总体和神的认识，因而是更高层次的知识。

（3）近现代西方的工作伦理及其对休闲观念的影响

文艺复兴以来，西方世界的思想和文化发生了深刻的变化，这在人们关于工作与休闲的观念上也有着重要的体现。资本主义的发展需要有一个社会阶层将自己主要的精力用于理性的经济活动，通过有计划的投资不断扩大经营的规模。然而，这种活动要得到社会的认可并获得足够的合法性，需要人们在思想观念上有一个重大的转变。在亚里士多德那里，通过努力工作去追求物质利益是奴隶或下层自由民不得已而为之的活动；生活条件有保障的人不过休闲的生活，却为了获得更多的物质享受去逐利，无异于自贱其身。即使是在比较开明的托马斯·阿奎纳那里，他对于人们对世俗的追求所做的肯定也是有限的。

在经济领域力量不断壮大的资产阶级，迫切需要一种能赋予其逐利活动以合法性的意识形态，而宗教改革的领袖们对基督教教义的新的诠释正好为他们提供了这样一种意识形态：各人从事不同的职业亦出于神的安排，神给各人安排的职业是天职，具有一种神圣性。一个人通过自己的勤奋与努力获得事业上的成功，乃是在彰显神的荣耀。追逐财富，如果不是以无视神的诫命（这涵盖了道德律条）的做法为手段或以骄奢淫逸的生活为目的，而是诚实、公正，凭着自己的勤劳与智慧去追求，对追求到的财富不是随意地挥霍浪费，而是在对神存有一份虔敬与感恩之心的同时仍能勤谨持之，就不违神意。以这份财富再进行投资，扩大经营的规模，获取更大的成功，是对神的荣耀的进一步彰显。

不违神意的逐利成了一种高尚的行为，懒散的生活则成了恶德。这样一种伦理观为其信仰者的经济活动提供了强大的精神动力。诚然，正如韦伯意识到的那样，不能简单地说新教伦理造就了资本主义精神，而是已处于上升过程中的资产阶级的利益与新教教义之间存在着一种有选择的亲和性，资本主义的历史进程也不是仅由一种文化精神推动的。如果说在宗教改革之前资本主义精神就已经在酝酿，那么新教伦理至少是让它获得了一种清楚的表达，并为它提供了一种很强的合法性。

作为一种宗教伦理，新教影响到的不仅仅是经济领域。社会学家默顿认为，17世纪英国科学家在物理学等学科的杰出贡献与清教徒在这些学科的活动密切相关。更为重要的是，与这些领域的发展相一致的整个西方文化的理性化进程对人们看待休闲与工作的态度产生了影响。皮珀认为，在这方面，康德的批判哲学代表了西方现代思想的主流。在康德那里，知识（不管是哲学的还是科学的）的获得都得靠精细的观察和严密的推理、论证，而不能靠直觉的感悟，更不能靠天启。不经过努力工作而得到的知识都是不可靠的。这样，在现代人的观念中，寻求知识的过程成了一种艰辛的工作，寻求知识的人成了知识工作者，并与经济领域中形成的工作伦理相一致。这与亚里士多德主张的在休闲中去追求智慧，或托马斯·阿奎纳主张的以休闲的心态去感悟和体验世界正好相反。

工业革命之后，这种工作伦理更是以一种新的方式向人们的社会生活渗透。劳动者在工厂制度的强制下进行超强度和超长时间的生产劳动，后来才逐步争取到八小时工作制，获得了较多的闲暇时间。这时，闲暇时间的活动该如何组织，便成了社会改革者关注的一个焦点。由于工作伦理对人们的影响仍然很深，因此以工作时间为生活轴心时间的观念仍相当普遍。劳动者的休闲一般都被看作是为工作服务的，其目的是让劳动者在工作之余能有所放松，使体能得以恢复，以便接下来能以比较旺盛的精力投入工作中，从而实现比较高的工作效率。虽然一些关注社会问题的改革家希望通过有益于身心的休闲活动来提高工人的体质和道德品质，但其着眼点也是为了造就高素质的劳动者。

2) 中国休闲观念

(1) 儒家：入世的休闲观

在中国古代，休闲往往是一种生活方式，尤其是文人的一种生活方式，这些人自幼饱读诗书，深受儒家思想的熏陶，以儒家的修身、齐家、治国、平天下为最高理想，形成了"穷则独善其身，达则兼善天下"的人生态度，以积极入世的态度为其价值取向，追求一种随心所欲而不逾矩的自由。但总体来说，这些人的生计是有保证的，他们或是朝廷官员，或为权贵幕僚。即便他们隐居山林或退避田野，也有田产的积蓄，或者能够凭其才学声望得到朋友的接济。一定的经济保证，加上一定的文化修养，使他们不仅拥有闲暇，而且能够为了休闲而从事精神创造活动。他们在有闲时，寄情于闲兴，从而有闲情，并从这些闲兴、闲情中获得精神享受，品味生活之趣，发现人生之美，追寻着儒家安贫乐道的精神境界。

在儒家思想中，人们有着孔颜乐处、曾点气象的传统。孔子对生活的态度是"君子固穷""饭疏食，饮水，曲肱而枕之，乐亦在其中矣""发愤忘食，乐以忘忧，不知老之将至"，并坚守着"朝闻道，夕死可矣"的强烈的入世精神。在《论语·雍也》中，孔子盛赞其弟子颜回说："贤哉回也，一箪食，一瓢饮，在陋巷，人不堪其忧，回也不改其乐。"这是孔子对弟子颜回那种积极乐观的生活态度的肯定。最足以说明孔子休闲思想的是《论语·先进》中孔子与其弟子的对话，曾点说自己的理想是："莫春者，春服既成，冠者五六人，童子六七人，浴乎沂，风乎舞雩，咏而归。"孔子说："吾与点也。"可见，孔子非常赞赏曾点的休闲意识。这种淡泊名利、与家人共享天伦之乐的生活方式，便是中国古代受儒家思想影响的文人所向往的享受快乐人生的独有方式。而到了孟子那里，这种快乐哲学在精神上又得到了进一步提升。孟子说："万物皆备于我矣。反身而诚，乐莫大焉。"孟子认为，通过一定的精神修养，超越自我的限制，达到天人合一、万物一体的精神境界，这样人便获得了绝对的精神自由与幸福。

宋明时期，"寻孔颜乐处"成为理学家们讨论的主要问题之一。周敦颐认为，颜回之乐已超出了一般功利境界，达到了心泰的境界。朱熹十分仰慕曾点，他说："曾点之学，盖有以见夫人欲尽处，天理流行，随处充满，无少欠阙。故其动静之际，从容如此……而其胸次悠然，直与天地万物上下同流……"有了这种坦荡的胸襟，就能与天地同流，人生的意义在宇宙的大化流行中得到终极的安顿。中国人就是陶醉在这样一种人生理想之中，既不暧昧，又不玄虚，而是十分实在。正因为儒家的这种安贫乐道、乐而忘忧的休闲理想，才使得人们在儒家思想控制下的严肃生活变得轻松和容易忍受。

在一般人看来，儒家思想往往含有忧患之识和怆恻之情，而忽视了其悠然、自得、洒脱甚至狂放的一面。明代泰州学派的代表人物罗汝芳反对一味忍耐、克制自己，主张当喜怒则喜怒，如此才有自由，才有活泼的生机。他说："不追心之既往，不逆心之将来，任他宽洪活泼，真是水流物生，充天机之自然。"从以上内容我们可以看出，中国古代儒家学派正是将追寻这种精神上的自在、悠乐作为完善自身道德修养的手段，以"为天地立心，为生民立命，为往圣继绝学，为万世开太平"为使命，从而摆脱现世的各种困扰，使人不再患得患失，而是心地坦荡。这就是儒家积极入世的乐观主义的休闲观。

（2）道家：超世的休闲观

道家的休闲观以回归自然、任性逍遥为价值取向，与儒家的休闲观迥然不同。回归自然是道家的根本宗旨。道家创始人老子说："人法地，地法天，天法道，道法自然。"在老子那里，自然既可以理解为自然世界、万事万物，也可以理解为自然而然，即事物顺着原本的状态，既没有外在力量的控制，也没有自我意识的主宰。日月轮照，四季变化，江河长流，草木生长，万物各得其所，自在自得，不受意识的干扰，即天地自然。老子还认为，人不要活得太累，而应该见素抱朴、虚心弱志，主张人应该回到婴儿状态，即回到天真、纯朴的自然状态，把一切虚伪的、浮夸的、铺张浪费的东西统统排斥掉，消除贪欲，消除对外物的执着，保持无为、无拘无束、自由自在的心态。

道家的休闲观念在庄子这位最善于观察世界、反省自身的中国先哲身上发挥得淋漓尽致。庄子以展翅鲲鹏腾飞天际，创造了一个空前辽阔广大的世界，意在打破时空及世俗的局限，把人们从各种精神枷锁中解放出来。庄子向人们展示了自由生活的首要条件在于打破精神束缚，把自己从人为的偏见和世俗的禁锢中解放出来。然而，庄子认为，即使像大鹏那样展翅高飞，扶摇而上九万里，也必须有所依赖。御风而行的列子，已经够自由了，但他的行为还算不上是真正的自由，因为他的行动还要依赖于风。真正的自由，是超越一切依赖和束缚的"无待"。

人要获得精神自由，就必须超越形骸、功名的束缚，达到"至人无己，神人无功，圣人无名"的逍遥境界。无己、无功、无名，是一种悠闲的人生状态，是从是非、虚实、善恶、内外、物我、生死的区别中超脱出来，达到"天地与我并生，而万物与我为一"的齐物境界，这样的境界才是人生的最高境界。这种绝对的精神自由在现实生活中其实很难实现，但是魏晋名士却把庄子的这种哲学境界变成了真实的生活境界，把庄子的道的境界变成了诗的境界。这样，庄子的齐物、逍遥在魏晋名士那里则成为自在狂放、任性逍遥。

破除礼法、崇尚自然，成为魏晋名士追求的一种时尚。他们超然放达，漠视礼法，常聚于山林，纵酒放歌。魏晋名士借自然山水、鱼跃鸟啼来排解心中的压抑与苦闷，从而为他们过于物质化的生活增添一点雅兴，借山水之美启迪灵性，从中发掘生活之美，以获得精神上的极大享受。庄子的判天地之美、析万物之理，到魏晋名士那里则发展为鼓楫泛舟、游猎垂钓，在自然中体会如诗如道的人生状态，过着一种淡泊闲适的审美生活。

魏晋名士表面上看起来似乎很潇洒，但是在他们放浪形骸的背后，却隐藏着压抑与苦闷。一方面，他们仍未彻底放下儒家伦理主义的原则；另一方面，他们又向往和追求道家自然主义的原则。这样，他们始终徘徊在高洁与世俗之间，在矛盾中度日，在苦闷中寻求解脱，寓苦闷于放达，在无可奈何中尽力活得自由潇洒。而真正摆脱了世俗的羁绊，做到委运任化、物我同一、心与道冥的唯有陶渊明一人。陶渊明是中国历史上唯一能把自我与自然浑然化为一体的人。陶渊明不为五斗米折腰，辞官归乡，寓休闲于浊世，寄情于山水，他笔下的田园生活充满了和谐与宁静，这是对生活的一种热切的追求，一种自觉的选择。陶渊明这种淡泊、朴素、恬静的生活意境，备受后人推崇，尽管无人能达到他这种境界，但他的行为却影响了历代文人。陶渊明开启的重精神生活、轻物质享受、忧道不忧贫的精神风范传颂至今，这也正是当今休闲学家所倡导的生活方式。

以后历代文人雅士，正是循着道家回归自然的路径，喜山水、喜闲适、喜诗书，从中不仅得到了美的享受，亲近了自然，而且悟出了丰富的人生哲理，获得了内心的宁静。可见，道家的休闲观念从一个侧面展示了中国人的精神追求和审美情调，这也是道家休闲观念的一种特殊品格。

（3）禅宗：在世的休闲观

中国佛教禅宗，既不像儒家那样执着，也不像道家那样洒脱，而是在入世和出世之间追求一种超越的精神境界。印度佛教传入中国后，逐渐被中国化，而禅宗就是典型的中国化的佛教。它把佛教通俗化、大众化，让广大人民群众乐于接受。

印度佛教把修行分成了几十个阶段，每个阶段都是一种境界，并逐渐提升。中国的禅宗强调人人都有佛性，个个皆能成佛。它是一种通过直觉而立即觉悟，从而摆脱一切人生烦恼的修行方式，是一种超然洒脱的人生态度。

禅宗要人做无心人、无求人、无事人，过一种闲而又闲的舒适生活。也就是说，一个人只有做到无心于事，无事于心，才符合禅宗的玄旨。无心当然也就无求，人如果去追求的话，就会给自己带来牵累，并且越求离佛道越远。既无心，又无求，当然也就无事可做。既然无心、无求又无事，那么如何生活呢？禅宗说要以平常心、无事之心来生活。一切声色事物，通而不滞，随缘自在，到处成理，这才是真正的闲适之境。

禅宗在将印度佛教本土化的过程中，还汲取了道家回归自然、返璞归真的老庄思想，从而形成了一种观照自然、随顺自然、复归自然的禅悦境界。观照自然是为了过一种随顺自然、洒脱自在的生活，随顺自然的目的是复归自然。这就要求人们将自己的身心投入大自然中去，通过对自然的观照，激发自身对美的感受，从而获得感官和心灵的愉悦。这反映了人们向往原始的纯真和野性，向往大自然的清新悦目和生意盎然，希望在自然界中、在合乎自然的生活中排除一切压抑与烦恼。

禅宗不仅向往自然，而且向往自由。在禅语中，"自由"二字出现的频率比较高，不少禅语都与要求自由有关，这是一种特别的文化现象。自由按佛教教义的解释就是解脱。中国佛教禅宗要求人消除执着，保持一颗平常心，入俗而不为俗所累，这种豁达、闲适的生活态度和生活方式是我们中国人的一种生存智慧，它能使人摆脱生存困境，消除不良情绪，让人生活得自由自在、无拘无束。

3）休闲价值观

（1）休闲的个体价值

人的每种实践与选择，都以某种善为目的。那么休闲能为个体带来怎样的善或何种价值呢？休闲是个体在正义的制度框架下对自由生活的追求，它使个体感受到自身是无痛苦的、幸福的、有价值的存在。因此，休闲能消除个体因工作和责任等外部压力带来的疲劳；休闲能给个体带来心灵的释放，使个体获得快乐；休闲能在文化创造的过程中，使人"成为人"。

①消除疲劳。一般来说，劳动有两种：一种是体力劳动；另一种是脑力劳动。因此，疲劳也有这样两种情形：一种是体力透支导致的身体的疲惫不堪；另一种是过度用脑导致的大脑或心理的劳累。疲劳就意味着我们通常所说的心力交瘁。

休闲消除疲劳的作用表现为它能够使人从心力交瘁的状态中恢复过来。自古以来，中国人就对休闲情有独钟，因为先贤们认为，休闲通常与健康联系在一起。古人云："流水之声可以养耳，青禾绿草可以养目，观书绎理可以养心，弹琴学字可以养指，逍遥杖履可以养足，静坐调息可以养筋骸。"如此，休闲能使我们的耳、目、心、指、足以及筋骸恢复活力和健康。生产力在提高，时代在进步，现代人休闲的途径似乎也比古人要丰富得多。诗词歌赋、琴棋书画、养鸟观鱼、楹联猜谜、庙会赶集、打拳舞剑当然不在话下，这些传统的休闲方式早已备受推崇。对现代人来说，很多人在休闲时会选择听音乐、唱卡拉OK、看展览、听相声、喝早茶、品咖啡，可以是一个人独自享受，也可以是参加社交活动。当然，我们更加不能忽视体育锻炼给我们带来的健康体魄。在休闲活动中，人的身体将得到放松，人的精神将得到休整，这样疲劳就会远离。

还有一种休闲方式值得我们注意，那就是网络给人们带来的前所未有的休闲效用。随着互联网的普及，越来越多的年轻人选择在网络中度过自己的闲暇时间，如在网上聊天、购物、玩游戏。网络的快捷、方便能够使人们轻轻松松地从现实生活的劳作状态转换到网络空间的娱乐休闲状态，能够使人们的倦怠情绪瞬时消失殆尽，能够使人们的身体和心理得到恢复和满足。

②获得快乐。先贤伊壁鸠鲁在论述"善"时认为，我们的一切取舍都是从快乐出发的，我们的最终目的是得到快乐，并以感触为标准来判断一切的善。想想我们在对亲人、朋友、爱人送祝福时所说的"祝你永远健康快乐"就是如此。快乐虽不至于像伊壁鸠鲁说的那样是人类的终极目的，但快乐毫无疑问是我们追求的有价值、有意义的东西中很重要的一个部分。人们通常认为，快乐就是衣食无忧，快乐就是荣华富

贵，这当然是片面的。快乐也有物质的满足和精神的满足两种形态，其中后者是人们所追求的快乐中最有意义的部分。休闲则是满足人们快乐生活的需要，以及平衡工作与闲适的重要方式和手段。

与物质财富相比，快乐是一种主观的感受，这种感受来源于外部活动对人的生理和心理的刺激。休闲给人带来的快乐，源自休闲活动对休闲者的刺激。比如，游览名山大川、古城名楼等景观，人们能够获得视觉的愉悦；通过挥汗如雨、释放激情的体育休闲，人们能够获得身体的畅快；通过吟诗作对、弹琴泼墨，人们能够进入高雅的意境，从而获得尽善尽美的快乐体验。另外，快乐和财富之间还有着千丝万缕的联系。快乐往往伴随着积极向上的情绪，它能够使人精神饱满，能够提高工作效率，能够促进财富的增长，还可以提高个体的快乐指数。总之，从压力中解放出来的人们，会感到格外的新鲜、刺激、超脱，还有安宁、从容、充实和生命的愉悦。正如林语堂先生所言："让我和草木为友，和土壤相亲，我便已觉得心满意足。我的灵魂很舒服地在泥土里蠕动，觉得很快乐。当一个人悠闲陶醉于土地上时，他的心灵似乎那么轻松，好像是在天堂一般。"

③成为人。人是什么？人是会说话的动物；人是会制造和使用工具的动物；人是一切社会关系的总和。这些定义都对，并且都描述了人的一个共性——人注定会去探索和追寻生命的意义和价值。人是一个追求意义的物种，而休闲为人类的追求提供了空间。人类追求的东西很多，有的以物质的形式出现，如金钱、地位等；有的以非物质的形式出现，如成就感、自我实现等。这些有意义、有价值的东西，可以是具体的或象喻的、情感的或理性的，也可以是内心的或外在的。行为者在这个过程中，不仅在表达自己，也在寻找自己；不仅存在，而且正在成为人。成为人，便是休闲对人来说最终、最大的价值。

为了成为人，我们既需要自由，也需要社会，并且我们应当把休闲与创造力结合起来看。在个人方面，休闲不仅包括对自我的创造，而且包括在物质或其他方面的创造。自我的创造与人的本性的表达、对自由的追求和幸福的实现有关，并且这三个方面是紧密联系在一起的。我们在工作、责任等压力之外，自愿、自主地选择我们该如何行动，对自己选择的合乎本性的行动感到快乐，对有价值、有意义的结果感到幸福。这样，休闲使我们摆脱了必然性，使我们所追求的人之为人的规定性得到发展，使人本身得到全面发展，使人性得以全面生成和丰富。休闲所带来的快乐、幸福，以及满足感、成就感，都不是暂时的，它需要人付出一生的努力。在社会方面，休闲创造的是社会关系和共同体。虽然我们的休闲活动可以独自完成，但在许多情况下都会涉及他人或者某一个或多个群体。当我们做出某一行为的决定牵涉其他对自己很重要的人或群体时，与这些人或群体的关系本身就成为过程的一部分。在与他人建立、维系关系的过程中，我们的休闲活动还创造出了一种共同体。虽然我们也要为此承担责任或风险，但是人性的一部分就是要寻找这样的共同体，因为人是天生的社会动物。

（2）休闲的社会价值

休闲不仅对个体而言具有重要的价值和作用，对我们整个社会亦然。休闲的社会价值主要表现为休闲对经济、政治、生态和文化的积极作用。

①休闲的经济价值。我们知道，许多休闲活动不能依靠原始的自然，它需要人类本身的创造性劳动，如打高尔夫球、打保龄球、射击、游生态农庄等，这些休闲活动都依赖于一定的商业机制，也就是我们所说的休闲产业。因此，休闲最明显和巨大的经济价值就是因休闲而发展起来的休闲产业。能够满足休闲者需要的设施，可以是自然界，也可以是人工设施，但在市场经济条件下，许多休闲设施都是一种商品，它们来自市场上的供应商，因此休闲设施的使用必须付费。当全社会的供应商和休闲者、生产行为和消费行为联系在一起时，就形成了休闲产业。休闲产业需要投资、经营和管理，也需要一系列其他产业为其服务。这样，人们的休闲需求和休闲行为就形成了一个功能完备的价值增值系统。休闲、娱乐活动、旅游业将形成下一个经济大潮，并席卷世界各地。

在我国，休闲对产业的拉动作用也是有目共睹的。目前，我国是世界上消费市场增长最快的国家之一，并已成为世界第一大手机市场、世界第一大国内旅游市场、世界第一大互联网市场。但是，休闲在带来了巨大的经济价值的同时，也带来了一个问题，那就是一些人只看到了开展休闲产业带来的经济利益，而不去研究休闲本身。比如说，只讲假日经济，而不讲如何使人过好假日生活，但后者应该是发展休闲产业的目的和基础，这是应该引起我们注意的。我们要休闲，但休闲产业不是最终目的，休闲应该教会人如何自由全面地发展。

②休闲的政治价值。休闲的政治价值表现为休闲活动对政治社会的磨合作用。磨合是指社会各个阶层对阶级差别、身份等级、财富差距观念的消减，这对社会的稳定、和谐具有积极的作用。在休闲社会中，由工作建立起来的社会秩序有可能被打破。与以往休闲被少数富裕者所垄断不同，在休闲大众化的社会中，每个人都可以充分享受休闲，人们通过不同的渠道互相结交，以不同的兴趣与技艺作为划分标准，社会的等级秩序逐步被弱化。也就是说，社会等级主要按文化标准来划分，而不是简单地按有产与无产、剥削与被剥削、压迫与被压迫等标准来划分。休闲为原本不同文化、不同地位、不同阶层的人们提供了一个平等的、成为人的平台，人们对旅游、健身、艺术等方面的追求都基于一个共同的向往，那就是自由。每个人都追求自身物质世界、精神世界的充分发展，人与人之间摆脱了相互分离的状态。这样，共同的价值取向和对自由的向往就把每个个体有机统一起来了。

③休闲的生态价值。休闲的生态价值体现的是生态哲学，来源于人们对简单、朴素、低碳休闲的追求。休闲的生态价值主要表现在两个方面：一是人与自然的和谐；二是代际和谐。

休闲对于人与自然的和谐的意义在于，在休闲活动中，有思想的人体验到，必须像敬畏自己的生命意志一样敬畏所有的生命意志，并且在自己的生命中体验到其他生命。善可以保存生命，促进生命成长，使可发展的生命实现其最高价值；恶则会伤害生命，毁灭生命，甚至抑制生命的发展。生态休闲就是要珍爱生命，热爱我们的大自然，休闲要达到的是一种天人合一、人与自然相和谐的状态。尊重自然、顺应自然、保护自然，是全面建设社会主义现代化国家的内在要求。在休闲过程中，我们应像保护眼睛一样保护自然和生态环境，如节约用水、减少碳排放量、不乱扔垃圾、使用生态能源等。休闲对于代际和谐的意义在于，当代人应该基于良心和爱，在休闲活动中表现出一种对未来人话语权和资源权的尊重。这是一种在人类整体层面上符合生态道德的休闲方式，其价值在于为人类的未来储存多一点能源、资源，为我们的下一代留一片蔚蓝的天空。

积极、健康、文明的休闲方式可以提高人的教养，减少社会的交易成本，减少社会中不和谐的因素。倡导合理的生活方式、生产方式、行为方式、消费方式，可以从根本上解决人类对地球资源无情掠夺造成的资源匮乏问题。只有这样，和谐与节约才可能一并向我们走来。

④休闲的文化价值。广义上，文化就是人类所创造的一切物质财富和精神财富；狭义上，文化是奉行一定意识形态的人们所创造的精神财富。我们所奉行和使用的一切世界观、价值观、思维模式、语言、艺术、科学都属于文化的范畴。这样，文化就成为休闲的环境。事实上，文化是任何人类活动的环境。文化为休闲提供素材，是休闲活动的基础；相反，休闲又为文化创造具有个性和时代性的新元素，是文化发展的动力。人们利用闲暇时间去选择有价值、有意义的活动，无论是利己还是利他，其中人性的改善和发展、满足感和成就感的获得、自我的超越、社会资本的积累、真善美的弘扬等，都为我们构筑了一个坚实的精神文化生态环境。因此，休闲的价值不在于实用，而在于文化，休闲使我们在精神的自由中经历审美的、道德的、创造的、超越的生活方式。

在休闲社会，人们追求的不仅是富裕的、体面的生活，而且非常注重提高自己生活的文化品位和格调。法国作家罗兰·巴特在接受记者采访时谈到他所希望的理想生活时说："有点钱，不要太多；有点权，也不要太多；但要有大量的闲暇，从而可以用来读书、写作、和朋友交往、喝酒（当然是葡萄酒）、听音乐、旅行等。"此外，过去一直被作为一种手段用来证明人的地位、财富和名望的休闲，不仅已从社会的精英阶层走向了普通大众，而且其形式也越来越多元化，如旅游、竞技、健身、艺术、科学等。

休闲的文化价值还表现为，休闲能够创造并发展科学、哲学和艺术。从古至今，从中国到西方，圣贤们通常将休闲与自然科学、哲学、文学艺术紧密联系在一起。孔子周游列国而作《春秋》，庄周逍遥游而得《庄子》；李白月下独酌方写下"举杯邀明月，对影成三人"的著名诗句，柳宗元江雪垂钓才写下"孤舟蓑笠翁，独钓寒江雪"的千古佳句。亚里士多德认为："知识最先出现于人们开始有闲暇的地方。"数学之所以先兴于古埃及，就是因为那里的僧侣阶级特许有闲暇；苹果掉在了坐在苹果树下思考的牛顿的头上，才使得万有引力被发现；魏格纳躺在病床上，意外发现南美洲和非洲大陆的齿状海岸线十分吻合，后来才进一步提出了"大陆漂移学说"。

我们的价值观、积极的生活方式，以及已有的发达的科学、哲学、艺术等，都需要得到传承。人类有一种特有的社会遗传方式，那就是教育。休闲所蕴含的教育成分是一种良好的社会遗传形式，这正是休闲的教育价值的体现。理想的休闲必须具有发展性，必须是一个能使人投入其中不断学习，并使自己有所改变的连续的过程。在这个学习的过程中，我们的种种休闲体验会潜移默化地改变我们的头脑，提高我们的智力水平；同时，休闲中蕴含的文化也得以传承和弘扬。

总之，休闲作为一种相伴人类成长和发展的价值观，其对个体和社会的价值，不仅在于其能够提供物质财富或实用工具和技术，更体现在其能够为人类在文化上构建一个有意义的世界，能够守护人类精神的家园，使人的心灵有所安顿、有所归依，使人"成为人"。不了解休闲在社会进步中的价值的人，是缺乏远见卓识的。

2.2.4　休闲消费心理

1）休闲消费心理的特点

（1）需求的综合性

随着休闲产业的不断发展，人们的休闲行为越来越普及，人们对休闲项目的选择更趋于理性，对休闲项目的期待也越来越高，更希望能够享受集知识性、娱乐性、参与性于一体的休闲产品。

（2）消费的集中性

消费的集中性具体表现为时间和地域的集中。法定节假日和双休日是休闲最集中的时间；此外，寒暑假也显示出了日益明显的休闲消费效应。单调的工作和紧张的生活，使人们对节假日格外珍惜，希望能到风景名胜区寻求身心的放松。

（3）消费主体的大众性

随着收入的不断提高和闲暇时间的增多，普通大众的休闲意识日益增强，节假日全家一起外出休闲的现象较为普遍。

（4）消费的非季节性

人们大多选择在双休日和法定节假日开展休闲活动，而这些时间段全年分布较为均匀，各种休闲活动可根据季节的不同交替进行，因此休闲消费的季节性不强。

（5）客流的双向性

为了消除平时的紧张状态或缓解压力，人们需要到与平时环境完全不同的目的地去感受休闲的轻松和惬意，这就使得消费者在不同城镇间相互流动。大城市的居民可以到小城镇欣赏保存较好的传统文化和优美环境，小城镇的居民也可以到大城市体验现代都市气息。

2）休闲消费心理的表现

（1）消费方式不断升级

随着互联网时代的到来、科技的发展以及生活水平的提高，越来越多的休闲者更看重休闲的品质，这直接促使休闲消费方式不断升级，精神消费、知识消费、健康消费、智能化消费更受休闲者的青睐。

（2）更重视安全和市场规范的程度

大部分休闲者认为，休闲就应该使身心得到恢复和放松。休闲者不再注重休闲场所的等级、知名度，而是更注重休闲场所的环境、交通、服务、安全等因素。在休闲活动中，安全事故发生率虽然逐年降低，但每年仍有发生，接待服务也在利益的驱使下呈现出良莠不齐的局面，这与休闲者的初衷完全是背道而驰的。

休闲广角镜2-2   **湘西民俗体育项目——毛古斯舞**

    湘西土家族毛古斯舞由湘西地区少数民族在长期的劳动实践、娱乐活动中演化而来，具有强烈的自娱性、参与性，深受湘西群众的喜爱。作为湘西地区的民俗标志，毛古斯舞经常在央视等媒体中出现。无论是从活动的宣传方面考虑，还是从项目本身对参与者身心调节的益处方面考虑，毛古斯舞都具备了向经济效益转变的诸多潜力。但是从发展现状来看，毛古斯舞更多地停留在观赏、招徕游客的初级开发阶段，其经济价值并没有得到有效实现。

    资料来源　陈星全. 消费心理视角下民族传统体育的经济价值实现［J］. 贵州民族研究，2014，35（9）．

小思考2-2

如何激发人们对民族传统体育产品的消费动机？

2.3　休闲行为

2.3.1　休闲行为的特征

1）自主性

为什么说休闲是一种自主性的行为？为什么说休闲是人们乐意主动参与的行为？人们在日常生活和工作中需要承担各种各样的责任，也会受到各种各样的束缚。人一旦有机会或者有能力摆脱这种责任、束缚，休闲便率先出现在人们的面前。在使用休闲时间的过程中，人们自身将完全处于自觉自发的状态中，每个人从事的休闲活动都是根据个人的自由意愿选择的。当然，这里所说的选择必须是有价值的、有必要的。真正的休闲是个人自由选择的结果，是个人根据自己的个性、兴趣选择喜爱的活动的结果。所以说，休闲是一种使人类的自主性得到充分体现的行为。

2）趣味性

休闲是一项趣味性活动，是人们为了获得一种相对纯粹的快乐而进行的活动。其中，纯粹的快乐是指行为目的本身，也就是快乐本身。我们所从事的休闲活动应具有使人感到轻松和放松的特性。在这样的过程中，参与活动的人必须愿意付出自己的热情，能够从中感受到快乐。休闲活动与工作最大的差异就是，从事休闲活动会使人感受到发自内心的宁静，是安静舒适的，而不是焦躁不安的（为了获胜而产生的）。在休闲活动中，人们不仅丰富了生活的内容，而且得到了精神上极其丰富的满足。休闲活动是一个不断完善自我的过程，这种活动不应当带有任何社会强迫性。同时，休闲必须使人们对这种活动或者事物保持相对持久的热情。人们在这种持久热情的支持下，身心会得到完全的放松。

3）建设性

休闲是一种能够使人全面发展的活动，是一种具有建设性的活动。休闲是一种消费性的活动，也是一种生产性的活动，它是对人们的心理和生理进行再生产、再建设的过程。休闲使人们的身体越来越强健，头脑越来越清醒，道德情操越来越高尚，并使人们获得了快乐和自我实现的满足感，从而有利于人的进一步发展和完善；休闲使人们在摆脱日常生活中各种各样的枯燥、乏味的同时，获得了生理和心理上的满足感；休闲还具有使人们不断追求快乐和提升自身价值的性质。所以在当今社会，通过这样一种休闲活动，人们能够从繁重的社会责任和压迫中解放出来，能够获得满足感和身心的快乐。由于休闲是提高人们生活质量的一种非常重要的手段，因此与其相适应的休息产生的作用也越来越重要。

4）享受性

马克思曾经指出，享受的本质就是实现人的本质力量的感觉。人们在休闲活动中，不断获得精神上的满足和心理上的慰藉。因此，休闲除了是一种自主性的活动，它还具有一个更重要的特征，这就是我们所说的享受性。这种享受性也是休闲趣味性的另外一种表现方式。休闲活动本身所特有的享受性在劳动和享受分开的情况下，其作用就显得尤为突出，这种享受性具有极强的感召力和吸引力。从时间的角度来看，人们产生的享受的感觉并不是从劳动中获得的，而是从休闲等生存实践形式中获得的，因此休闲在此后相当长的时间里，成为人类实现自身本质力量的途径。

2.3.2　休闲行为的类型

1）按频率划分

休闲行为按照频率的不同，可分为一次性休闲行为与反复性休闲行为。例如，赴某个景点旅游，有时去一次就够了，这属于一次性休闲行为；到美容院美容瘦身则需要多次反复去，这属于反复性休闲行为。

2）按需求划分

休闲行为按照需求的不同，可分为市场化的休闲行为、非市场化的休闲行为和政府满足的休闲行为。根据这一分类，每种情况下的休闲行为都是按照一定的原则进行的，即在市场领域内按市场交换原则进行，在市场领域外按社会其他利益原则进行。

3）按活动地点划分

休闲行为按照活动地点的不同，可分为居家休闲和离家休闲。居家休闲通常以拥有一定的休闲商品为基础，活动地点在自己家中；离家休闲则是在家庭以外的地点的休闲行为，最典型的就是外出旅游。

4）按活动内容划分

休闲行为按活动内容的不同，可分为商品密集型的休闲行为和时间密集型的休闲行为。商品密集型的休闲行为是指需要消费大量商品的休闲活动；时间密集型的休闲行为是指休闲投入时间所占比例较高的活动。

2.3.3 网络时代的休闲行为

1）休闲载体的网络化

休闲要以一定的对象为载体，消遣旅游类休闲所依托的旅游景区、度假区，文化娱乐类休闲所依托的文化场所、演艺中心，体育健身类休闲所依托的户外运动中心、健身场馆，以及怡情养性类休闲所依托的茶馆、棋牌室等，都是以客观存在的实体作为居民休闲消费的环境载体的。但是，网络时代的到来为人们提供了一种新型的休闲消费载体——计算机网络。计算机网络和旅游景区、演艺中心、健身场馆等传统载体相比，是一种抽象化的复杂系统，它具有全球性、虚拟性、高效性、成本低等特点。

2）休闲空间的零距离

传统意义上的休闲，如外出旅游、体育健身、社会交往等都需要人们离开长期居住的环境到一个新的休闲环境中去寻求物质或精神上的愉悦。但是，网络时代的到来给人们带来了一种全新的休闲活动形式——网络休闲。人们不需要离开自己长期生活和工作的环境，只需要一台连接网络的电脑就可以体验休闲、寻求愉悦。以消遣旅游为例，人们在网络上就可以"游遍"祖国的锦绣山川和人文古迹，也可通过网络平台全程参与奥运会、世博会等国际盛会。虽然无法现场亲身体验和感受，却同样能够享受激情与愉悦。网络时代的到来，使日常休闲摆脱了空间距离的阻碍，实现了零距离休闲。

3）休闲消费的实时化

一般性的休闲消费必须具备以下三个条件：第一，要有较高的收入水平，尤其是可自由支配的收入；第二，要有充足的闲暇时间；第三，要有休闲消费的欲望。随着社会和经济的发展，我国居民的收入水平显著提高。但从闲暇时间来看，目前城市居民可用于休闲消费的时间主要集中在法定节假日（如春节、劳动节、国庆节），以及双休日等。这使得城镇居民的"工作状态"与"休闲状态"相对独立，且呈现出时间上的阶段性。而网络的普及不仅改变了人们的工作方式，而且使人们的生活方式，尤其是城镇居民的休闲消费方式发生了巨大的变化。人们可以在日常工作的"缝隙时间"通过网络平台开展娱乐、阅读、沟通、购物等网络休闲活动，做到劳逸结合，从而达到在工作之余随时放松身心的目的。网络时代的到来，使人们的"工作状态"与"休闲状态"有机融合在一起，实现了居民休闲消费的"实时化"。

4）休闲内容的虚拟化

在网络时代，人们同时生活于现实世界和虚拟世界两种不同的社会场域。网络的普及为人们在虚拟世界中寻求精神的慰藉提供了"场域"支持，使人们的休闲体验更多地呈现出"虚拟化"的特征。人们除了通过外出旅游度假、探亲访友、户外健身、朋友聚会等方式获得休闲体验外，还可以进入网络虚拟世界，摆脱现实世界中通常用财富、威望和权力来划定的社会分层，在平等、自由、开放的信息交换系统中实现内心的理想、价值和目标，从而带来心情上的愉悦和自由自在的精神追求。例如，许多人钟爱网络游戏，就是因为在游戏平台所塑造的虚拟世界里可以实现娱乐、休闲和交友；更重要的是，可以取得虚拟成就，实现虚拟价值，弥补现实世界中的缺失，从而丰富自身的精神世界，提高生活品质。

　　5）休闲信息获取的快捷化

　　在网络普及之前，人们获取消费信息主要凭借报刊、广播、电视、口碑等传统媒介方式。但是，传统媒介在技术手段、传播方式、信息及时性和互动性等层面存在不足，因此其已经无法满足现代人对信息获取和传播的快捷、简单、准确、大量的新要求。以消遣旅游类休闲为例，在传统媒介环境下，旅游信息的传播主要依靠旅行社对线路的推广和宣传，以及平面媒体、电视媒体和景区景点自身的宣传与营销。当信息通过传统媒介被消费者获取时，可能已失去了时效，旅游者也会因旅游信息陈旧而失去出游的兴致。在网络时代，信息的传播实现了全球化、数字化、快捷化，人们可以通过网络媒介实现信息的快速收集和传播。

休闲驿站 2-1

中国国民休闲行为特征

2.3.4　休闲消费行为

　　恩格尔定律描述的是食品支出占总消费支出的比例随收入变化而变化的一定趋势，它可以通过恩格尔系数来反映。恩格尔系数等于居民用于食物消费的支出占消费总支出的比重。按联合国粮食及农业组织的划分标准：恩格尔系数大于 60% 为贫困，50%~60% 为温饱，40%~50% 为小康，30%~40% 为相对富裕，20%~30% 为富裕，20% 以下为极其富裕。恩格尔系数之所以能用来解释人们的休闲消费行为，是因为恩格尔系数降低到一定程度后，人们的消费结构将会升级，人们将倾向于用更多的收入满足更高层次的消费需求。按照马斯洛的需求层次理论，休闲消费需求是一种较高的或最高层次的需求。因此，随着恩格尔系数的降低，人们将把收入中越来越多的部分用于休闲消费。对世界许多国家的实证研究也表明，休闲消费是恩格尔系数降低到一定程度后出现的普遍消费现象，恩格尔系数与休闲消费支出之间存在高度的负相关关系。

　　恩格尔系数的下降意味着生活质量的提高。很多社会学家都把休闲与生活质量联系在一起，他们从许多角度对生活质量进行了定义，如有人曾将生活质量解释为满足社会成员生存、享受、发展需要的生活活动的全部特征的总和，它体现为社会资源供给的充裕程度和个人需求满足程度之间的统一。还有人将生活质量定义为环境提供给社会行为主体的生活条件的充裕程度，以及社会行为主体对其自身和自身所处生活条件与环境的各种评价和满意程度。不过，无论人们对生活质量如何理解，休闲消费始终是衡量人们生活质量高低的一个重要指标。国外大部分研究生活质量的文献也认为，休闲生活与生活质量存在密切的关系。纽曼甚至认为，在现代社会，工作在人们获得的生活满足感中已不再具有重要意义。他指出，自我肯定学说的中心已转移到未被占用的领域，闲暇明显地成为唯一的支配因素。后工业社会中的人，正是在其闲暇活动中得到满足、感到舒适、获得自我肯定，以及获得有助于实现社会一体化的技能的，甚至在某种程度上，闲暇可能使客观上极为单调乏味、令人厌倦的工作变得富有意义。因此，休闲是人们获得生活满足感的重要源泉。

休闲广角镜2-3　　　　　　　新时代我国居民休闲消费的特点

　　休闲消费多样化、个性化需求上升。休闲消费就是以发展自己的爱好和特长为目的的消费活动，休闲消费追求个性的自由发展，消费者在休闲时间可以根据自己的兴趣爱好选择适合自己的休闲消费活动，满足多样化的消费需求。一方面，休闲消费呈现多样化发展的特点。休闲消费方式包括体育休闲、文化娱乐休闲、旅游休闲、健康休闲、农业休闲、教育休闲等，具体的休闲活动就更加多样，人们可以选择健身、游泳、射箭、滑雪等体育休闲方式，也可以选择看电影、听音乐会等文化娱乐休闲方式。另一方面，休闲消费呈现个性化发展的特点。消费者对旅游体验的要求日益提高，更加追求旅游的个性化和差异化，同时得益于我国网络和运输业的快速发展，越来越多的消费者选择"自由行"，旅行社也更多推出"小型团""定制游"等个性化服务。

　　休闲消费场景不断扩大并叠加发展。基于文旅与商业的不断融合，当前休闲消费场景不断扩大，而5G、虚拟现实、人工智能等前沿技术的深度应用，也使休闲消费渠道日益多元化。通过科技赋能、IP引领，休闲产业正在打破狭隘边界，逐步构建起以满足消费者美好生活体验、文化创新体验、深度拓展体验的休闲消费新场景。另外，休闲消费场景也在叠加发展。以"围炉煮茶"为例，其原本是乡村的日常生活，却在近年来成为城市休闲消费的新场景，体现了当代年轻人休闲消费的新观念，使中国传承千年的茶文化在新的消费场景中重注活力。"围炉煮茶"不仅直接带动了消费，而且促进了茶业、陶瓷业的发展。

　　资料来源　陈文新，谢春玲. 新时代我国居民休闲消费问题探究［J］. 成都工业学院学报，2024，27（2）.

小思考2-3

答案提示

小思考2-3

新时代促进我国居民休闲消费有哪些对策建议？

　　早在20世纪20年代，英国著名经济学家凯恩斯就预测，当人们的金钱问题消失以后，取而代之的将是如何追求精神生活的美好。经济学家罗斯托曾将人类社会的经济发展划分为六个阶段，即传统社会阶段、为起飞创造前提阶段、起飞阶段、向成熟推进阶段、高额群众消费阶段、追求生活质量阶段。在追求生活质量阶段，人们将追求生活安逸、环境舒适和精神享受，而这些主要存在于休闲生活中。建立在英国经济学家庇古的福利经济学思想基础上的福利GDP的观点更是认为，休闲是衡量人类生活质量的重要方面，休闲的增加表明了社会福利整体水平的提高，因此应将休闲纳入福利GDP的统计之中，具体核算指标应包括休闲活动的内容、活动次数、活动场所（设施的利用）、活动支出、活动同伴、满足情况等。这些核算指标虽然具有很大的主观性，却反映了这样的基本事实：社会对休闲生活带给人们的生活满足感越来越重视。在今天标志着生活质量的各项指标中，就有很大一部分与休闲有关。一般来说，休闲消费水平越高，人们对生活的满意度也越高。

新时代·新休闲 2-1 　　　　　**让老年人拥有可游可居的"诗和远方"**

　　近年来，银发旅游愈发火热，蕴含着潜力巨大的市场。国务院办公厅 2024 年 1 月发布的《关于发展银发经济增进老年人福祉的意见》在拓展旅游服务业态方面提出，"组建覆盖全国的旅居养老产业合作平台，培育旅居养老目的地，开展旅居养老推介活动。"作为银发经济的重要组成部分，旅居养老正式纳入国家经济政策框架。

　　旅居养老可以统筹养老需要与旅游需求、融合基本公共服务与高品质生活供给，有助于解决居家养老的单调封闭，提升社会机构养老的内涵品质，加强老年人的社会交流，丰富老年人的精神体验。同时，对于丰富文旅产品及服务、开辟文旅产业发展新赛道、推进公共服务体系与文旅产业体系融合发展、积极服务应对人口老龄化国家战略具有重要意义。

　　一是培育旅居养老目的地，进一步明确核心目标，有助于推动养老业和旅游业高水平融合发展，从而更加积极应对人口老龄化国家战略。我国老年人口中低龄老年人口（年龄在 60～69 岁）占比较大，他们的基本特点是身体健康条件良好，具有一定的经济实力、较高的文化素质和较充裕的时间，是旅游市场上的重要群体。同时，与其他年龄段人群相比，在经历了多年紧张、机械和劳累的工作之后，他们希望过上一种成本适度、节奏较慢、可充分欣赏自然风光和异地风情及可实现更多社会交流和精神享受的晚年生活。因此，介于旅游者和居民之间的旅居养老成为低龄老年人口的重要选项。

　　二是大力建设旅居养老产业合作平台，创造更多高品质旅居养老产品，不断丰富旅居养老的文化内容，全面融入现代文化和旅游产业体系。随着我国经济社会发展水平的不断提升，老年人提高生活品质的愿望和需求不断增强，这在推动社会需求结构从生存型向发展型转变的同时，也对旅游业和养老业高质量发展提出了新的要求。旅居养老产业合作平台以促进产业深度交流合作为手段，以建设全国统一的旅居养老大市场为目标，不仅可以更好地发挥旅居企业在市场中的主体作用，更加精准地满足老龄人口的旅游需要和生活需要，而且有助于研发制定统一的规范标准，促进文旅消费与养老产业融合发展。

　　三是加快建设旅居养老基础设施，不断加强政策供给，完善法律法规体系，全面提升旅居老人的获得感。旅居养老具有"旅行居民化"特征，时间较长且相对稳定；与传统的养老业相比，旅居养老又具有"养老动态化"特点，极大地拓展了老年人的生活内容和文化体验。旅居养老还有疏解城市特别是大城市养老压力的功能，因此它是我国未来要大力发展的新型服务业。就现状而言，无论是专门服务于旅居养老的基础设施和公共服务体系，还是为老年人旅居生活提供保障的政策、法规和行业标准，都应不断完善和优化。

　　资料来源　刘士林，王晓静. 让老年人拥有可游可居的"诗和远方"［N］. 中国旅游报，2024-02-22（3）.

学有所悟：党的二十大报告提出，"实施积极应对人口老龄化国家战略，发展养老事业和养老产业""提高全社会文明程度"。旅居养老不仅是一个新产业，而且是衡量社会文明程度的重要指标之一。尊老、爱老是中华民族的传统美德，让老年人共享发展成果是中国式现代化建设的重要内容之一。让老年人在旅行中过上幸福的晚年生活，是实现高质量发展与社会和谐稳定的有力支撑。

本章小结

● 休闲时间的内涵包括三个方面：一是休闲时间是人的发展空间；二是物质基础与精神空间是休闲时间产生的前提；三是共产主义使休闲时间真正实现。

● 休闲动机因时而异，会随着生命周期而改变；休闲动机因人而异；休闲动机因情境而异，会随着环境的不同而有所改变。

● 休闲主要用于满足精神需求，即满足安全的需求、归属的需求、受尊重的需求、自我实现的需求。

● 休闲价值包括休闲的个体价值和休闲的社会价值。休闲的社会价值具体包括休闲的经济价值、休闲的政治价值、休闲的生态价值和休闲的文化价值。

● 休闲消费心理具有需求的综合性、消费的集中性、消费主体的大众性、消费的非季节性和客流的双向性等特点。休闲行为具有自主性、趣味性、建设性和享受性等特征。

边听边记2-1

第2章

主要概念

休闲时间　休闲动机　休闲价值观　休闲满意度

基础训练

2.1　选择题

1）下列属于休闲动机的有（　　）。

A.教育　　　　　　　　　　　　B.娱乐

C.健身　　　　　　　　　　　　D.社会交往

2）休闲服务能够满足的精神需求有（　　）。

A.爱情的需求　　　　　　　　　B.安全的需求

C.受尊敬的需求　　　　　　　　D.自我实现的需求

3）休闲的个体价值体现在（　　）。

A.消除疲劳　　　　　　　　　　B.吃饱穿暖

C.获得快乐　　　　　　　　　　D."成为人"

4）休闲行为按照需求的不同可以分为（　　）。

A.市场化的休闲行为　　　　　　B.非市场化的休闲行为

C.政府满足的休闲行为　　　　　D.商品密集型的休闲行为

在线测评2-1

选择题

2.2 判断题

1）道家的休闲观是超世的，儒家的休闲观是入世的。 （ ）

2）休闲的生态价值主要表现在两个方面：一是人与自然的和谐；二是自然与自然的和谐。 （ ）

3）休闲时间的影响因素主要是人口、工作时间和生活满意度。 （ ）

在线测评2-2

判断题

2.3 简答题

1）谈谈休闲满意度的分类。

2）网络时代下的休闲行为体现出哪些特征？

在线测评2-3

简答题

案例分析

休闲时间对杭州城市居民幸福感的影响调研

杭州城市居民中有超过1/2的被调查者认为，自己的空闲时间较少；约1/3的被调查者认为，自己的空闲时间变少了；只有约1/6的被调查者认为自己的空闲时间变多了。虽然每个人对空闲时间的认知略有差异，但是客观数据也从侧面证明了人们的空闲时间普遍偏少。被调查者中有1/2的居民工作日空闲时间少于3小时，有1/4的居民工作日空闲时间少于2小时。

在各年龄段中，老年人的空闲时间明显较多，对现状最为满意，希望保持现状的比例也最高，占被调查者总数的82.9%；35～44岁的中年人作为社会的中坚力量，压力较大，每天的空闲时间最少。学历越高者，空闲时间越少；低学历者相对空闲，对现状也更为满意。

在952份有效问卷中，没有带薪年休假的被调查者有163位，占比达17.1%；有1～5天带薪年休假的被调查者有182位，占比达19.1%。如果只统计固定上班时间者的带薪年休假，那么没有带薪年休假的被调查者占比为25.0%，有1～5天带薪年休假的被调查者占比为52.8%。这一数据也从侧面说明了城市居民的空闲时间不足。

对于休闲时间安排的期待，希望增加带薪年休假的被调查者占比最高，为22.2%；如果去掉那些对现实满意的样本，则希望增加带薪年休假的被调查者占比上升至27.5%。就群体差异而言，幸福感随着年龄的增长而提升，女性、老年人、已婚者和月收入过万元者相比较而言幸福感更强。

资料来源 蒋艳.休闲时间对城市居民幸福感的影响机制研究（下）——以杭州市为例［J］.湖北理工学院学报（人文社会科学版），2016，33（1）.

问题：请根据调研情况提出合理的休闲政策建议。

实践训练

根据本章有关休闲消费心理的内容，选择某一休闲细分市场，并对该市场进行消费者休闲心理特征的分析。

本章参考文献 ～∞

❶廖小平，孙欢. 休闲价值论［J］. 湘潭大学学报（哲学社会科学版），2011，35（1）.

❷文岚，袁金明，杨芳，等. 休闲旅游者消费心理研究［J］. 江苏商论，2009（7）.

❸何平香，张秋芬，孙众. 中西方休闲观念比较研究［J］. 北京体育大学学报，2009，32（7）.

❹陈盈盈. 中国传统文化中的休闲观念［J］. 自然辩证法研究，2004（5）.

❺刘耳. 休闲：一种文化价值观的转变［J］. 自然辩证法研究，2003（5）.

❻胡慧远，朱必法. 马克思时间观念中的"自由与休闲"［J］. 江汉论坛，2017（10）.

❼张承毅，卢思雯. 中国城镇居民休闲时间影响因素研究［J］. 广州体育学院学报，2017，37（3）.

本章推荐阅读文献 ～∞

❶刘雪蕊，孙红雯. 数字经济时代休闲时空行为研究现状与展望［J］. 四川师范大学学报（自然科学版），2024，47（4）.

❷郭鲁芳，蒋微芳. 我国居民休闲消费质量提升瓶颈与突破路径［J］. 杭州师范大学学报（社会科学版），2011，33（2）.

❸王彦. 基于休闲动机的消费者分群实证研究——以徐州市为例［J］. 江苏商论，2010（6）.

本章推荐网站 ～∞

❶旅游休闲网，http://www.travelleisure.org.cn/index.

❷世界休闲组织网站，http://www.worldleisure.org.

第 3 章

休闲环境

【学习目标】

知识目标：
•理解休闲与政治、经济、文化之间的关系。
•了解休闲与教育如何实现和谐发展。
•理解科技对休闲的影响。
技能目标：
•能够对休闲与经济、文化、教育之间的关系进行分析。
素养目标：
•培养经世济民、德法兼修的职业素养。

【思维导图】

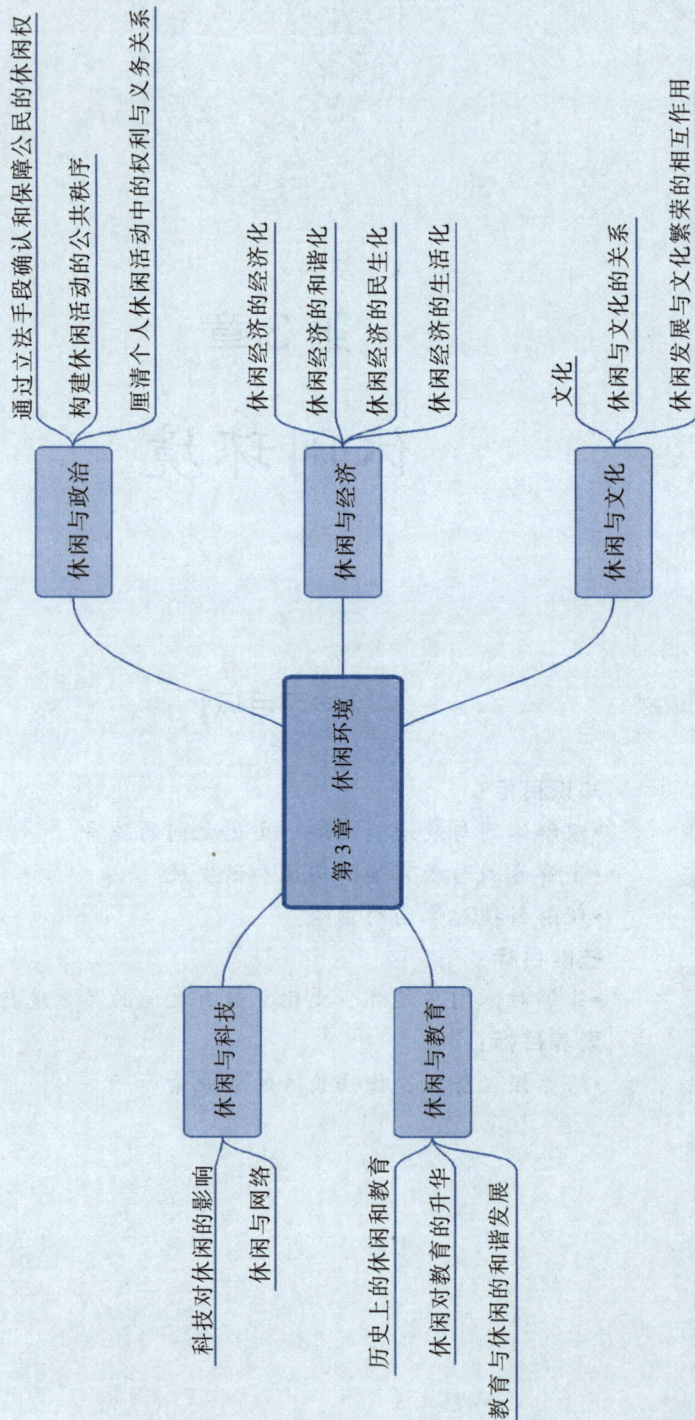

第 3 章 休闲环境

休闲与政治
- 通过立法手段确认和保障公民的休闲权
- 构建休闲活动的公共秩序
- 厘清个人休闲活动中的权利与义务关系

休闲与经济
- 休闲经济的经济化
- 休闲经济的和谐化
- 休闲经济的民生化
- 休闲经济的生活化

休闲与文化
- 文化
- 休闲与文化的关系
- 休闲发展与文化繁荣的相互作用

休闲与科技
- 科技对休闲的影响
- 休闲与网络

休闲与教育
- 历史上的休闲和教育
- 休闲对教育的升华
- 教育与休闲的和谐发展

引例

2023年全球休闲旅游业回顾

在2023年世界旅游交易会（WTM）上，主办方WTM与全球领先的独立经济研究机构——牛津经济研究院联合发布了《2023年全球休闲旅游业报告》。报告显示，尽管当前全球旅游业面临着包括通货膨胀、利率上升、家庭预算紧缩在内的一系列经济压力，但仍然呈现出了强劲的反弹趋势。2023年，全球国际旅行人数超过12.6亿人次，恢复到2019年的86%。其中，休闲旅游板块的复苏比商务旅行板块更为强劲。2023年，全球休闲旅游总人次仅比2019年下降了约10%，休闲旅游总人次占全部旅行总人次的60%。中东地区在2023年接待的国际休闲游客人次比2019年上涨13%，入境休闲旅游消费额上涨46%。欧洲是2023年接待入境休闲游客最多的地区，接待人次比2019年下降3%，但入境休闲消费额却比2019年上涨19%。美洲在2023年接待的国际休闲游客人次比2019年下降4%，消费额达到2019年的98%。非洲地区在2023年接待的入境休闲游客比2019年低13%，旅游消费额却比2019年上涨3%。亚太地区在2023年接待的入境休闲游客比2019年下降30%，旅游消费额下降32%。

资料来源　环球旅讯. 2023全球休闲旅游业报告解读（上）：复苏强劲，中东耀眼［EB/OL］.［2023-11-16］. https://m.sohu.com/a/736843840_118838.

3.1　休闲与政治

3.1.1　通过立法手段确认和保障公民的休闲权

当一个社会生活领域内的人际关系发展到一定程度，矛盾和问题也暴露到一定程度时，政府就应该通过法律加以调整，并规定社会各主体的权利、义务和责任。例如，通过经济立法调整社会经济关系；通过刑法解决犯罪和刑罚的问题；通过专利法、著作权法建立文化科学范围内的法律秩序；通过旅游法协调旅游活动中的有关当事方等。这个道理同样适用于休闲活动领域。但是，休闲活动涉及面广，社会关系复杂，要想通过法律手段加以调整，从立法技术的角度看存在一定难度。

休闲是人们延续生命、保持健康、发展能力、提高素养的一个重要途径。人们的休闲权是生命权、劳动权的一个必然结果，属于基本人权的范围。工业化一方面为世界创造了大量的物质财富；另一方面也造成了人们的精神压抑和异化，生活质量下降。19世纪以后，各国劳动者对休息权、休闲权的呼声日渐高涨，最后终于向作为上层建筑的立法提出了要求。1877年，美国国会通过法案，从法律上正式确认了劳动者的休息权。此后，西方各国的劳动立法和联合国《世界人权宣言》的通过，尤其是带薪休假制度的建立，进一步确定了劳动者休息的权利。

我国自改革开放以来，随着社会经济的蓬勃发展、思想的解放、观念意识的转变，人们逐渐对休闲提出了要求。我国政府顺应时代的发展，通过立法措施确认和保障了劳动者休息和休闲的正当权益。

在肯定成绩的同时，我们也应看到目前仍然存在的问题：休闲在中国已经不再是个人行为和个别现象了，已经具有明显的社会性。因此，有关保障公民休闲权的问题仅停留在宪法原则性规定的层面上已经远远不够了。同时，即使宪法和劳动法明确规定劳动者有休息的权利，目前在国内不少企业这一权利也没有得到保证，企业所有者或负责人强行剥夺劳动者休息权的事件屡见不鲜。由此看来，政府十分有必要在宪法的指导下，通过制定一系列配套性法律和法规，切实保障我国公民休息和休闲的正当权益。

3.1.2　构建休闲活动的公共秩序

休闲活动无论作为个人行为还是社会行为，都是一种满足了温饱之后的、较高层次的精神需求，都应体现出个人和社会的文明与进步；而体现文明与进步的行为应当是一种有秩序的行为，这才符合逻辑。因此，国家应建立和维护休闲活动的社会公共秩序。

公共秩序事实上是个人与社会之间的一种契约关系。每个人都可以充分享有法律赋予的休闲方面的权利，也应当承担相应的义务。由权利与义务的制衡形成的社会公共秩序，能够保证每个公民都顺利地按照自己的独立意志进行休闲活动。

休闲公共秩序的建立有三个关键要素：其一，有相应的法律规定。政府要通过法律或法规来规定人们在休闲方面的权利与义务关系，规定人们的应为、可为和勿为。其二，有相应的组织进行协调。这类组织的主要作用就是协调关系，缓和矛盾和冲突，提供相应的服务。其三，休闲者个人应有较高的人文素养。休闲者应认识到休闲的文明性质，在休闲活动中处处表现文明行为。

3.1.3　厘清个人休闲活动中的权利与义务关系

市场经济观念在法律上的体现就是各种权利与义务，而在休闲活动中，也会有大量的权利与义务关系，这主要包括：休闲活动者与政府之间的权利与义务关系；休闲活动者相互之间的权利与义务关系；休闲活动者与休闲服务供应商之间的权利与义务关系；休闲活动各类组织机构之间以及这些组织机构与成员之间的权利与义务关系。

从总体上说，休闲活动应该是一种体现较高层次精神需求、体现文明进步潮流的社会活动，但从具体情况来看，由于每个人的价值观和人生观不同、意识形态不同、人文素养不同，因此他们选择的休闲方式、休闲活动中的行为、休闲所追求的效果、对休闲中有关权利与义务的理解和态度都会有明显的区别。例如，是以市场经济意识形态、人本主义的价值观理解休闲，还是以小农经济意识形态、伦理本位主义的价值观理解休闲？是独立自主地决定个人的休闲模式，还是盲目地跟风随大溜？是自觉遵守公共秩序，还是肆意破坏公共秩序？是尊重他人的权利，还是为所欲为？在休闲活动中是文明礼貌，还是行为粗俗？

有人认为，休闲活动本应是使人们享受自由的，但如果用法律来约束，给人们施加各种限制，就违背了休闲的目的。其实，这种看法是完全错误的。任何人都应当明白，自己在享受休闲权利的时候，不能侵犯他人的同等权利；在享受休闲权利的同时，必须承担相应的义务。休闲和社会生活的其他方面一样，对自由都是有限制的。从某种意义上说，自由又是一种不自由。我们所要限制的是那些侵犯他人休闲权的行为，只有对这类行为加以限制，才能保障大多数人顺利享受休闲权。

研究休闲中的权利与义务问题，最终目的是要促进社会的文明和进步，促进人们生活质量的提高，促进全体公民人文素养的提升，使人们通过休闲活动发掘和领会生命的意义。休闲从性质上说，也是一种社会文化活动。我们的休闲活动，无论作为个人行为还是社会行为，都要遵循世界休闲活动的统一规律，不断适应这个全球化日益凸显的时代。休闲水平的提高是一项系统工程，需要立法、执法、守法、教育、科研、宣传等各领域和各方面不懈努力，这很可能是一个长期的、艰苦的工作过程。

启智润心 3-1
让文明与旅游同行

休闲广角镜 3-1　　　　创新推动文明旅游工作　引导文明旅游新风尚

游客的文明行为是公民文明素质和社会文明程度的重要体现。党的十八大以来，文化和旅游部门深入研究、统筹协调、创新推动文明旅游工作，游客文明素质持续提升，文明旅游深入人心。2022年，文化和旅游部发布《旅游景区文明引导工作指南》，旨在指导旅游景区及从业人员落细落实文明旅游工作，提升旅游者文明意识，引导和促进文明旅游行为，共同营造文明和谐、安全有序的旅游环境。

党的二十大报告提出，"提高全社会文明程度""提高人民道德水准和文明素养"。统筹推动文明培育、文明实践、文明创建，推进城乡精神文明建设融合发展，在全社会弘扬劳动精神、奋斗精神、奉献精神、创造精神、勤俭节约精神，培育时代新风新貌"。在新的时代背景下，贯彻落实党的二十大精神，旅游业应将文明旅游工作上升到弘扬社会主义核心价值观、地方生态安全、文化可持续发展以及民族团结的新高度，把旅游业建成精神文明窗口，让旅游成为促进国际文化交流和提升国家文化软实力的重要渠道。同时，积极发挥文明旅游弘扬社会主义核心价值观的重要功能，提升旅游从业人员文明旅游服务能力，培育旅游者文明旅游意识，引导和促进文明行为，共同营造文明和谐、安全有序的旅游环境。

资料来源　张佑印，徐珩. 创新推动文明旅游工作　引导文明旅游新风尚［N］. 中国旅游报，2022-10-20（3）.

小思考 3-1

小思考 3-1

如何做好文明旅游工作？

答案提示

3.2　　休闲与经济

　　休闲经济是人类社会发展到人们拥有足够的闲暇时间与剩余财富这一阶段所产生的一种经济现象。休闲经济的兴起，不仅是人类社会发展的必然结果，而且是人类社会文明与进步的重要标志。可以说，休闲经济是人类社会经济的一种高级形态。就本质而言，休闲经济是人类全面发展需求所引发的一种独特的经济现象。在中国特色社会主义市场机制逐步健全和完善以后，休闲经济的快速发展已成为现代人高度重视的热点问题，而休闲消费可以看作休闲经济的一种重要表现形式，并在经济生活中被赋予了十分重要的意义。其一，休闲消费是现代文化生活中不可缺少的重要组成部分，是生活消费的一种重要形式。它既是基于传统消费而产生的，又不同于传统意义上的消费。休闲消费是人类消费行为的一种状态，它的出现是建立在普通大众消费文化基础上的。其二，休闲消费不仅包括商品消费，而且注重新观念、新知识、新体验的消费。其三，休闲消费能够促进社会经济、文化艺术等多层次的发展，进而促进社会的和谐与稳定。

3.2.1　休闲经济的经济化

　　休闲经济是一种能够体现以人为本思想的人性化形态；休闲经济是一种建立在休闲大众化的基础上，将休闲消费需求与休闲产品供给结合起来的经济；休闲经济是一种和人们的休闲时间、休闲生活及休闲消费紧密联系的产业所建立的经济活动。休闲经济不同于传统意义上的消费经济、旅游经济与假日经济，它是在旅游、度假、娱乐、购物等休闲产业的基础上产生并形成的一种具有时代特征的新经济组织模式。

休闲广角镜3-2　　　　　　　休闲经济时代的旅游资源分类与评价

　　随着知识经济时代的到来和社会人群消费能力的提高，发达国家和地区正在进入休闲时代。在我国的大都市和一些旅游城市，休闲也已成为一种主流时尚文化。在旅游业和娱乐业基础上发展起来的休闲经济，形成了地区新的经济增长点，很多城市的经济增长模式已经由依靠单一产业转向依靠休闲业及相关产业。休闲经济的内容涉及旅游、房地产、文化娱乐、交通、餐饮、社区服务等产业。休闲产业是指建立在休闲的大众化基础上，由休闲消费需求和休闲产品供给构成的经济。未来学家指出：休闲是全球经济发展的五大推动力中的第一引擎，休闲产业正在发展成为世界上最大的产业。

　　随着旅游活动的内容由观光向休闲度假的方向转变，假日休闲、周末度假、旅游度假、会议休闲、运动健康休闲、社会文化体验等休闲方式日益兴盛。与此相适应，旅游组织方式也由团队旅游为主向自助旅游为主转变，游客在目的地的活动由单纯的旅游转变为旅游与社会参与并重，旅游消费总量增加，支出结构发生改变（交通支出的比例下降，住宿、餐饮、娱乐支出的比例提高）。同时，随着老龄化社会的到来，具有较高消费能力和较多闲暇时间的老年人群的休闲需求总量会增大，因此与第二居所或各种异地居住有关的康体养生休闲资源将成为休闲需求的热点。

能否适应上述休闲经济的发展趋势，不仅关系到旅游产业自身的发展，而且关系到城市经济的可持续发展，特别是在现代化大都市，各类休闲活动已成为经济活动得以运行的基本条件，城市发展的竞争力越来越依赖于休闲产品的供给能力。

资料来源 李红玉. 休闲经济时代的旅游资源分类与评价 [J]. 旅游学刊，2006（1）.

小思考3-2

在休闲经济中，旅游资源作为休闲资源，其内涵、分类和评价体现了哪些特征？

小思考3-2

答案提示

启智润心3-2

当代中国理性休闲消费的时代价值

3.2.2 休闲经济的和谐化

休闲经济是一种注重人和自然协调共生的和谐经济。面对人类改造世界所取得的成果和越来越严重的全球环境污染之间所产生的矛盾，休闲经济能够自觉遵守自然法则与经济规律，寻求一条经济社会发展良好、生态环境友好、人民生活幸福安康的和谐经济道路。休闲经济能够很好地解决产业扩张、人口增长、资源节约、环境保护等相互之间的矛盾，推动人与自然的协调共生。

3.2.3 休闲经济的民生化

休闲经济是一种回归人文关怀的民生经济。如今，休闲经济的发展更多地体现在改善民生方面，如城市绿地、公园广场及宜居社区的建设，均突出了"民生休闲"这一主题。人们在利用闲暇时间和满足闲暇需求的过程中，能够充分感受到休闲经济将人文关怀作为基础。休闲经济能够体现以人为本的人性化的经济形态，能够使各种类型的休闲活动达到和谐。

3.2.4 休闲经济的生活化

休闲经济是传递新的生活观的一种信息经济。从休闲的本质意义上看，休闲经济能够给人们带来大量的对待新生活的态度、观点与活动，进而引导人们追求健康的生活方式，追求丰富的精神生活。因此，休闲经济关注人的整体发展，注重提高个体的生命质量。

3.3 休闲与文化

3.3.1 文化

1）文化的概念

"文化"的英文为 culture，源自拉丁语 cultura，原指对土地的耕耘和对植物的栽培。在中国，"文化"一词最早是指文治与教化。目前，世界各国的学者对文化都有不同的定义。从一般意义上来看，文化是一种社会现象，是人类发展过程中所获得的能力和创造的成果的总称；文化又是一种历史现象，是社会历史的积淀物。总之，文化包含了一个国家或民族的历史、地理、风俗习惯、生活方式、文学艺术、礼仪规范、社会制度、价值观念等。人类文化总是不断推陈出新，以进步的文化为先导不断向前发展，最终取代落后的文化。

2）文化的分类

关于文化的分类，国内外学者提出了很多方法。其中，主要的分类方法有三种，即文化二分法、文化三分法和文化四分法。然而，无论采用哪种分类方法，文化始终以人为主体，以人对现实的认识与实践活动为参考。

3）文化的作用

一个国家的发展，离不开文化、经济和政治这三个方面。经济基础决定上层建筑，经济和政治决定了文化的性质和发展方向；同时，文化又反作用于政治和经济。先进的、高尚的文化可以提高政治的协调度和经济的发展速度；落后的、低俗的文化则会阻碍政治与经济的发展。

3.3.2 休闲与文化的关系

休闲是人类文化的基础，其本身也属于文化范畴。休闲文化传承了人类的主流文化，以不同的形态渗透到人们的生活中，使人在身体上和精神上都得到了放松，在一定程度上也提高了人类精神生活的质量。

1）休闲为文化提供主体条件

休闲是专属于人的活动，是人生活中重要的组成部分，人类文化就是在休闲这块生活领地中产生的。文化并不属于人们必不可少的基本生活部分，而是属于较高生活要求部分，在人类历史上的很长时期里，甚至属于奢侈生活部分。人们只有在有了充分的物质保障和充裕的闲暇时间后，才能从事文化生产、创造及欣赏活动，才能从事一切有利于人类进步的文化。从整个社会的发展过程来看，休闲本身就是一种相对开放的、自由的社会空间，在休闲背景下产生的文化会更充实、更符合时代特色。整天为温饱和生计忙碌不休的人，整天处于生产劳动重压下的人，很难有精力和心情从事文化活动。城市中的咖啡馆、图书馆、画廊以及文化中心等休闲场所，都是人类文化形成并发展的地方。

2）休闲是一种特殊的文化形态

文化总是与政治、经济、价值观念等紧密相连并相互促进。休闲这种特定的文化形态，不仅能够通过各种形式去影响人的行为、生活方式，而且能够提高人的生命质量。"闲"能读书，"闲"能游览名胜古迹，"闲"亦能寻知音、交益友。休闲既能安抚人疲惫的心，也能缓解人精神的劳顿；休闲既可以是一种解脱，也可以是一种精神上的升华。休闲的高雅与深沉，正是文化中所体现的休闲的真谛，也是我们从文化精神领域去考察休闲的意义所在。

3）休闲是文化的动力来源

人类历史上学术发展最惊人的三个时期分别是古希腊时期、文艺复兴时期和 20 世纪，这三个时期也是财富增多、休闲增多的时期。休闲时间既是文化消费的时间，也是文化创造的时间。休闲时间的增多和休闲活动的多样化是创造精神产品的必要条件。现阶段，我国休闲经济的四大支柱产业——旅游产业、文化产业、体育产业、会展产业，均具有深厚的文化底蕴，与文化密不可分。充足的闲时、充裕的闲钱，加上休闲的身心，都为文化创造、传播和消费提供了强大的动力。

4）休闲的价值在于文化

休闲是对社会文化的创造与再创造，它本身就是一种文化——休闲文化，同时也是人类文明程度的标尺。从文化的视角来看，休闲是在社会必要劳动时间之后，为了满足不同人的不同需求而形成的一种生活状态和行为方式。休闲的价值不仅体现为它的实际价值，而且体现为它所蕴含的文化；休闲使人们在精神的自由中经历审美的、道德的、创造性的、超越的生活方式；休闲的存在是非功利性的，它弘扬了一种文化底蕴，以此来支撑我们的精神。因此，休闲是一种文化基础，是一种精神状态，是灵魂存在的条件。休闲可以矫正、弥补社会发展过程中出现的缺陷，让人类社会更加完美，让我们的生活更充实且有意义。

3.3.3　休闲发展与文化繁荣的相互作用

1）休闲资源的合理利用与文化发展的相互作用

休闲生活的发展全方位影响着人们的生活质量、生活方式和行为习惯，然而，要使休闲生活向更好的方向发展，必须充分、合理地利用我国的休闲资源。我国的休闲资源十分丰富，如自然风光、文物古迹、民间传说、传统艺术等，对这些休闲资源的开发利用，能够使更多的人了解到这些资源所蕴含的文化内涵，这也是对文化的发展。从某种意义上来说，休闲资源也就是文化资源，对休闲资源的开发与利用有利于文化的繁荣发展。

此外，文化的发展也有利于休闲资源的发掘与运用。文化是无形的，需要借助某些特定物质形式表现出来。文艺复兴时期，意大利兴起了读书、收藏书的热潮，从而促进了图书馆这个集文化与休闲于一体的场所的繁荣。文化资源是文化的物化形态和物质载体，文化作为文化资源的精髓和核心而存在。文化的发展，更多文化资源的产生，都为休闲资源的发掘提供了动力。

总之，休闲资源的合理利用与文化发展是正相关关系，我们既要合理利用休闲资源以推动文化的发展，也要通过文化的发展发掘新的休闲资源。这种良性的互动不仅能够促进文化的繁荣，对经济发展、社会和谐也能起到积极的作用。

2）人类文明进步史就是一部休闲发展史

人类社会自诞生以来，就不断向前发展，经历了原始社会、奴隶社会、封建社会、资本主义社会、社会主义社会等不同社会形态，人类文明也随着社会的发展经历了从简单到多元的过程。休闲作为经济发展和社会进步的产物，在人类社会文明发展的不同时期，表现出了不同的内容与特点。

在原始社会，人类改造自然的能力有限，不论是谋生的手段还是生产过程都极为简单，也没有休闲的意识。随着工业时代的到来，越来越多的人发现，在闲暇时间可以自由地从事各种文化、艺术、娱乐等活动，以满足体力劳动不能带来的精神上的享受。如今，人们的生产和生活方式都已经发生了巨大的变革，休闲生活的内容和形式也在不断拓展和更新。有学者预测，休闲业将成为下一个经济大潮，并席卷世界各地，休闲文明已成为时代发展的重要主题之一。

休闲构建的生活空间相比其他生活氛围更轻松、愉悦，身在其中能让人感受到悠闲自得。文化的共享性使得文化作为一种社会现象，是可以习得的，并且是长期历史积淀的结果。休闲文化总是与一定历史阶段的政治、经济、科学技术、道德、伦理水平紧密相连，并相互促进。随着人们的休闲生活有了纷繁多样的形式和内容，人类文明也朝着休闲的方向发展。所以说，人类文明进步史就是一部休闲发展史。

3）健康休闲生活引导文化的发展方向

无论在城市还是在农村，休闲生活已然成为社会生活中最重要的方面。如今，人们倾向于追求高层次的文化精神生活以及自我的全面发展，愿意花费更多的时间和金钱来休闲。休闲生活的内容一般包括三个层面：一是个人兴趣的选择，在这个层面上，人们更看重通过休闲活动积累知识并发展智力、能力和创造力；二是追求精神的自由，在这个层面上，人们更看重休闲生活带来的幸福感和自我价值的实现；三是实现某种价值，在这个层面上，人们更看重休闲生活所传递出来的历史、社会、文化价值，力求在休闲生活中提倡并践行积极的社会规范。无论从哪个层面来看，人们在工作和生活事务之余，以身心放松、娱乐消遣和个人拓展为目标，从事娱乐、运动、学习等活动，都是文化创造的过程，最终都将引导文化的发展方向。

休闲广角镜3-3　　　　　　　　　　　　**沉浸式文旅休闲街区**

通过文化IP的挖掘，加上增强现实、虚拟现实、混合现实等科技的应用，再加上虚实结合的空间营造，越来越多的城市将沉浸式文旅休闲街区项目作为发展旅游业的重点，期望通过打造成功出圈的项目，建立起城市智慧旅游沉浸式文旅新地标、新名片。

　　这些沉浸式文旅休闲街区的营造核心，是找到地域文化的特色，表现出城市文化的差异化。也就是说，各式各样的文化创意背后，沉浸式文旅融合发展需要深耕本土文化，在历史古韵的基础上配合现代技术与玩法，进一步推动文化资源的旅游化开发和旅游资源的文化性拓展。例如，长安十二时辰主题街区在真人实景互动的基础上，融合文化创意等元素，通过文旅融合、虚实结合等方式，将主题景观、演艺内容、商户业态等完美融合在一起，打造并形成文旅新产品、消费新场景，让游客能够深度介入、沉浸体验唐代文化与唐代市井生活。

　　资料来源　Jack. 文旅休闲街区"变身"　智慧化激发文旅新活力 [EB/OL]. [2023-08-18]. https://baijiahao.baidu.com/s?id=1774536521866323033&wfr=spider&for=pc.

✿ 小思考 3-3

如何有效打造沉浸式文旅休闲街区？

小思考 3-3

答案提示

3.4　休闲与教育

3.4.1　历史上的休闲和教育

1）西方教育中的休闲

　　休闲作为一种生活理想起源于古希腊，亚里士多德总结古希腊早期哲学家的观点后认为，休闲是实现文化理想的一个基本要素，知识引导着符合道德的选择和行为，而道德的选择和行为反过来又引出了真正的愉快和幸福。他提出，休闲是通往幸福的大道，休闲给精英社会中的人们以发展智力、探求灵魂和寻找生命中真正快乐的机会。亚里士多德还认为，人的理性灵魂的特点就是思考、理解和判断，这些都必须以足够的沉思为基础，人们只有在闲暇中持续沉思，才会领悟人生的幸福和真谛。希腊语中用"schole"表示休闲和教育，古希腊人认为，发展娱乐与文化水平的提高相辅相成。而"schole"是英文"school"的原始含义，这就印证了休闲具有教养功能和培养人的优秀品质与美德的含义。"学校"与"休闲"在起源上的同义说明了教育的本质是人享受休闲的特有方式，通过这种特殊的休闲方式，人类创造的文化得以传承并不断创造出新的文化。

　　亚里士多德认为，休闲的最好方式是沉思，因为"理性的沉思活动不以本身之外的任何目的为目标，它具有本身所特有的愉快自足、悠闲自适、持久不倦……其他赋予最幸福的人的一切属性，都是与这种活动相联系的——这就是人的最完满的幸福"。柏拉图所著的《理想国》一书，实质上体现的就是一种休闲状态下的国度。休闲教育是当时雅典人生活教育的重要组成部分，休闲是生活的中心。古希腊社会中那种近乎现代休闲的生活方式给了哲人们以思想的灵感，因此才产生了辉煌的古希腊文化。许多以古希腊文明和希伯来文明为母体产生的学派都主张把学问与休闲思想联系在一起，他们认为，知识同自由相关，自由又同休闲相关。后来的骑士教育、人文主义教育及英国的绅士教育也体现了休闲教育的精神，资产阶级上层社会的生活教育实质上就是休闲教育。

2）我国传统教育中的休闲

中国古代就有"休"与"闲"的思想。"休"在《说文解字》中解释为"息止也。从人依木"。人依木而休，使精神的休整和颐养活动得以充分进行，人与自然浑然一体。"闲"在《说文解字》中解释为"阑也。从门中有木"。这些都表明，休闲以休闲生活的具体内容培养人的美德，休闲是真、善、美的组成部分，它同知识、美德、愉快与幸福不可分离，正是休闲使我们的生活更富有情趣。

我国古代就很注重休闲教育，孔子"六经"和"六艺"的教育课程中的很多内容都与休闲活动有关，他经常带学生去沐浴、唱歌，通过开展休闲教育舒缓身心。《礼记·学记》中提出了"藏修息游"的教育思想，主张人性的教育和培养应当把进德修业与休闲游乐结合起来，以获得全面且完整的发展。我国最早的学校为"庠"，"庠"原指贮存公共粮食的地方，后来成为老人养老和儿童休闲的场所，由富有生产和生活经验的老人承担教育年轻一代的任务，在"庠"的基础上才出现了真正意义上的学校。《诗经》中记录了大量的休闲思想、休闲文化和休闲活动，周朝的大夫们甚至认为休闲是治国安邦的重要谋略和准则："民亦劳止，汔可小康。惠此中国，以绥四方。"

从文化渊源上来说，受老庄哲学和禅宗思维方式的影响，中国人非常推崇"静以修身，俭以养德，淡泊明志，宁静致远"的休闲教育状态和价值观。南北朝时期的隐逸文化、唐宋时期兼容并包的休闲文化、明清时期丰富多彩的休闲小品文化、近代人文主义的闲适文化等，无不体现了中国传统文化独特而丰富的休闲思想。"休闲"是对"天人合一"思想的表达，体现了人们对美好生活的向往与追求。休闲既是文化传承的载体，也是文化创新的摇篮，它哺育和滋润着文化，促进了文化的成长。随着当代经济的发展，休闲教育再度受到人们的关注和推崇。

3.4.2　休闲对教育的升华

1）休闲是思想文化活动的最高境界

休闲是实现自我价值和心灵对话的桥梁，哲学家们往往会从休闲生活中领悟哲学的真谛。在休闲活动中，人们能获得积极的情感体会，不但能体验到在智力、文化或艺术方面的成长和创造力，而且能接触到各种实用知识。亚里士多德把休闲看成了哲学、艺术和科学诞生的基本条件之一，甚至认为人在休闲中的深思状态是人类最高级、最美的状态，休闲是一种神圣的活动。休闲与人类的文化素质、受教育程度、道德品质有着密切的联系，是文化教育的维系方式之一。休闲是通过节制行为、限制奢望和避免对世俗物质的无必要竞争和占有，达到一种内心世界的安宁和快乐的人生状态。休闲从本质上说是一种生存状态，是对生命意义和快乐的探索，是社会文化活动的重要组成部分。休闲所特有的文化内涵表达了人类在自下而上的过程中劳作与休憩的辩证关系。

休闲生活方式的价值在于其为人类的思想提供了一个安置之处和可以自由驰骋的理想空间，人类的思想可以在这个家园中休息驻足。休闲是摆脱束缚之后的自由、开放，既不放纵，也不强求，是生命的返璞归真。休闲有与宗教类似的整合功能，是一种对工作和劳动造成的身心磨损与老化的修复与治疗过程，它能够使身心恢复到原初或理想的状态。积极的休闲意味着生命自主地选择某种活动，并全身心投入到这种活动中，在活动中实现生命的整合。

2）休闲是教育的最高理想

杰弗瑞·戈比在《你生命中的休闲》一书中指出，休闲是人的存在过程的一部分，因此休闲行为不仅要寻找快乐，而且要寻找生命的意义。休闲从根本上说是对生命意义和快乐的探索。雅斯贝斯认为，大学的根本使命在于帮助人实现其统摄一切的精神自我。布赖特比尔指出，应该以休闲活动的参与为基础，建立起一套概念。人们不应该从狭隘的、填鸭式的、以证书为目的的角度理解教育，而应该从最本质的、最贴切的意义上理解教育——一种思考和学习的过程。21世纪，人类新的价值观意味着，历史上人对自然的改变将逐步转变为人对自身的改变，人们愈发渴望过上轻松、平静、祥和、简朴的生活。在休闲体验活动中，最有可能产生有意义的学习，而休闲学习的潜力被证明是最大的。通过休闲教育，个人获得了对自我、闲暇以及闲暇与自我的生活方式和社会组织之间关系的理解。这种活动与在工作中和受教育中的活动一样，能够提高个体的知识水平和学习能力。人们在后者中的学习被称为"干中学"和"教中学"，在前者中的学习则属于"闲中学"。

快乐的休闲与玩乐本身就能创造价值。在这样的基础上，教育的效果才会出现"快乐式增长"，为闲暇而进行的教育才是崇高的自由教育。创新的获得总是要经过一段休闲的"潜伏期"，一些著名的大学都设有"Tea Time"，旨在通过闲暇时间创造学术交流、沟通的机会，从而碰撞出思想的火花，产生伟大的思想与见解，这也是"闲暇出智慧"的最好证明。闲暇是高等教育的本质，因为闲暇是高等教育产生的社会基础，是高等教育的存在方式，更是高等教育追求的最高精神境界。从这个意义上来说，休闲是教育的最高理想。

3）休闲需要教育

人们通常认为，休闲就是玩儿，是每个人从儿童到老年都具有的本能。但实际上，休闲是需要教育的，因为休闲不是一种与生俱来的能力，而是后天形成的。随着社会经济的发展，有钱有闲的人在增多，但并非这个群体天生就会休闲。如今，加入不同层次的休闲圈子成了彰显生活质量的一种标志。人们参与不同的休闲活动就是一个改进休闲观念、提高休闲技能和进入某个阶层的方式。大量研究表明：个人休闲生活质量的高低取决于休闲价值观，休闲价值观支配着人们对休闲生活方式的选择。因此，树立正确的休闲价值观十分必要。休闲价值观是进行休闲教育的必要前提和影响休闲教育效果的决定性因素。

休闲教育的内容十分广泛，包括智力、审美、心理及社会经验等方面。休闲教育不但关心正确的或选择性的消费，而且关心个体的休闲创造。近年来，社会上兴起了通过创造性的休闲方式来表达自己的追求与理念的思潮，这种思潮从人文精神和人文关怀的角度丰富了休闲的内涵与外延，鼓励人们将自我发展和承担社会责任联系在一起，并用这样的行为方式营造友善的、互助的社会氛围，从而促进人与社会的和谐发展。

休闲广角镜3-4   **美国休闲教育状况**

美国休闲教育相关系所与课程标准，由美国最具权威性的休闲组织规划与设立，鉴定标准和鉴定过程极其规范，主要包括两部分：一部分是组织的设立标准，即单位特色、系所发展目标、管理方针、系所教育资源、专业教师资格等；另一部分是大学的专业课程标准，包含了对基础认知、专业能力与专业选修等课程的规定。学生必须依照专业领域来选择课程内容，这样有利于培养更专业的休闲服务人员。

美国各大学的休闲专业一般由户外休闲和资源管理、公园和休闲管理、休闲体育管理、医疗休闲、旅游管理等专业方向组成。各专业方向在指导思想、培养目标、课程设置等方面都与美国社会对休闲专业人才的需求相适应，专业课程培养目标具有广博性和实用性。美国各大学的休闲专业不仅重视基础知识的掌握，将各种专业能力教授给学生，而且要求学生将实践经验作为进入工作岗位的必要经历。学生除了要完成专业课程，还必须完成320小时（相当于8个星期）相关专业的实践训练。公园和休闲管理专业方向的学生必须在与所学专业相关的机构完成14个星期的专业实习，以便为将来从事的工作打下坚实的基础，但是在专业实习之前必须先修完实习准备这门课程。

资料来源　秦娟. 中外高等院校休闲教育对比研究及对我国休闲专业建设的启示［J］. 吉林省教育学院学报，2014，30（1）.

小思考3-4

答案提示

🔵 **小思考3-4**

美国休闲教育对我国休闲专业建设的启示有哪些？

3.4.3 教育与休闲的和谐发展

1）休闲是解决当前教育问题的良方

学生受教育，不仅是为了掌握数、理、化的工具理性，更要获得修身、齐家、治国、为人民服务的价值理性。只有张扬价值理性高于工具理性的办学理念，大学才有可能成为培养民族脊梁的摇篮。

休闲教育缺失造成的严重后果有：其一，教育的硬化。本来学校与休闲是连在一起的，但实际上休闲与学习已经被认为是两个完全相悖的领域，更谈不上融通和相互促进。其二，人的异化。儿童爱玩的天性被学校和书本锁在封闭的教育里面，而休闲思想是缓解教育矛盾和危机的一剂良方。如果能够多从休闲的角度来理解教育，能够多给教育一些自由发展的空间和时间，教育就能更好地回归到应然、本然的境界。

2）休闲是现代教育的重要组成部分

休闲教育是公共教育的有机组成部分，是全体社会成员的一种权利和要求，更是一种使人们有价值地利用闲暇时间的教育。早在两千多年前，亚里士多德就把休闲教育当作全面教育的重要组成部分。美国教育家杜威在20世纪初就提出，要把休闲内容作为教学手段和教学技巧纳入教学过程中，要把休闲教育当作"最严肃的教育任务"，因为"富于娱乐性的闲暇不仅在当时有益于身体健康，更重要的是，它对性情的陶冶可能有长期的作用。为此，教育的任务就是帮助人们为享受娱乐性的休闲而做好充分准备"。休闲教育是提升个人生活质量的整体活动，是培养人对休闲行为的选择和价值判断能力的现代基础教育，是人的素质教育和现代教育的重要组成部分，是"教育化人"的重要手段。现代基础教育对学生实施的是全面的人格教育，学生不仅要通过学习成为高度物质文明和精神文明的创造者，而且要通过学习学会享受高度的物质文明和精神文明，从而促进身心的健康发展，学会生活，以充实人生，发挥生命的价值。休闲是一种完全由个人自由支配的、没有压迫感的状态，人在休闲活动中更容易受到潜移默化的影响。人在从事科学、文明、道德等有益的休闲活动的时候，会不知不觉地受到积极的影响和熏陶，从而在德、智、体诸方面的发展中获益。

3）素质教育需要休闲教育

休闲教育首先是普遍的、涉及面广的素质教育。素质教育以人文素质教育为切入点，只有通过人文素质的培养，人们的心才能"闲"下来。现代休闲教育放松身心、满足个人爱好、发展个人特长、在实践中学习的明确目的实际上就体现了素质教育的大部分内容。在休闲时间，人们可以按照兴趣、爱好和特长选择休闲活动的内容和方式，以便使自己的个性得到充分发挥。例如，通过休闲活动中的社会实践，学生不仅可以学习在书本上学不到的知识，而且能够在实践中印证、巩固在学校学习的知识，并把知识转化为实践能力，从而提高自己的社会适应性。素质教育的根本目的是充分发现人的天赋，最大限度地开发人的潜能，最终实现人的全面发展。完整的人性除了学习、工作，还需要休闲，而休闲教育就是为了教人们学会休闲。在自由时间里获得全面而充分的发展，也是素质教育的应有之义。随着素质教育和课程改革的深入，休闲教育越来越被学校、家长所重视，休闲教育也会在将来成为家长和孩子择校的重要考虑因素之一。

4）教育、休闲最终整合于人的发展

在后工业化社会，休闲在微观上影响着个体的幸福感，有利于提高个体的生活质量，这种质量的提高必将成为创新的基础和动力之源。休闲的互补效应（如在休闲时间内提高个体的自尊心和自信心）有利于提高个体的学习效率。健康而积极的休闲活动有利于形成人力资本中精神、意志方面的禀赋，从而使个体高度投入、感到自足，并激发出创造性和探索欲。使学生在受教育的过程中获得幸福感、实现学生的全面发展是对学校教育的更高追求。学校教育的休闲品性是以让学生的心理或精神达到自

由、愉悦和享受的状态为目的，努力给予学生更多的自由及自我释放的机会，使学生获得精神享受，实现生命价值，在快乐中拥有充实的人生；学校教育的休闲品性是人本主义思想、进步主义教育理念与休闲精神的融合。休闲教育是以关注个人的自由解放为目的，以培养能拥有和操持闲暇的个人为目标的教育；休闲教育是一种终身教育，休闲的价值、态度、知识和技能都是需要通过教育习得的。在这种教育中，我们将收获一种在闲暇时间里过有品质的生活的能力，并且这种能力将在我们未来的生命历程中不断增强。无论是个人提高生活质量，还是整个人类社会寻求久远的发展，都是需要休闲教育的，这样才能更接近人类自由、幸福发展的终极理想目标。所以，教育和休闲的终极目标都是注重人的发展，教育和休闲都是为人类追寻自由和幸福的最高理想而服务的。

启智润心 3-3

切实加强青少年的休闲教育

3.5 休闲与科技

3.5.1 科技对休闲的影响

1）物质条件

休闲是人的身心融通的感性生活，休闲中的物质享受与精神享受、身体享受与心灵享受是统一的而非分离的。但就休闲的直接生活层面来说，或者说要使休闲成为一种更为广泛的大众化的生活方式，丰足的物质生活是基础。

物质文明的发展以社会生产力的发展为基础，科学技术则是推动生产力发展的主导因素。科技渗透在生产力各要素里面，凝结在劳动对象、劳动资料和劳动者的经验知识和生产技能中。科学技术的发展引起了劳动对象、劳动资料的变化，并武装了劳动者，再加上管理水平的提高和分工协作的优化，社会生产力也随之提高，同样数量的劳动力和劳动时间能生产出比过去多几十倍、几百倍甚至几千倍的产品。20 世纪初，工业劳动生产率的提高只有 5% ~ 20% 是依靠新的科技成果取得的，而到了 20 世纪 70 年代，这个比例上升到了 60% ~ 80%，有的新兴工业部门则达到了90% 以上。

人类的物质文明之所以以加速度在发展，主要原因有两个：一是人类不断用智力来超越体力的局限，用电脑来超越人脑的局限；二是人类不断用知识资源、信息资源来超越物质资源的局限。因此，现代科学技术的迅速发展为人们的休闲生活提供了有力的物化手段。

2）休闲时间

在后工业社会，从业者的工作时间和休闲时间将发生"历史性倒转"，即休闲时间将超过工作时间。关于这一点，差不多在计算机革命出现之初，哲学家马尔库塞就提出过。他说："自动化预示着空闲时间和工作时间的关系倒转成为可能。这种可能性正在使工作时间变得很有限，空闲时间则变得十分充裕。这个结果将是对价值观的彻底、重新评价，是一个与传统文化不相容的存在模式。"日本学者增田米治认为，工业革命的主要贡献是增加了物质产量，而信息革命的主要贡献是使休闲时间大量增加。伴随着劳动生产率的提高，人们的周工作时间持续下降。19 世纪的 100 年内，周工作时间从 80 小时降到了 60 小时；整个 20 世纪，周工作时间从 60 小时降到了 40 小时左右。在一些发达国家，工作时间降低的幅度更大。例如，法国大部分地区实行的是 7 小时工作制，除了周末 2 天休息，每年还有 11 天法定假日，以及 5 周带薪年假，因此法国人每年的假期有 150 多天，年均工作时长约 1 505 小时，周均工作时长约 29 小时。可以预见，未来人们的工作时间还会进一步缩短。导致工作时间急剧缩短的主要原因无疑是工作条件的信息化、智能化及自动化。

3）休闲空间

随着科学技术的发展，人类活动的空间不断扩大。在采集渔猎时代，人类的活动半径仅限于步行的范围，一般为数十千米，只有在环境剧变的情况下才会出现长途迁徙，但也不会超过数百千米。在农业时代，大多数人的活动半径为数十千米至上百千米，车马代步也只达数百千米的范围，郑和下西洋乃是一种个别情况。近代工业时期，汽车、火车、飞机的应用使人类的活动半径从数十千米、数百千米扩大到数千千米，甚至数万千米。而在信息化社会，随着以信息高速公路为代表的信息网络的形成，人类的活动半径将超过工业社会的千倍乃至万倍，甚至可以说，人类的活动几乎超越了时空的限制。国家、民族、个人之间的交往日益密切，"天涯若比邻"变为现实。

此外，随着海洋技术和空间技术的发展，人们的休闲空间不断扩大，由地面转向了海洋与星际。当前，已研制出的观光潜艇为人们亲近海洋提供了方便，人们可以进行海底游览，欣赏海洋的奇异景致。同时，太空旅游也在不断发展，人们已经可以乘坐飞船体验微重力环境，观赏地球乃至太空的景色，但是由于价格昂贵，目前太空旅游并未普及化、大众化。

休闲广角镜 3-5　　　　　　**数字科技催生诸多智慧旅游新场景**

随着技术的不断进步和应用，VR（虚拟现实）、AR（增强现实）、数字孪生等前沿数字技术与旅游产业深度融合，深刻改变着人们的旅游体验。

通过 VR、AR 等沉浸式体感仿真技术，旅游景区能够创造出全方位、互动式的旅游新场景。例如，在扬州中国大运河博物馆的展厅设计中，就广泛运用了 5G+VR、投影技术等科技手段，打造出了"5G 大运河""河之恋"等特色沉浸式体验空间，全流域、全时段、全方位展示大运河"流动的文化"。同样，新疆维吾尔自治区博物馆推出的舞台剧《千年之语》，通过全息投影技术，还原文物所处的时代背景、生活风貌和艺术样式，带领人们穿越千年时光，走进浩瀚的历史长河，身临其境感受文物的魅力所在。

除了沉浸式体感仿真技术，数字孪生技术也在文旅产业得到普遍应用。利用这种技术，人们可以创建文化遗产的精确数字副本，在不接触原始文物的情况下对文物进行研究并代替原有文物进行展示。例如，出于文物保护的需要，敦煌莫高窟的部分洞窟不宜对外开放，而通过构建和展出数字化孪生副本，这些不宜对外开放的洞窟就有机会完整呈现在游客面前。在敦煌研究院的"寻境敦煌——数字敦煌沉浸展"展厅，游客佩戴好VR设备后，甚至能"飞"起来看莫高窟第285窟。

资料来源　都芃．智慧旅游：既有好风景又有新场景［N］．科技日报，2024-02-07（6）．

4）精神条件

休闲生活的实现不仅会受到外在物质条件的制约，而且会受到人自身精神状态的影响。在信息技术不断发展并在生产领域广泛应用的条件下，机器的运转日趋自动化，劳动者从生产第一线转向生产第二线，从操作者变成控制者。人退出了机器操作过程，主要从事知识和信息生产，非物质经济、智力的创意甚至能给人带来体验的文化因素等构成的附加值，将在产品价值中占有重要比重，劳动将会因能够满足人的高级创造性需要和情感需要而变得富有意义。未来社会将由"人对物的生产"转变为"人对人的生产"。曾在工业技术中一度自我异化、身心分离的人们，将因现代科技的人性化再度走向身心交融、自我认同，最终达到一种自足与内在丰盈的主体精神状态。

此外，现代科学技术作为一项生产力，在创造物质文明、推动社会进步的同时也创造着新的、更多的精神成果，科学技术作为第一生产力所创造的巨大物质财富为人类的精神生活提供了工具、手段，为多种文化生活的选择提供了可能性，从而开阔了人的胸怀，启迪了人的心智，满足了人对知识的需求，丰富了人的精神生活。例如，个人电脑的普及已经或将会使个人图书馆、个人影院、个人棋院、个人报刊等成为现实，从而更加充分地满足了人的精神需要，促使人的个性得到解放。当然，作为知识和技能形态的现代科学技术本身也是人类的精神产品，科技进步开阔了人类的视野，深化了人类对世界的认识。

总之，休闲生活是由人创造的，也要由人来享受。只有当人处在身心交融、内外条件兼备并能和谐统一的情况下，休闲才有可能从一种生活理想转化为生活现实。现代科学技术的进步，尤其是高新技术的发展，将使人类的休闲生活更加丰富。

3.5.2　休闲与网络

随着现代科学技术的发展和社会的进步，休闲的虚拟化、网络虚拟社会的休闲化等成为社会关注的热点话题，这反映了人们在网络时代对新型生存样态、休闲形式的追求与向往。

1）休闲虚拟化的影响因素

休闲虚拟化发展有其形成的外在条件和内在根据，科技的持续进步是休闲虚拟化发展的外在条件，人的需要的发展是休闲虚拟化发展的内在根据。正是在科技的持续进步、人的需要的发展的共同作用下，休闲虚拟化趋势锐不可当，并且成为当代休闲发展的显著特征。

（1）科技的持续进步

人与其他动物之所以存在本质上的区别，关键在于人能够利用自然界现成的"自在之物"在人类认识世界、改造世界的过程中，创造出"人化之物"的工具，并形成理论形态的科学知识和实践形态的技术知识。所以，科技是人类认识世界、改造世界的智慧结晶，也是人类认识世界、改造世界的强大精神力量和物质工具。近现代以来，具有划时代意义的科学发现、技术发明大量涌现，在人类生产生活中发挥着越来越重要的基础性作用，并且一跃成为现代社会的第一生产力，有力地推动着人类的发展和社会的进步。

事实证明，现代科学技术尤其是云计算、物联网、大数据等的迅猛发展，已成为产品升级、产业变革、企业转型和经济发展的重要力量，对人们的生产方式、生活方式、交往方式和思维方式产生了全面而又深刻的影响。其中，休闲虚拟化发展就是最显著的特征。现代科技的发展不但改变、促进和发展了休闲产品（服务）、休闲组织以及休闲产业，而且依赖互联网、大数据等平台构建起了非主观、非现实的虚拟空间，供主体开展自由自主的活动以及享受身心愉悦的体验。与历史上的科学技术发展不同，现代科学技术发展的成果不是孤立、分散的某个科学理论或单个技术序列，而是一个规模庞大、结构严密的信息网络体系，并由此构建起了一个无比丰富、虚实相生的休闲场域——网络虚拟社会，让人类梦寐以求的虚拟生存变成了现实，最终完成了人类休闲发展史上的一次彻底的革命。无论是构成休闲体系的主体、客体、中介等要素，还是构成休闲过程的动机、结果和评价等环节，都发生了根本性的变革。

（2）人的需要的发展

人的存在与发展不可能是一个独立、封闭的体系，人必然要与外界发生这样或那样的联系，而这种联系从本质上看表现为人的内在需要与外界供给的关系。因此，为了解决这种长期的对立统一关系，人必然要通过自身特有的自觉的认识、实践等活动，主动去影响外部世界，并有目的地改造外部世界，使"自在之物"变成"为我之物"，以满足自身存在与发展的特定需要。

人的活动从本质上看就是满足人的需要的手段，人的需要从本质上看也是人的活动的内在动力。此外，人的需要不是固定不变的，而是不断发展变化、拓展升级的，因为人"为了自己更好地存在，总是追求自由、全面的发展"，从而推动人的活动向更先进、更高级的方向发展。休闲活动就是在人的需要的推动下形成和发展起来的，体现了人在物质领域和精神层面的高级需要，彰显了人在生理、劳动之余对自由、幸福的追求与向往。在现代科学技术的作用下，人的休闲需要不再局限于传统的现实社会和物理世界，人们通过数字化、智能化的中介工具将休闲行为、休闲项目拓展到网络虚拟社会中，进而在更广阔的场域中开展自由自主的活动，以获得身心愉悦的体验。

2）休闲虚拟化的特征

在现代科技持续进步、人的需要不断变化的条件下，虚拟化成为休闲在网络信息时代发展的重要特征。

（1）休闲方式的数字化

传统的休闲通过客观存在的物质或活动来实现，如果离开了现实感性的人、物理属性的物质，休闲就无法实现。被虚拟化后的休闲则被现代科技转换为高度抽象的"0"和"1"的比特形式，并且在大多数情况下是由符号、图形等来体现、表征的，从而突破了物理时空的限制和现实社会的局限，给人们带来了沉浸式的绝妙休闲体验。此外，依赖数字化技术形成的网络学习、网络娱乐、网络消费等休闲行为比非数字化的休闲行为更自由、更便捷、更高效，解决了人们以往受工作、时间、经济等因素的影响而不能参与休闲的难题。

（2）休闲时空的弹性化

传统的休闲只存在于一维时空中，时间不能颠倒，空间不能跨越，被虚拟化后的休闲则打破了这种固有的时间顺序和固定的空间秩序，休闲活动可以被无限制复制，可以被跨时空分享，休闲主体及客体不仅可以面对面产生作用，而且可以超越时空随时随地发生联系、产生作用。同时，弹性化的休闲时空可以被分化、被解构、被重组、被再塑，从而既改变了休闲行为的存在形态，又提高了休闲活动的运行效率。

（3）休闲模式的多元化

休闲模式是人的休闲行为长期形成且相对固定的展开方法、运行机制和实现途径。在传统社会阶段，休闲模式由于受到物理时空和社会习俗的限制，其运行机制较为固定，实现途径较为单一。在现代社会，休闲被虚拟化，休闲模式也发生了翻天覆地的变化，网络将所能够连接的来自世界各地的休闲方法、休闲机制和休闲途径纳入其中，从而促进了人的休闲行为的发展。

（4）休闲内容的多样化

对休闲内容的追求一直是人类休闲发展的基本目标，而休闲的虚拟化发展也是人们追求虚拟休闲的结果。与以往的休闲内容相比，被虚拟化后的休闲无论是所涉及的领域、展现的类型，还是累计的数量和形成的规模，都变得更加广泛、更加多元和更加庞杂。

（5）休闲范围的扩大化

休闲范围的扩大化一直是人们追求的目标之一，其旨在让更多的人在更大的范围内参与休闲、体验休闲。然而，这一追求直到网络时代才得以真正实现。因为网络将世界各地的人们紧密联系在一起，提供统一的、开放的休闲项目、休闲游戏，人们的休闲活动不会因为文化的差异、路程的远近、语言的不同等而受到阻碍。例如，"愤怒的小鸟"益智游戏在全球一百多个国家广为流行。

总之，休闲的网络化把休闲从现实社会拓展到网络虚拟社会，无论是休闲方式、休闲时空、休闲模式，还是休闲内容、休闲范围，都发生了巨大的变化，实现了人类休闲行为的变革。

3）网络虚拟社会的休闲化

网络虚拟社会是当代科技革命发展的产物，也是网络时代人的虚拟化生存以及虚拟性社会关系形成的重要场域。其表现形式主要体现在以下方面：

（1）网络消费的大众化

消费是人们重要的日常休闲行为，而发生在网络条件下的消费与传统的消费有一个重要区别，即大众化。虽然大众化在第三次科技革命发生之后就出现了，但相对于今天的大众化来说，还是地方性的、区域性的。自从计算机、互联网出现以后，全球的经济发展、市场消费就紧紧地联系在一起，成为名副其实的"全球化"发展。而网络虚拟社会的出现与发展，又将全球化推上了一个崭新的阶段，其中消费的大众化表现得尤为抢眼。网络消费与非网络消费的最大区别在于：网络消费者能够以一种全新的虚拟身份在没有边界、没有中心的网络场域中点击、选择、对比、购买自己需要的商品和服务，还可以通过虚拟穿戴、智能计算等软件"试穿"大小、了解质地。这种消费模式打破了文化阻隔、市场壁垒等现实条件的限制，只要具备上网条件的消费者都可以参与这样的消费。同时，这些消费者还可以转化为商品和服务的制造者、中间商和供给者。所以，网络市场中的消费者、供给者的规模非常庞大，接近网民数量，其中的商品、服务更是琳琅满目、不计其数，网络消费已经发展成为真正意义上的"大众化"消费。

（2）网络行为的娱乐化

娱乐是人的天性，到了网络时代更是达到了疯狂的状态，游戏、音乐、视频、文学作品等成为网络虚拟社会中常见的娱乐休闲内容，即使是较为正统的经典作品、传统文化，也被无所不能的自媒体、App 重新建构，以感性文化的方式来传播和分享，并被贴上"好看""好听""好玩"的标签来吸引受众，获得更多人的认可。当然，网络行为的过度"娱乐化""恶搞化"，也容易导致网络文化的庸俗低下，这一点必须予以警惕。

（3）网络服务的个性化

网络虚拟社会的形成与发展有效拓展了私人化的生产生活空间，尤其是网络交往中的随意性和隐匿性，使虚拟主体能够"随心所欲"地虚拟化生产、生活，这无疑强化了网络条件下服务业的创新性、差异性。许多因市场环境、生产技术、经济条件等在现实社会中无法出现、上市的具有创意的新产品、新服务，都有可能因为网络虚拟社会的非封闭性、非独占性而在网络市场上出现、销售，从而满足小众的需求，进而形成集创意、创异、创益于一体的个性化网络休闲服务市场。从本质上说，这种网络服务是对标准化、统一性的挑战和颠覆，因为个性化的网络服务不仅能够给消费主体带来感官上的满足感，而且能够带来闲散的、休憩的心理体验，是一种全新的休闲体验。

（4）网络交往的随性化

交往既是人与人之间传递信息、沟通思想和交流情感的过程，也是形成社会关系的重要方式。网络虚拟社会的出现，突破了时空、地域、社会阶层等现实因素的限制，提供了如智能手机、即时通信软件等全新的交往互动工具，塑造了如微博、微信、直播平台等全新的交往沟通环境，保证了休闲主体无论身在何时、身处何地，都可以与他人建立起即时的、互动的交往关系。网络交往的随性化，满足了交往主体超越时空、即时随缘交往的需求，实现了交往主体摆脱现实禁锢、实现自由交往的愿望。

（5）网络时空的碎片化

网络时空是人的网络行为及虚拟物质的存在运动形式，一般表现为数字、符号等形式的信息流。构成网络时空的这些信息流依托现代通信设备和软件程序，把时空解构成相对独立、彼此断裂的部分或条块，导致人们原有的生产生活方式、休闲娱乐活动日渐解体，代之以兴趣族群和休闲内容的差异化及其成员逐渐分散化的一种存在状态。诚然，网络时空的碎片化有利于休闲行为的形成与发展，但需要注意的是，网络休闲的随时构建、体验在方便个体"自娱自乐"的同时，也容易造成休闲认知的浅薄、休闲行为的扭曲以及休闲体验的断裂，需要我们进行科学规范、正确引导。

新时代·新休闲3-1　　　　　　　　数字化赋予文旅产业新活力

2023年12月，商务部等12部门联合印发《关于加快生活服务数字化赋能的指导意见》（以下简称《意见》），指导推进生活服务业数字化转型升级，实现高质量发展。

《意见》提到，要加快文旅领域数字化转型升级，丰富数字化文化和旅游体验产品，推动文化和旅游场所数字化改造提升；推动地理信息数据与生活服务要素的耦合协同，更好支撑智慧社区、智慧出行、智慧旅游等生活服务应用场景。

大数据、云计算等数字技术的日新月异，在推动智能产业、数字经济蓬勃发展的同时，也极大地改变了人们的生活方式。生活服务数字化应用场景，正在将中国经济的澎湃动能与千家万户的美好生活紧密相连。

尤其是在文旅领域，数字博物馆、虚拟体育场等文旅新场景已不断涌现。数字技术跨越生产与消费的障碍，以海量数据的收集使用创造出更精准的应用价值，既满足了当下人们对旅游差异化、个性化的需求，又助力文旅产业降本增效、提高服务质量。

资料来源　杨雪. 数字化赋予文旅产业新活力［N］. 科技日报，2024-02-07（6）.

学有所悟：党的二十大报告指出，"坚持把实现人民对美好生活的向往作为现代化建设的出发点和落脚点""实施国家文化数字化战略，健全现代公共文化服务体系"。未来，随着人工智能、元宇宙等技术的进一步迭代发展，旅游与数字技术的融合也将更加深入，随之而来的丰富的旅游场景、个性化的旅游体验、便捷高效的旅游服务，都将成为助推旅游业创新升级的重要驱动力，从而更好地服务人民美好生活。

本章小结

● 休闲与政治的关系体现在通过立法手段确认和保障公民的休闲权，构建休闲活动的公共秩序，厘清个人休闲活动中的权利与义务关系。

● 休闲经济是人类社会经济的一种高级形态。就本质而言，休闲经济是人类全面发展需求所引发的一种独特的经济现象。

🔵 休闲为文化提供主体条件，休闲是一种特殊的文化形态，休闲是文化的动力来源，休闲的价值在于文化。

🔵 休闲是解决当前教育问题的良方，休闲是现代教育的重要组成部分，素质教育需要休闲教育，教育、休闲最终整合于人的发展。

边听边记3-1

第3章

🔵 休闲与科技的关系体现在物质条件、休闲时间、休闲空间和精神条件等方面。

主要概念

休闲经济 休闲教育

基础训练

3.1 选择题

1）休闲公共秩序的建立包括（　　）三个关键要素。

A.法律规定　　　　　　　　　　B.组织协调

C.休闲者个人具有较高的人文素养　　D.传统观念

2）休闲与经济的关系体现在（　　）。

A.休闲经济的经济化　　　　　　B.休闲经济的和谐化

C.休闲经济的民生化　　　　　　D.休闲经济的生活化

3）推动休闲虚拟化的因素主要有（　　）。

A.科技进步　　　　　　　　　　B.人的需要的发展

C.生态恶化　　　　　　　　　　D.哲学发展

4）就休闲的直接生活层面来说，或者说要使休闲能成为一种更为广泛的大众化的生活方式，丰足的（　　）是基础。

在线测评3-1

选择题

A.精神生活　　　　　　　　　　B.物质生活

C.金钱　　　　　　　　　　　　D.权力

3.2 判断题

1）中国古代就有"休"与"闲"的思想。　　　　　　　　　　（　　）

2）当今社会已是工作和休闲并重的社会，二者的积极作用和意义都不容忽视，而此时工作与休闲之间的界限将更加清晰。　　　　　　　　　　（　　）

在线测评3-2

判断题

3）就本质而言，休闲经济是人类通过改造自身而获得全面发展需求所引发的一种独特的文化现象。　　　　　　　　　　（　　）

3.3 简答题

1）分析休闲与文化之间的关系。

2）简要说明休闲虚拟化的特征。

在线测评3-3

简答题

案例分析 👆

南京市居民网络休闲活动调查

信息技术的应用使得南京市居民的休闲活动发生了一系列变化。①从性别来看，与男性相比，女性接受新事物的能力较差，信息化水平较低，但女性网络休闲活动的活跃度却高于男性。尽管受学历、收入等因素的影响，女性的网络休闲活动活跃度相比男性有所削弱，但在其他条件相同的情况下，女性的网络休闲活动比男性更活跃。②从年龄来看，年龄越高的居民，其接受新事物的能力越差，信息化水平越低，网络休闲活动越不活跃。③从学历和收入来看，学历与收入呈现明显的正相关关系，学历高的居民一般收入也较高，且具有广博的知识和较强的创新能力，因而其接受新事物的能力较强，信息化水平较高，网络休闲活动也很活跃。

资料来源　赵霖，甄峰，龙萨金．信息技术对南京城市居民休闲活动与出行的影响 [J]．人文地理，2013，28（1）．

问题：请分析信息技术对南京城市居民休闲活动的影响。

实践训练 ✔

以某城市为例，分析该城市休闲活动发展的经济、教育、科技环境。

本章参考文献

❶谭宏彦，王建楼．论教育的休闲本质 [J]．现代教育科学，2012（7）．
❷朱岚岚．对休闲经济发展趋势的探讨 [J]．中国商贸，2011（29）．
❸董慧莹．休闲生活与文化发展繁荣的关系研究 [D]．大连：辽宁师范大学，2014.
❹王健．从权利义务角度谈休闲问题 [J]．自然辩证法研究，2004（10）．
❺朱德琼．休闲的虚拟化与网络虚拟社会的休闲化 [J]．贵阳学院学报（社会科学版），2017，12（4）．

本章推荐阅读文献

❶苏志锋．数字经济赋能休闲体育教育高质量发展策略研究 [J]．中国多媒体与网络教学学报，2024（3）．
❷宋小川．休闲的经济属性 [J]．财经科学，2011（6）．
❸张斌，张澍军．关于休闲中"自由"的现实性反思 [J]．南京政治学院学报，2011，27（5）．
❹张永红．休闲视域下的人与自然博弈 [J]．理论导刊，2011（2）．

本章推荐网站

❶亚太旅游协会网站，http://patachina.cn.
❷中国旅游教育网，http://www.cteweb.cn.

第4章

休闲物品业

【学习目标】

知识目标：
- 掌握休闲农业的概念、特点、功能，熟悉其基本产品类型。
- 掌握休闲林业的内涵、特点、功能，熟悉其基本产品类型。
- 掌握休闲渔业的内涵、特点、功能，熟悉其基本产品类型。

技能目标：
- 能够对我国休闲农业、休闲林业和休闲渔业的发展现状进行分析。

素养目标：
- 重视新技术、新工艺的应用，培养创新精神。

【思维导图】

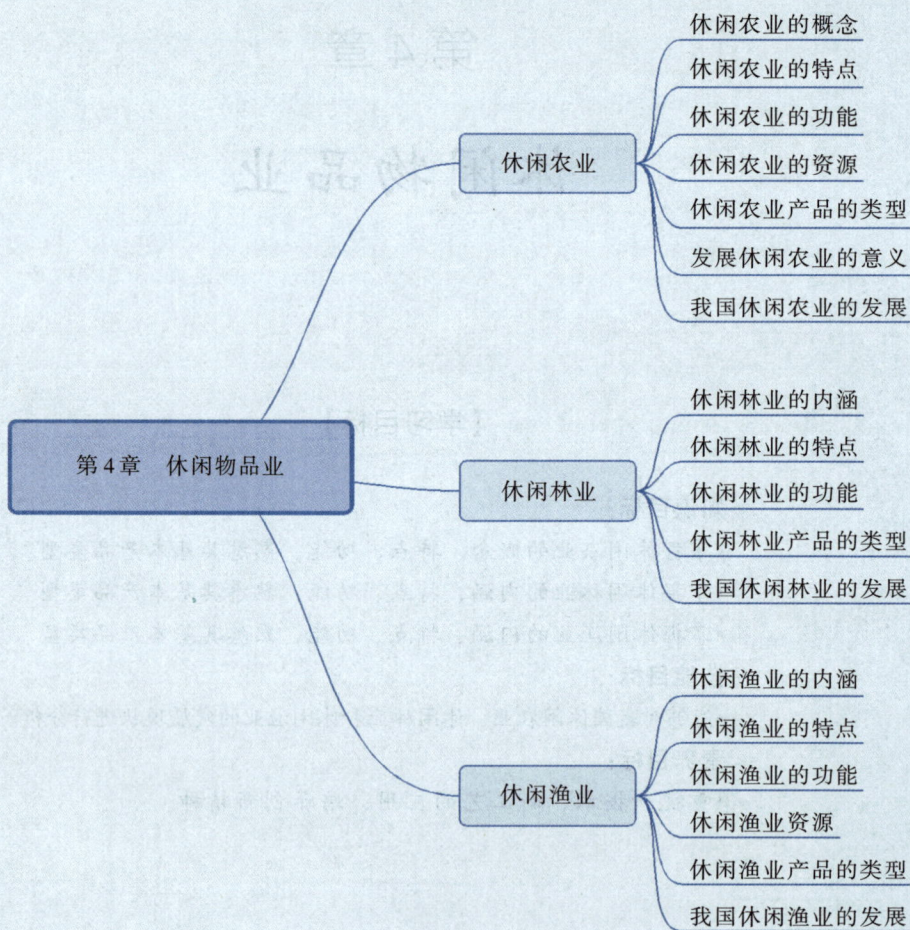

第4章　休闲物品业

休闲农业
- 休闲农业的概念
- 休闲农业的特点
- 休闲农业的功能
- 休闲农业的资源
- 休闲农业产品的类型
- 发展休闲农业的意义
- 我国休闲农业的发展

休闲林业
- 休闲林业的内涵
- 休闲林业的特点
- 休闲林业的功能
- 休闲林业产品的类型
- 我国休闲林业的发展

休闲渔业
- 休闲渔业的内涵
- 休闲渔业的特点
- 休闲渔业的功能
- 休闲渔业资源
- 休闲渔业产品的类型
- 我国休闲渔业的发展

引例

打好休闲农业"差异牌"

休闲农业不仅有力地推动了三产融合、对接产与销、延伸产业链，促进乡村产业兴旺，带来乡村人才振兴，而且有效拓宽了农民增收路径，打开了乡村发展新空间，为全面推进乡村振兴注入了新动能。然而，有些地区发展休闲农业缺乏科学合理的旅游发展规划，景点开发一哄而上；有些地区发展休闲农业缺乏专业人员和创新理念，没有形成规模经营和知名品牌，更没有形成较完整的产业链和产业体系；还有些地区忽视了地方特有的文化内涵和价值，休闲农业失去了乡土味。实现休闲农业高质量发展，必须坚持因地制宜的原则，打好"差异牌"。

打好休闲农业"差异牌"，要注重科学规划。各地应将乡村休闲农业发展规划融入整个地方经济发展大局，结合当地实际准确定位休闲农业的发展方向。在推行休闲农业产业的过程中，避免对周边区域生态环境造成破坏，不断完善农村基础设施和公共服务，扎实推进农村人居环境整治，让更多"头回客"变成"回头客"。

打好休闲农业"差异牌"，要注重人才培育。各地应对休闲农业的经营者进行培训，加强行业标准的宣传和实施，有效促进休闲农业服务工作水平的提升；出台优惠政策，鼓励农业人才返乡创业，加大对休闲农业培训体系的投入力度，充分调动农民参与的积极性；以市场为导向，合理配置资源，促进城乡融合发展，不断提高休闲农业的服务能力。

打好休闲农业"差异牌"，要注重突出特色。地方政府在发展休闲农业的过程中，应使所打造的休闲农业体系与该区域的特色文化保持一致，突出区域发展优势；进一步发挥休闲农业在促产业增效、农民增收方面的重要作用，实现农民就地就近就业，带动更多农民实现持续增收。

资料来源 吴莎莎. 休闲农业的"差异牌"［N］. 陕西日报，2024-01-16（6）.

4.1 休闲农业

随着我国经济社会的发展，人们的物质文化生活得到了很大改善，人们日益追求精神层面的发展。一方面，城市环境质量不断下降，城市活动空间日渐狭小，人们工作压力增大，急需寻求一个环境优美、宽敞清静的空间来释放自己的压力，舒缓自己的心情；另一方面，交通网络日渐发达，节假日不断增多，越来越多的人喜欢到乡村休闲度假，这也为乡村经济、文化和社会的发展带来了契机。

党的二十大报告强调，"坚持农业农村优先发展""加快建设农业强国"，对全面推进乡村振兴作出重要部署，明确了新时代新征程上推进农业农村现代化的重大任务，为我们走好新时代乡村振兴路指明了方向。我国是一个历史悠久的农业大国，农业地域辽阔，自然景观优美，农业经营类型多样，农业文化丰富，乡村民俗风情浓厚多彩，因此在我国发展休闲农业具有优越的条件、巨大的潜力和广阔的前景。

全国各地的发展实践证明，休闲农业的发展不仅可以充分开发农业资源，调整和优化产业结构，延长农业产业链，带动农村运输、餐饮、住宿、商业及其他服务业的发展，促进农村劳动力转移就业，增加农民收入，而且可以促进城乡人员、信息、科技、观念的交流，提高城市人对农村、农业的认识和了解，加强城市对农村、农业的支持，实现城乡协调发展等。

4.1.1　休闲农业的概念

休闲旅游农业园区正式出现是在19世纪的欧洲。1865年，意大利成立了农业与旅游全国协会，标志着休闲农业的发展进入萌芽时期。农业与旅游全国协会引导城市居民到农村去体验各种自然野趣，与农民同吃、同住、同劳作。旅游者钓鱼、骑马、干农活，暂时离开喧嚣、繁华、紧张的都市，在安静、清新的环境中生活，食用新鲜的蔬菜、水果、粮食，购买各种新鲜的农副产品。

19世纪中叶，美国出现了农村娱乐和旅游活动，如踏青。到20世纪20年代，城市居民开车到农村旅游就已经比较普遍了。20世纪30年代，农村娱乐旅游进一步发展，市民为了逃避第二次世界大战带来的紧张和萧条，到农村体验民俗。20世纪60年代，又进一步发展为去农村骑马、接触农村动物以及重温农村生活等。20世纪80年代，度假农场、农村家住旅馆以及商业旅游等产业已经很普遍。2002—2004年，有多达9 000万的青年到农村旅游。休闲农业从本质上看是利用农业景观资源和农业生产条件，发展休闲、旅游的一种新型农业生产经营形态，也是深度开发农业资源潜力、调整农业产业结构、改善农业生态环境、增加农民收入的新途径。

国外学者对休闲农业的理解比较抽象，但多数学者对"农场"、"农场主"和"观光活动"进行了阐述。这反映了家庭农场在国外休闲农业中占有很大的比例。例如，农场旅游是欧洲地区休闲农业的主要经营形态，但这并不能覆盖世界上所有休闲农业的形态，因为它主要是基于西方发达国家的休闲农业发展起来的。

在国外的研究中，松尼诺（Sonnino，2004）认为："观光休闲农业是指农业经营者和他们的家人提供的一种接待活动，这种活动必须和农业活动相联系。"德博拉（Deborah，2005）认为："观光休闲农业是一项参观农业耕作、栽培、园艺或农业经营的活动，其目的是娱乐、教育或亲自体验农业劳动。"因斯基普（Inskeep，1991）在《旅游规划——一种综合性的可持续的开发方法》一书中，将偏远乡村的传统文化和民俗文化旅游称为village tourism，对农业旅游、农庄旅游、乡村旅游等提法则不加区分。

在国内的研究中，"休闲农业"一词最早在我国台湾地区使用。我国学者对"休闲农业"的定义主要有：

①范子文（1998）提出，观光休闲农业是把农业和旅游业结合在一起，利用田园景观、农业生产经营活动、农村自然环境吸引游客前来观赏、品尝、习作、休闲、体验、科考、书画、摄影、购物、度假的一种新型农业生产经营形式。

②林梓联（1998）将休闲农业定义为利用农村的自然环境、景观、生态、设备、

空间、农特产品及文化资源等，经过规划设计，以发挥农业与农村观光休闲旅游的功能，增进国人对农业与农村田园生活的体验的经营方式。

③郭焕成等（2000）认为，休闲农业（或称观光农业、旅游农业）是以农业活动为基础，将农业和旅游业相结合的一种新型交叉产业。它是以充分开发具有观光、旅游价值的农业资源和农业产品为前提，把农业生产、科技应用、艺术加工和游客参与农事活动等融为一体，供游客领略在其他风景名胜地欣赏不到的大自然的意趣和现代化的新型农业技术的一种农业旅游活动。

④段兆麟（2003）指出，休闲农业是指利用田园景观、自然生态及环境资源，结合农林渔牧生产、农业经营活动、农村文化及农家生活，以提供民众休闲、增进民众对农业及农村之体验为目的的农业经营。

⑤郑辽吉（2005）认为，休闲农业是以农业资源为基础，以生态旅游为主题，利用田园景观、农业生产经营活动和农村特有的人文景观，吸引游客前来观赏、休闲、购物、度假，满足旅游者食、住、行、游、购、娱的需求，并参与新型农业技术实践的一种旅游形式。

在众多有关休闲农业概念的讨论中，我们可以达成这样的共识：休闲农业是以休闲为目的，以农业生产地区为活动场所，以农村独特的自然环境、田园风光、民俗文化、农舍村落以及农林牧渔生产经营活动为吸引物，从而为以城镇居民为主的访客提供观光、健身、体验、购物、娱乐和度假等产品的一种休闲体验型活动。休闲农业体验者通过观赏乡村田园风光、体味乡村民俗文化、品尝乡村特色美味食品、体验乡村生产生活等形式，能够达到愉悦身心、增长知识、放松心情、恢复体力和精神的目的。这一新型的休闲体验已经成为人们精神文化生活的一部分，是社会文明的重要标志，是现代人追求精神生活的一种方式。

综上所述，休闲农业可以被定义为以农业为主题，充分利用农业及农村的休闲资源，经过科学规划和开发设计，发挥农业与农村的休闲功能，以满足体验者的观光、度假、娱乐、健身等多种休闲需求的农业经营形态，是以农业为基础、以服务为手段、以休闲为目标的新型产业形态，是对农业综合功能的拓展和延伸，也是现代农业的重要组成部分。

4.1.2 休闲农业的特点

休闲农业不仅能够让城市游客欣赏到大自然的优美风光、领略到独特的乡村文化、品尝到新鲜的农家果菜，而且能够促进经营地区的经济发展，具有较高的经济效益、社会效益和环境效益。因此，休闲农业具有资源的丰富性、项目的多样性、活动的季节性与参与性、地域的差异性、客源的广泛性、效益的综合性等特点。

1）资源的丰富性

乡村地域广阔，休闲旅游资源丰富：既有自然景观，又有人文景观；既有农业生产性资源，又有各种文化资源。乡村休闲旅游资源的形态各异、丰富多彩，为休闲农业的发展奠定了坚实的物质基础和文化基础。

2）项目的多样性

休闲农业是一个综合性较强的交叉产业，涉及种植、采集、加工、销售等许多经营项目。只有合理组织布局，将各有关项目管理好、组合好、经营好，才能保证长期稳定的客源，实现可持续发展。休闲农业所承载的功能不仅仅包括农业生产、田园观光、果蔬采摘等，随着休闲农业的发展，其功能将更加全面和多样。现代休闲农业旅游包括为旅游者提供餐饮、住宿、休闲娱乐、生态文化教育、农事体验、农耕文化展示等多方面的服务，充分发挥了休闲农业项目的多样性。

3）活动的季节性与参与性

除了少数温室生产经营活动外，与农业生产相关的农事活动的季节性都比较强，且深受自然条件的影响和制约。休闲农业的重要组成部分是农作物，而农作物的生长会受到水、热、光、土、温度等自然因素的影响和制约，一旦季节发生变化，这些自然因素也会随之发生变化，进而农作物的生长状态也会改变。休闲农业是以农业生产为主要载体开展众多游憩项目的，自然也具有明显的季节性。同时，在收获季节的采摘或者其他农事活动都具有很强的参与性，游客可以享受自己的劳动成果，并获得一定的满足感。

4）地域的差异性

我国地貌复杂，气候多样，物种繁多，因此利用各地特殊的自然、人文景观，可以达到吸引游客的目的。自然景观中的溶洞、潮汐、温泉等，人文景观中的农业生产景观如水推磨、辘轳井等，具有地方特色的艺术品如剪纸、刺绣等，都可以构成休闲农业发展的资源，并易于形成区域特色。地域性是休闲农业发展的特色所在。不同的地区拥有不同的地貌、气候条件，人们的生活方式也不同，从而造就了不同的地域文化。休闲农业作为一种实体的存在，包含了当地乡土植物的运用、民俗文化的体现和居民生活方式的表达等内容。这些内容随着地域的不同而具有差异性，休闲农业反映的是当地的特征，因此具有不可复制性。

5）客源的广泛性

随着现代经济社会的发展，人们的可支配收入和闲暇时间越来越多，体验休闲农业产品已不再是富裕阶层或者城市居民的专利，而是逐渐发展成了一种大众休闲方式。城市居民以及部分农村居民构成了休闲农业产品的消费群体，其中既有年轻人，也有老年人。

6）效益的综合性

休闲农业的综合性不仅是指其功能的综合性，还包括其所带来的效益的综合性。随着人们环境保护意识的提高，休闲农业具有了生态教育的功能，能够带来一定的生态效益。休闲农业促进了城市和乡村之间的交流，为都市人提供了一个可以暂时远离周边喧闹环境的去处，也为乡村中的农业生产者提供了一个有效的销售平台；休闲农业是横跨第一、二、三产业的新型产业形态，把农业、农产品加工业和餐饮服务业紧密结合起来，可以促进农业由单纯的生产功能向多功能的方向转化，可以带动第一、二、三产业共同发展；休闲农业不仅依靠生产农产品直接获利，而且可以将农业生产

过程、自然生态、农村文化和农家生活变成商品出售，从而极大地提高了农业、农村和农民的收入。此外，休闲农业旅游带动了农村第三产业的发展，解决了部分农民的就业问题，具有较高的社会效益。

4.1.3 休闲农业的功能

1）经济功能

发展休闲农业可以增加农民收入，促进农村剩余劳动力就近转移，这是调整农村产业结构的重要方式，有利于农村经济的快速发展，间接起到了工业反哺农业、城市支持农村的作用。

2）社会功能

休闲农业的发展为城市居民和农村居民提供了交流的平台，有利于城市中比较先进的思想和理念流入农村，有利于改善农村面貌、促进农村社会进步、缩小城乡差距。同时，休闲农业旅游可以使常年生活在城市中的人们感受到农民的质朴和大自然的美好，从而起到净化心灵的作用。

3）生态功能

休闲农业可以提高农村和城市居民爱护环境、保护生态的意识，有利于生态系统的良性、有序和可持续发展。

4）文化功能

休闲农业与农业生产生活、农村民俗文化、农业科技知识相结合，使某些独具特色的民族文化得以进一步挖掘、保护、继承和发展，并世代延续。

5）教育功能

休闲农业的发展可以使游客了解农业文明、学习农业知识、参与农事生产和体验农家生活，从而将学习与休闲融为一体。

6）游憩功能

休闲农业能够为游客提供观光、休闲、体验、娱乐、度假等各种活动和服务，有利于游客放松身心，缓解日常生活的压力。

4.1.4 休闲农业的资源

休闲农业的资源包括自然资源、景观资源、产业资源、人文资源、农业科技资源五类，这些都是休闲农业开发的基础。

1）自然资源

自然资源主要包括气象资源，如日出、落日、彩虹、蓝天、白云等；植物生态资源，如乡村的观花、观果、观叶植物；动物生态资源，如乡村的家畜、家禽、蝶类、鸟类等；水文资源，如乡村的溪流、河床、山涧、瀑布、温泉等。

2）景观资源

景观资源主要包括地形地质景观，如乡村的平原、山脉、高原、梯田、峡谷、沙滩、沼泽等；农村传统民居、寺庙、鱼塘、防风林等。

3）产业资源

种植业、畜牧业、水产养殖业等均可作为乡村休闲体验活动的产业资源。也就是说，农业生产的各阶段均可适时搭配观光体验项目。例如，在果树生长阶段，可以开展观光休闲；在果实成熟阶段，可以开展采摘项目；在果实加工处理阶段，可以开展农产品加工观摩活动等。

4）人文资源

人文资源包括传统建筑资源，如古镇、古码头、古水道、古井等；具有地方特色的艺术品，如石雕、木雕、编织、刺绣、服饰、古代农机具和家具用品等；民俗文化活动，如庙会、龙舟竞渡、踩高跷、二人转表演等；文化设施，如具有特色的农业博物馆等。

5）科技资源

科技资源主要是指近年来各地兴建的展示现代农业技术和设施的农业科技园区。这些以智能化农业、无土栽培、立体种养等现代农业技术为主的农业科技园区，不仅是农村新技术推广的基地，对现代城市居民也极具吸引力。

4.1.5 休闲农业产品的类型

休闲农业主要利用农业、农村的自然资源、人文资源和发展成果实现自身的发展，它是农业多功能化的体现，是农业与休闲产业的交叉产业，具有休闲、娱乐等功能。休闲农业更加注重游客的体验性、参与性、教育性，但在形式上以"农"为主。

1）田园农业型产品

田园农业型产品是指以农村田园景观、农业生产活动和特色农产品为旅游吸引物，开发农业游、林果游、花卉游、渔业游、牧业游等不同特色的主题休闲活动，从而满足游客体验农业、回归自然的心理需求的休闲农业产品。田园农业型产品主要包括以下类型：

①田园农业。以大田农业为重点，开展欣赏田园风光、观看农业生产活动、品尝和购置绿色食品、学习农业技术知识等旅游活动，让游客了解农事活动。

②园林观光。以果林和园林为重点，开展采摘、观景、赏花、踏青、购置果品等旅游活动，让游客欣赏绿色景观，亲近美好自然。

③务农体验。通过参加农业生产活动，与农民同吃、同住、同劳动，让游客体验农耕文化的独特魅力。

④农业科技。以现代农业科技园区为依托，开展观看园区内高科技农业生产设备和产品的活动，丰富游客的现代农业知识。

近年来，农业科技游产品发展迅速，其本质是一种利用现代科技手段，以较大规模的农业生产基地为依托发展起来的休闲农业。农业科技游产品以农业科技园区为载体，以工业化管理体系为手段，通过向游客展示新型的生产方式来达到休闲观光的目的，同时指明了现代农业的发展趋势。农业科技园区以工厂化的方式彻底改变了传统农业粗放的生产模式和单一的产业结构，促使农业朝着高产、高效、优质的现代农业方向发展，既提高了农产品的产量和质量，满足了人们的高要求，又减少了传统农业生产过程对环境造成的污染，实现了生产、生活与生态的有机结合，因此具有极大的发展空间。

休闲广角镜 4-1　　　　　　　　　　　**田园综合体**

　　田园综合体是在农业农村发展过程中产生的一种创新的综合发展模式，是经济与社会发展的产物。田园综合体融合了现代农业、休闲旅游和田园社区，不仅推动了乡村地区的经济发展，而且促进了农业与旅游的有机融合，给乡村带来了新的机遇和动力。同时，田园综合体集循环农业、创意农业、农事体验于一体，强调按照村落肌理打造现代农业生产型产业园，打造融合农业生态的旅游产品，不仅为人们提供了旅游度假的场所，而且丰富了人们的文化生活内容，创造了新型社区氛围。

　　2017 年，田园综合体被写进中央一号文件，各地田园综合体随着"现代农业+旅游"模式如雨后春笋般涌现。2023 年中央一号文件明确提出，"培育乡村新产业新业态""实施文化产业赋能乡村振兴计划。实施乡村休闲旅游精品工程，推动乡村民宿提质升级。"在我国新时代农村大发展的背景下，田园综合体为乡村振兴发展提供了一个全新载体。

　　资料来源　罗诗艺. 乡村振兴背景下田园综合体模式发展困境与优化策略——以利川市南坪村为例［J］. 中国集体经济，2024（14）.

小思考 4-1

举例说明我国田园综合体的发展模式有哪些？

小思考 4-1

答案提示

2）农家乐型产品

农家乐型产品是指农民利用自家庭院、自己生产的农产品及周围的田园风光、自然景点，以低廉的价格吸引游客前来食、住、玩、游、娱、购的休闲农业产品。农家乐型产品主要包括以下类型：

①农业观光农家乐。利用田园农业生产及农家生活等，吸引游客前来观光、休闲和体验。

②民俗文化农家乐。利用当地民俗文化，吸引游客前来观赏、娱乐、休闲。

③民居型农家乐。利用当地古村落和民居住宅，吸引游客前来观光、休闲。

④休闲娱乐农家乐。以优美的环境、齐全的设施、舒适的服务，为游客提供食、住、玩等休闲活动。

⑤食宿接待农家乐。以舒适、卫生、安全的居住环境和可口的特色食品，吸引游客前来休闲旅游。

⑥农事参与农家乐。以农业生产活动和农业工艺技术，吸引游客前来休闲旅游。

休闲广角镜 4-2　　　　　　　　　　**风生水起的庐江民宿**

近年来，在庐江这片广袤瑰丽的热土上，民宿如雨后春笋般拔地而起。从云里安四、少间·王圩里，到银杏下、水色·哈庐，再到有庐·山居、南山里，点点星光汇聚璀璨星河。来庐江住民宿逐渐成为一种新时尚，庐江民宿为游客在"家和故乡""诗和远方"之间架起了一座桥梁。那么，庐江在民宿发展中究竟做对了什么呢？

村集体出资源。全面梳理县域闲置农舍资源，有序收储改造，让"农房变客房"。创新乡村运营机制，村集体招募运营商、签约成立运营公司，不干涉公司日常经营，运营企业每年按照投资额6%左右的比例支付村集体收益，有效盘活乡村资源，壮大集体经济。

市场出运营。坚持市场化运作，探索EPCO（设计、采购、施工、运营）模式，在全县13个村庄开展乡村运营试点，初步形成国资直投、社会共投、民间单投等多元投资经营模式。引进社会资本参与整村化、系统化运营，并签订运营协议，双方效益共创、风险共担。以市场化思维打造民宿业态，大力发展"农舍+文化创意""农舍+特色美食""农舍+特色种养"，让"创意变生意"，实现"沉睡资产"焕然新生。

政府出规则。出台一揽子扶持奖励措施，大力支持发展农舍总部经济，引导农户利用闲置房屋发展"恋庐小舍"家庭民宿。围绕品牌塑造、技能培训、证照办理等方面，积极创造良好的营商环境。立足全域深度谋划，整合山、水、林、田、村等自然资源，建设了一批和美乡村、打造了一批风景廊道、营造了一批体验场景，让"乡村变景区"，为民宿发展营造良好的外部环境。

村民出"力气"。构建联农带农机制，始终把保障农民利益放在第一位，让农民获得更多"农舍经济"发展的收益。通过入股或租赁方式，将改造后的农舍交给第三方运营公司，增加村民资产性收入；通过发展民宿提供大量就业岗位，让村民在家门口就业，增加村民工资性收入。

资料来源　朱文文. 庐江民宿，为什么"风生水起"？［EB/OL］.［2023-12-06］. http://www.ctnews.com.cn/zt/content/2023-12-06/content_153682.html.

小思考 4-2

答案提示

小思考 4-2

试分析庐江民宿成功的原因。

3）民俗文化型产品

民俗文化型产品是指以当地农村的风土人情、民俗文化为载体，开发农耕展示、民间技艺、时令民俗、节庆活动、民间歌舞等文化休闲项目，充分突出农耕文化、乡土文化和民俗文化特色，利用文化产业带动本地区农业、农村的发展，从而为增加农民收入提供良好文化氛围的休闲农业产品。民俗文化型产品主要包括以下类型：

①农耕文化。利用农耕技艺、农耕用具、农耕节气、农产品加工活动等，开展农耕文化休闲。

②民俗文化。利用居住民俗、服饰民俗、饮食民俗、礼仪民俗、节令民俗、游艺民俗等，开展民俗文化休闲。

③乡土文化。利用民俗歌舞、民间技艺、民间戏剧、民间表演等，开展乡土文化休闲。

④民族文化。利用民族风俗、民族习惯、民族村落、民族歌舞、民族节日、民族宗教等，开展民族文化休闲。

4）旅游地衍生型产品

旅游地衍生型产品是指依托当地原有的休闲资源，进一步开发与当地相适宜的特色农业，通过规划、设计和调整农业产业布局，使特色农业发展壮大，并在休闲产业的带动下，将特色农业向旅游业延伸，使休闲业和特色农业有机结合的休闲农业产品。这种类型的休闲农业产品一方面满足了都市人群的需求，促进了城乡的文化交流，有利于新知识和科技向农村传播；另一方面改变了农民仅靠生产取得收入的情况，促进了农民增收，缩小了城乡居民的收入差距。此外，一系列风景区的开发也有利于生态环境的保护和农村居民生活环境的改善，具有生态、社会、经济三方面的效益，以及较好的发展前景。

休闲广角镜 4-3　　　　　　黄山市歙县休闲农业的发展

黄山市歙县按照"一乡一品""一村一业"的发展思路，推广"旅游+""生态+"等模式，串点连线，大力实施休闲农业与乡村旅游精品工程。

一是加快乡村旅游基础设施建设。以皖浙1号旅游风景道、徽州文化旅游风景道建设为落脚点，大力完善沿线基础设施建设。完成4条县乡道及周边24条村道的改造，规划建设6个二、三级全域旅游咨询服务中心，同步建设全域旅游服务驿站8个、摄影点6个、休憩点3个。在主要道路口系统规划、建设90块旅游交通标识牌，对全县停车场、购物场所、旅游厕所等公共信息图形符号进行科学设置，基本建成立体化、现代化的旅游交通网，可进入性大大提高。

二是大力发展观光体验农业。依托全县的资源优势和深渡枇杷、北岸贡菊、新溪口柑橘、雄村盆景、璜田茶叶、萌坑高山蔬菜6个省级特色产业示范基地的品牌优势，积极发展以"吃农家饭，住农家屋，干农家活，游农家园"为主题的乡村休闲观光旅游业，形成了石潭油菜花、三潭枇杷、宋村葡萄、金竹岭贡菊、卖花渔村盆景、上丰花果山等休闲观光农业基地。

三是打造旅游市场新业态。充分利用本地特色资源，以花为媒，举办卖花渔村梅花摄影节、石潭油菜花摄影采风活动，推出雄村桃花、紫金山杜鹃花、溪头桃源荷花等赏花游景点及线路；以果为介，开展三潭枇杷、三口柑橘、溪头桑葚、富岱杨梅、上丰雪梨等系列采摘摄影节庆活动；举办"阳产晒秋"等以农民喜获丰收为题材的摄影比赛；以文化为纽带，推出民俗摄影游线路，如三阳打秋千、溪头嬉鱼灯、保熟节、许村大刀舞、雄村跳钟馗等，同时推出研学游系列产品，如徽墨歙砚制作、徽州剪纸学习、徽派盆景制作等，以促进"旅游、农业、文化、生态、摄影"的融合发展，彰显歙县资源特色，加快推进歙县乡村旅游业与摄影产业的一体化进程。

四是推出各具特色的旅游产品。按照徽州古城游、文化体验游、乡村休闲游、健康养生游四大类开发出14条旅游线路。根据文化和生态资源特色，徽州古城景区主推文化游、研学游，石潭、坡山定位摄影休闲游，新安江山水画廊强调健康养生游；结合各地特色和优势，培育发展石潭、卖花渔村等7个旅游特色村；结合四季特色推出全时旅游，春赏花采茶、夏耕读研学、秋登高采摘、冬文化熏陶；推出系列土特产（如长陔山宝、贡菊、三潭枇杷等），开发出系列工艺品（如徽墨歙砚等）。

资料来源　根据网络资料整理。

小思考4-3

答案提示

小思考4-3

试分析旅游地衍生型休闲农业产品的特点。

5）村落民居型产品

村落民居型产品是指以古村镇宅院建筑、传统民居特色文化及新农村建设成就等为吸引物，开发观光休闲活动的休闲农业产品。村落民居型产品主要包括以下类型：

①民族村寨。利用具有民族特色的村寨来开展观光休闲。

②古镇建筑。利用古镇民居、街道、店铺、寺庙、园林来开展观光休闲。

③新村风貌。利用现代农村建筑、民居庭院、街道格局、村庄绿化、工农企业来开展观光休闲。

休闲广角镜4-4　　　　"游购乡村"让游客村民收获满满

在2024年新春佳节到来之际，文化和旅游部推出了"乡村四时好风光——游购乡村　欢聚过年"全国乡村旅游精品路线68条，并在文化和旅游部门户网站设置专栏展示，极大地丰富了游客的出游选择。旅游是推动农民增收、美丽乡村建设、乡村振兴的有力抓手，是拉动消费、促进发展的重要引擎。"游购乡村"系列活动于2023年首次举办，它以新颖的"赏乡村美景　购乡村好物"形式，带动了乡村农文旅产品的推广和消费，有效助推了乡村旅游的发展。随着旅游消费的不断升级，游客不再只是看风景，而是希望深入当地生活，品味当地文化，享受更有文化味的旅行。此次推出的全国乡村旅游精品路线可以带领游客纵览乡村美景、发现乡村好物，从而更好地满足人民群众的物质和文化需求。

资料来源　丁慎毅."游购乡村"让游客村民收获满满［N］.中国旅游报，2024-02-01（3）.

小思考4-4

答案提示

小思考4-4

办好"游购乡村"活动，应着重在哪些方面下功夫？

6）度假休闲型产品

度假休闲型产品是指依托自然优美的乡野风景、舒适宜人的气候、独特的地热温泉、环保生态的绿色空间，并结合周围的田园景观和民俗文化，兴建一些休闲、娱乐设施，为游客提供休憩、度假、娱乐、餐饮、健身等服务的休闲农业产品。度假休闲型产品主要包括以下类型：

①休闲度假村。以山水、森林、温泉为依托，以齐全、高档的设施和优质的服务为条件，为游客提供休闲度假旅游。

②休闲农庄。以优越的自然环境、独特的田园景观、丰富的农业产品、优惠的餐饮和住宿等条件，为游客提供休闲观光旅游。

③乡村酒店。以餐饮、住宿为主，配合周围的自然景观和人文景观，为游客提供休闲旅游。

7）科普教育型产品

科普教育型产品是指利用农业观光园、农业科技生态园、农业产品展览馆、农业博览园或博物馆等，为游客提供了解农业历史、学习农业技术、增长农业知识机会的休闲农业产品。科普教育型产品主要包括以下类型：

①农业科研教育基地。这是在农业科研基地的基础上，将科研设施作为景点，以高新技术为教材，向农业工作者和中小学生进行农业技术教育，形成集农业生产、科技示范、科研教育于一体的新型科教农业园。

②观光休闲教育农业园。利用当地农业园区的自然环境，以及现代农业设施、农业生产过程、优质农产品等，开展农业观光、参与体验、DIY教育活动。

③少儿农业教育基地。利用当地的农业种植、畜牧、饲养、农耕文化、农业技术等，让中小学生参与休闲农业活动，了解农业技术知识。

④农业博览园。对当地的农业技术、农业生产过程、农业产品、农业文化进行展示，让游客参观休闲。

8）自然生态型产品

自然生态型产品是指利用农村奇异的山水、茂密的森林等优美的自然景观，开展赏景、登山、森林浴、滑雪、滑水等旅游活动，从而让游客感悟大自然、亲近大自然、回归大自然的休闲农业产品。

随着乡村休闲产业的不断发展，越来越多的人认识到，良好的生态环境是发展休闲农业的重要物质基础，休闲农业的健康发展又会对生态环境保护产生积极的影响，二者是相互促进、辩证统一的。作为休闲农业的重要景观和资源，现代乡村聚落如居住集中区、工业集中区、生态农业科技园等，都具有展现和传播生态文化的功能。游客可以通过对现代乡村聚落的游览和参观，感受农村生态化发展的一系列成果，深刻理解循环农业、清洁农业、无公害农业、绿色农业等理念，这也是现代乡村聚落生态文化价值的基本体现。

休闲广角镜4-5　　　　　　　　　　龙脊梯田农业生态旅游发展

　　依托龙脊梯田的农业生态景观、文化优势，龙胜各族自治县于1992年对其整体进行旅游开发，成立了龙脊梯田景区。1996年，龙胜各族自治县确立了"旅游立县"发展战略。1998年，在县委、县政府的努力下，龙胜各族自治县争取到了国家西部扶贫开发资金2 000万元，并全部投入龙脊梯田景区的开发建设中。到2001年，景区基础设施完善，旅游服务水平也有很大提升。从此，龙脊梯田景区进入高速发展阶段。

　　龙脊梯田景区的开发取得了巨大的经济效益和社会效益，为景区内各村寨的经济发展和景区群众的脱贫致富做出了巨大贡献，同时也带动了景区周边村寨经济的发展。

　　资料来源　王曦. 基于CVM的旅游景区农业生态资源价值研究——以龙脊梯田为例［D］. 武汉：华中师范大学，2014.

小思考4-5

答案提示

小思考4-5

为什么说生态保护对休闲农业开发具有重要意义？

4.1.6　发展休闲农业的意义

1）优化农业产业结构，推进城乡统筹发展

　　休闲农业的实质是一种带有鲜明的休闲时代烙印的农业产业发展模式，是农业生产与休闲文化的结合。合理发展休闲农业，可以综合、高效地整合农业资源，促进本地区农业产业的转型升级，带动农村其他产业特别是农村服务业的发展，提高服务业在农村经济中的比重，起到调整和优化区域产业结构的作用。

　　例如，许多地方依托农业资源积极发展乡村休闲产业，可以延长农业产业链，提高农业附加值，促进农业发展方式发生根本转变，促进农民增收。另外，休闲农业的发展可以带动其他行业的发展，如运输业、餐饮业、住宿业以及商业等，这些都有助于当地财政收入的增加。

　　发展休闲农业可以有效推进城乡一体化进程，实现城乡统筹发展。一方面，发展休闲农业能够向农村区域输入一些先进的理念，改变当地居民的传统思维，休闲资本的运作则能够拓宽农民的投资方向；另一方面，发展休闲农业能够给农村带来先进的技术手段、管理经验和经营模式，使休闲农业从业人员接受教育培训等。这些都有助于乡村居民生活质量和文化素质的不断提高，有助于促进城市与乡村居民的交流互动，有助于加快城乡一体化进程，从而逐步缩小城乡差距，形成城市反哺农村、农村服务城市的统筹发展局面。

2）缓解农村剩余劳动力的就业压力

　　随着生产力的不断提高，农村的剩余劳动力不断增多。发展休闲农业可以带动一系列相关产业的发展，如农村商业、建筑业、住宿餐饮业、交通运输业和农产品加工业等，可以就地帮助这些剩余劳动力实现就业。休闲农业所依赖的农业和第三产业都属于劳动密集型产业，除农业生产本身之外，还需要有"一条龙"的服务设施，这不但需要管理人员，而且需要大量的服务人员。因此，休闲农业吸纳劳动力的能力较强，有利于农村经济的发展及社会的稳定和谐发展。

3）加强农村基础设施的建设与完善，促进农业休闲资源的保护与开发

农村基础设施的建设与完善是休闲农业发展的内在要求，是休闲农业提供优质产品和服务的前提。农村地区的道路设施、农田水利设施、住宿设施、通信设施等各项基础设施的改善，都有助于吸引更多的休闲消费者，从而增加农民的收入，促进当地经济的发展，建设宜居宜业和美乡村。此外，随着休闲农业的发展，村民的文化素养、生活观念、环保意识等正在慢慢发生转变，这有利于各种农业休闲资源的保护与合理开发，扎实推动乡村产业、人才、文化、生态、组织振兴。

4.1.7 我国休闲农业的发展

休闲农业的发展与经济发展水平的提高和人们休闲意识的增强密切相关。我国的休闲农业兴起于改革开放以后，开始以观光型农业为主；20世纪90年代以后，开始发展观光与休闲相结合的休闲农业；21世纪以后，休闲农业有了更快的发展。根据经济发展状况，我国休闲农业的发展大致可以分为以下三个阶段：

1）早期兴起阶段

第一阶段是从改革开放至20世纪90年代以前，属于休闲农业的早期兴起阶段。该阶段处于改革开放初期，靠近城市周边和风景名胜区的少数农村地区根据当地的旅游资源，自发地开展了形式多样的农业观光旅游。例如，1982年，贵州黄果树大瀑布附近的石头寨民族风情游得到开发；1984年，珠海建立了白藤湖农民度假村，当地农民开始兴办自己的旅游企业；20世纪80年代中后期，在经济发达地区的都市郊区出现了满足都市居民休闲需求的服务点，并以成都的农家乐为代表；1986年，贵州省的郎德上寨被该省确定为首批重点保护的民族村寨之一，此后省、州、县各级政府都将其作为民族风情旅游点进行重点开发；1988年，深圳为招商引资举办了荔枝节，随后又开办了采摘园，并取得了较好的经济效益，不久，各种形式的类似活动在各地相继举办，以乡村休闲旅游为代表的休闲农业逐渐兴起。

2）初期发展阶段

第二阶段是从20世纪90年代至21世纪初，属于休闲农业的初期发展阶段。该阶段处于我国由计划经济向市场经济转型的时期。随着我国不断向城市化方向发展和居民收入的提高，我国居民的消费结构开始转变，有了观光、休闲、旅游的新需求。同时，在农村产业结构调整、扩大农民就业的大背景下，靠近大、中城市郊区的一些农村利用当地特有的农业资源，开办了包括采摘、钓鱼、种菜等多种形式在内的旅游活动，如四川郫都区农家乐、北京锦绣大地农业观光园、广州化龙农业大观园、河北北戴河集发生态农业观光园等。这些农业园区吸引了大批城市居民前来体验农家生活，亲近大自然，也在一定程度上增加了当地农民的收入。

作为休闲农业的重要组成部分，这一时期，我国乡村休闲旅游也蓬勃发展，市场需求日益旺盛。自 1995 年 5 月 1 日起，我国开始实行每周五天工作日制度。此后，人们有了更多的闲暇时间，国内旅游得到了迅速发展，乡村休闲旅游在这一时期也迎来了发展契机。很多大城市周边的农民抓住这一机遇，积极涉足旅游行业，企业也开始大规模进入这一领域，其中以短途旅游或周末度假旅游最为火爆。同时，乡村休闲旅游的形式逐渐多元化，如垂钓、采摘、品农家菜肴等。2002 年，我国旅游活动的主题是"中国民间艺术游"。此次活动旨在推动中外游客更多地关注乡村居民的生活，探寻我国民间的古老文化艺术，感受我国多姿多彩的民俗风情。这一年，我国还发布了《全国农业旅游示范点、工业旅游示范点检查标准（试行）》，开启了在全国范围内创建农业旅游示范点的工作，受到了各级政府、旅游管理部门和农业企业的高度重视，标志着我国乡村休闲旅游逐步走向规范化。

3）规范经营阶段

第三阶段是从 21 世纪初至今，属于休闲农业的规范经营阶段。这一阶段人们的生活水平显著提高，休闲意识更加强烈，伴随产生的体验型旅游、生态型旅游等项目日益融入农业旅游项目中，从而极大地丰富了农业旅游产品的内容。同时，人们的绿色消费意识也在不断增强，人们更加注重农业旅游与绿色、环保的结合。此外，政府对农业旅游也积极关注和支持，组织编写了休闲农业发展规划，制定了相关评定标准和管理条例，休闲农业进入规范化管理阶段。

特别是 2004 年以来，我国的休闲农业进入了全面发展阶段。随着 2004 年中央一号文件将"三农"问题提到国家发展战略的高度，休闲农业作为解决"三农"问题的一种有益尝试，受到了各级政府的高度重视。一些地区结合自身实际探索了一条发展当地休闲农业的路径，并将其看作破解"三农"问题的一剂良药。2006 年，《国家旅游局关于促进农村旅游发展的指导意见》发布，为我国乡村休闲旅游的发展提出了宝贵建议，也为一些经营乡村休闲旅游的农户破解发展难题找到了出路。2007 年，《国家旅游局 农业部关于大力推进全国乡村旅游发展的通知》发布，提出要充分利用"三农"资源发展旅游业，全面拓展农业功能和领域，通过开展"百千万工程"（即在全国建成具有乡村旅游示范意义的 100 个县、1 000 个乡（镇）、10 000 个村）建设，进一步推动乡村旅游发展，加快传统农业转型升级，促进农村生态和村容村貌改善，吸纳农民就业，增加农民收入，从而为社会主义新农村建设做出积极贡献。

近年来，我国加大了对休闲农业的支持力度，各地也高度重视挖掘本地旅游资源的潜力，休闲农业在产品开发、发展模式、管理机制等方面都取得了长足的进步。2010 年 7 月 5 日，农业部与国家旅游局签署合作框架协议，共同推进休闲农业与乡村旅游发展。根据该协议，双方从 2010 年开始，每年联合组织开展以"全国欢乐乡村游"为主题的休闲农业与乡村旅游系列活动。2010 年，《农业部 国家旅游局关于开展全国休闲农业与乡村旅游示范县和全国休闲农业示范点创建活动的意见》发布，要求加快休闲农业和乡村旅游发展，推进农业功能拓展、农村经济结构调整、社会主义新农村建设，促进农民就业增收。2016 年，农业部等 14 部门联合印发了《关于大力发展休闲农业的指导意见》，提出到 2020 年，布局优化、类型丰富、功能完善、特色明显的休闲农业产业格局基本形成；社会效益明显提高，从事休闲农业的农民收入较快增长；发展质量明显提高，服务水平较大提升，可持续发展能力进一步增强，成为拓展农业、繁荣农村、富裕农民的新兴支柱产业。《乡村振兴战略规划（2018—2022 年）》提出："实施休闲农业和乡村旅游精品工程，发展乡村共享经济等新业态，推动科技、人文等元素融入农业。"2020 年，农业农村部印发了《全国乡村产业发展规划（2020—2025 年）》，要求实施乡村休闲旅游精品工程，加强引导，加大投入，建设一批休闲旅游精品景点。《中共中央　国务院关于全面推进乡村振兴　加快农业农村现代化的意见》指出："开发休闲农业和乡村旅游精品线路，完善配套设施。"《"十四五"旅游业发展规划》指出："建设一批休闲农业重点县，加大美丽休闲乡村、休闲农业精品景点线路推介，加强重要农业文化遗产挖掘、保护、传承和利用，建立完善乡村休闲旅游服务标准体系。"这一系列推动休闲农业发展的活动及政策，不但创新和引领着休闲农业朝健康、可持续发展的方向前进，而且顺应了我国当前的经济形势及未来发展趋势。

4.2　休闲林业

近年来，森林休闲作为一种重要的休闲形式，越来越被人们所关注和重视。休闲林业是伴随着人们的森林休闲活动而产生，并为之提供支持与服务的一个综合性行业，是为森林旅游者的休闲活动提供服务的各部门的总称。休闲林业内涵丰富、形式多样，是体现和宣传生态文化、促进生态文明的重要载体。了解休闲林业的基本内容及休闲林业对社会、经济、文化的作用和影响，对认识休闲林业的性质、提高休闲林业的质量及提升休闲林业的经营管理水平有着积极的意义。

4.2.1　休闲林业的内涵

休闲林业是以森林资源为载体，提供各种服务劳动，能够满足人的休闲需求的企业集群，是以旅游休闲、文化休闲、体育休闲、康体休闲为主导的综合性产业，目前其发展已经延伸至我国各个地区，关联了旅游、文化、体育、康体等相关行业。

森林休闲是指人们在可自由支配时间（闲暇时间）内，以轻松自由的精神状态和生态责任感，在森林环境中从事各种不破坏生态环境、倡导生态保护和生态文明，同时有利于身心恢复、精神愉悦和自我实现的活动。

1）森林休闲是以森林环境为载体的休闲活动

森林休闲的目的地是森林区域，准确地说应该是森林生态系统或森林环境，包括城市森林、各级森林公园、具有森林景观的自然保护区、未开发的荒野等。

2）森林休闲是以享受森林生态系统功能为主要目的的休闲活动

森林休闲的主要目的是享受森林健康的休闲环境。实践表明，人类最适宜生存的环境是森林生态系统环境。森林休闲是人们对优美的森林生态环境的享受，是对孕育人类文明的大自然的回归，更是生活在现代文明社会中的人们对山林野趣的寻觅。回归自然是人类永恒的情结,城市化进程激发了人们回归自然的欲望,而森林休闲可以使这种欲望在某种程度上得到满足。

3)森林休闲是森林生态系统功能输出的一种非物质形式

森林的功能对人类而言,以实物(木材、林副产品)输出形式为主。森林休闲则是对其综合功能与环境的利用,输出的产品是一种非物质形式。这种输出所产生的货币效应替代了通过实物输出取得的货币,可以更有效地保护森林生态系统,有利于森林生态系统功能的持续发挥。

4)森林休闲是一种生态休闲,体现了休闲开发和经营管理者以及休闲者的生态责任感

休闲开发和经营管理者以及休闲者有无生态责任感,是传统休闲与森林休闲的主要区别。保存、维护和发展森林生态系统功能是森林休闲的开发和经营管理者以及休闲者的主要责任。这种责任感体现在开发者的规划、开发、经营、管理等具体行为上,也表现在休闲者的休闲行为上。

5)森林休闲是一种生态文明,体现了生态道德和生态伦理

休闲是一种相对于工作与义务的人类活动及行为,因此,休闲是一种文化的体现。森林休闲的兴起和发展,可以改变人们对森林的认识。森林休闲体现的是与人的可持续发展需求相适应的森林生态道德——人与自然相互尊重(协调)的森林生态伦理的可持续发展。森林休闲是对森林环境的可持续利用,森林休闲的发展弘扬生态文明,并促进生态文明的发展。

总体而言,森林休闲包括五个方面的要素:

①闲暇时间;

②轻松自由的精神状态;

③以森林环境为载体;

④活动目的是恢复身心、愉悦精神和自我实现;

⑤珍惜生态环境,倡导生态保护和生态文明,体现生态责任感。

与其他休闲活动相比,森林休闲最突出的特点是强调森林环境载体和生态责任。

因此,从本质上看,休闲林业是以林业产业发展为依托,在生产、生活、生态有机结合的基础上,充分利用森林景观等资源,为森林休闲者提供特色风情、观光度假、科普教育、生活体验等产品的新型产业形式,是传统林业产业的拓展与延伸。

休闲广角镜4-6　　　　　　　　　　**我国台湾地区的森林旅游**

我国台湾地区的森林旅游资源十分丰富,名胜古迹众多,从清代开始就有"八景十二胜"之说。随着经济社会的发展,台湾地区的森林旅游业不断向休闲养生、科普教育方面拓展,许多主题公园、休闲农场、博物馆、科技园、森林游乐园被开发出来。在生态观光旅游中,森林旅游始终占据主导地位。台湾地区自1965年就着手森林游乐区的规划建设,1966年开始编列森林游乐预算,1969年派

人员外出研习。1971年，加强对阿里山、垦丁、合欢山、鲤鱼潭等地的修整建设，并将其开辟为森林游乐区。1972年，设置26处自然保护区，用以保护珍贵稀有的动植物及具有代表性的生态体系。此后，各地的森林游乐区相继建立。例如，溪头自然教育园区建于1970年，是台湾地区第一个森林游乐区，设有森林探索区、植物进化探索园、露天音乐会场、溪头苗圃等。溪头自然教育园区经常举办研习活动并备有自然生态科普资料，免费向游客宣传森林知识。旅游道路两侧的树木全部进行挂牌，标明树木名称、科属，有毒树木还会加挂大型警示牌来提醒游客注意。通过这些措施，人们在游乐过程中不知不觉地接受了生态科普教育。

资料来源 邓林，杨灌英，王莉，等.台湾森林资源保护与经营研究［J］.四川林业科技，2014，35（5）.

小思考4-6

如何发展我国的户外森林休闲？

小思考4-6

答案提示

4.2.2 休闲林业的特点

1）森林资源丰富

我国地域辽阔，气候多样，景观类型丰富多彩，从热带雨林到寒温带针叶林都有分布，林相、季相、垂直带谱明显，古树名木、奇花异草名目繁多，还有峡谷风光、奇山怪石、泉溪、瀑布、草原、沙漠等自然景观。森林资源及其环境所构成的生态景观是其他景观不可替代的。

2）活动类型多样

森林休闲不仅可以充分利用动植物资源、空气负离子资源、宜人的气候资源、洁净的水资源以及新鲜的空气、宁静的环境等开发森林浴、健康步道、眼睛保健中心、足道馆、平衡神经锻炼场、森林疗养所等，还可以开发野营、垂钓、水上娱乐等一系列较为古朴原始的健康游乐活动。休闲林业兼有游览、观光、休憩、娱乐、疗养、科普、环保、科研等多种休闲功能。

3）地域分布广泛

我国休闲林业资源的地域分布极其广泛，不论是山地、丘陵、平原、高原、盆地，还是热带、温带、寒带，只要是有适宜的森林资源的地方，都可以发展休闲林业。森林公园、自然保护区、风景旅游区、林场、郊野公园等，都是发展森林休闲活动的好地方。

4）自然生态性强

森林公园、自然保护区等主要森林休闲目的地，除了配备必要的基础服务设施外，更强调保持原始性和自然性。其景观特色是以植物及自然环境为主体，依靠森林的形态、色彩、气息和神韵创造出多层次、多功能的自然情趣，使人们在进行森林生态休闲活动的过程中受到大自然的熏陶，尽享大自然之美。

休闲广角镜4-7   **科学保护森林资源 有序发展森林旅游**

森林旅游已成为我国民众特别是城镇居民常态化的生活方式和消费行为。随着公众出游选择的日益多样化，森林旅游正在从以观光旅游为主向观光旅游与森林体验、森林康养、休闲度假、自然教育、山地运动、生态露营等多业态并重的方向转变。面对森林旅游的快速发展，如何有效保护和利用森林资源是森林旅游开发者必须考虑的问题。

我国林业部门发布的相关文件强调，要妥善处理旅游开发与生态保护的关系，有效发挥国家级森林公园在保护森林风景资源和生物多样性、传播森林生态文化、满足公众美好生活需求方面的基础作用，继续依法纠正和制止违规开发的现象，提高保护管理能力。

按照国家相关技术规范，森林公园要科学划定核心景观区、生态保育区、一般游憩区、管理服务区，按照不同功能分区的要求进行项目布局和建设，建设强度要控制在生态承载力范围以内。在旅游项目的选择上，国家级森林公园内原则上禁止建设高尔夫球场；从严控制机动车道、住宿、游乐设施以及人造景观建设；对索道、滑雪场等项目，要组织有关部门和专家进行必要性、可行性和合法性论证，项目布局空间必须避让核心景观区和生态保育区。

森林公园是我国重要的旅游资源类型，以张家界为代表的国家森林公园在我国旅游业的发展过程中发挥了重要作用。事实上，森林行业并不排斥旅游发展，相反，其始终以一种开放的姿态，欢迎各方旅游者。

近年来，有关部门采取多方面措施对森林旅游的发展进行科学化、系统化的指导，建立健全了各级森林旅游管理机构，推出国家森林步道，开展全国森林人家、森林小镇、森林旅游示范市县的创建，并通过举办森林旅游节和在电视台播出大型纪录片《中国国家森林公园》等方式，使全国森林旅游的发展有声有色，较好地满足了人们日益增长的渴望走进森林、贴近大自然的需求。

资料来源 窦群. 科学保护森林资源 有序发展森林旅游［EB/OL］.［2018-04-08］. https: //www.sohu.com/a/227588606_100107918.

小思考4-7

小思考4-7

如何在发展休闲林业的同时保护森林资源？

5）产业依附性

一个地区休闲林业的发展，需要依赖该地区森林景观的自然分布及林业产业的发展。我国森林景观资源大多集中在国有林地范围内，绝大多数森林公园、自然保护区是在原国有林场的基础上建立起来的。随着六大林业工程的建设以及山区、沙区的综合开发，我国还将培育出更多新的森林风景资源，这些都将成为我国进行多形式森林休闲活动开发的资源依托。森林资源贫乏的地区则较难发展休闲林业。

6）开放性及科普性

休闲林业具有开放性，这主要表现在森林休闲活动是以森林资源为基础的。相对于城市休闲公园等休闲资源而言，森林公园、自然保护区等森林休闲活动的主要场所是一个开放的区域。除森林公园内景点密集和旅游设施投入较大的核心观赏区外，广大林区以及许多城乡周边的森林景区都可以免费进入。

森林是陆地生态系统的主体，森林资源是生物基因的宝库。开展森林休闲的目的之一就是通过森林休闲活动普及生态知识，唤醒人们的环境保护意识，倡导生态文明。由于整个休闲过程都贯穿着生态学原理，因此休闲林业还具有很强的科普性。

4.2.3　休闲林业的功能

随着回归自然逐步成为现代人生活的一种追求和时尚，以森林休闲旅游为主体的生态旅游在整个休闲旅游产业乃至国民经济中的地位日益提高。发展休闲林业对于促进国家休闲产业和林业产业的发展，以及加强生态文明建设等，都具有重要的意义。

1）促进旅游产业的发展

目前，生态旅游已成为世界旅游业中增长最快的一部分。从世界旅游业的发展情况来看，西方发达国家无不把生态旅游作为旅游业的一个重要支柱来开发，游客到生态景区休闲已不仅仅是一种时尚，更是提高休闲质量的一个重要途径。一些经济欠发达国家依靠生态旅游赚取了大量的外汇收入，生态旅游已成为保护野生动植物和原生态自然环境、促进当地经济发展的重要产业。在我国，森林休闲活动已成为旅游产业特别是生态旅游中的后起之秀。以森林资源为基础的森林生态休闲旅游是休闲业和旅游业带有方向性的重大变革，它将引领整个产业由初级形式向高级形式、由传统模式向现代模式转变。

2）带动欠发达地区脱贫致富

欠发达地区由于经济技术水平较低，因此发展工商业的难度较大，致富门路有限。但这些地区往往有着丰富的森林资源、良好的生态环境和古朴的民俗风情，发展森林休闲产业具有得天独厚的条件。因此，开发欠发达地区的森林休闲资源，合理开展森林休闲活动，不仅可以充分发挥森林资源的多种功能，而且能够带动贫困地区及周边地区的人民群众走上脱贫致富的道路。

3）促进林业产业结构调整，扩大就业

休闲林业是一项综合性产业，关联范围广，市场扩张能力强，休闲林业的发展将促进林区形成以旅游产业为主体，集食、住、行、游、购、娱等要素于一体的休闲配套服务体系，带动林业产业结构的调整和升级。同时，休闲林业属于第三产业范畴，整体上仍具有劳动密集型产业的特点，创造就业岗位的潜力很大。因此，在推进林业建设战略性转变和加快林业企业改革步伐、实施天然林保护工程、木材采伐量继续调减、林区富余劳动力继续增加的情况下，大力发展休闲林业能够增加就业机会，对社会的稳定与和谐发展也具有重要的意义。

休闲驿站 4-1

发展森林旅游
点绿成金惠民

4）保护生态环境和实现林业可持续发展

森林休闲是一种对环境负责任的休闲活动形式。建立森林公园和自然保护区，既能保护一片森林，保护人们赖以生存的生态环境，又能通过发展森林生态休闲活动，不断强化和提高公众保护生态环境的意识和自觉性；同时，将开展休闲林业的部分收入投入到保护森林生态中去，又可以形成休闲产业发展与资源环境保护的良性循环。

5）提高人们的休闲品质和健康水平

林木不仅可以吸收对人体有害的二氧化碳等气体，而且可以散发多种杀菌素，杀死空气中的大量细菌，因此森林休闲对人体的保健作用非常明显。森林休闲具有放松、求知、强身健体、陶冶情操等多种功能，在大自然中领略森林的魅力，在森林中散步、慢跑，能使疲惫的身心得到放松，身体得到锻炼，由此也提高了休闲的品质和层次。

4.2.4 休闲林业产品的类型

1）观光游览型产品

观光游览型产品是指以满足休闲者对森林景观的美学欣赏愿望为目的而开发设计的休闲林业产品。森林公园拥有丰富的自然景观和人文景观，对森林美的向往是众多休闲者观光旅游的主要动力。开发以自然景观资源为主、人文景观资源为辅的观光游览型产品，可以满足休闲者欣赏森林天然美和提高人文修养的需求。

2）康体健身型产品

康体健身型产品是指为满足休闲者的运动健身需求而开发设计的与森林的自然环境相结合的运动项目。康体健身型产品可以帮助休闲者释放心理压力，享受运动的乐趣，在动与静、力与美中感受源自人类本能的生机与活力。

3）保健疗养型产品

城市中的很多人都处于亚健康状态。利用森林对人体有益的环境为休闲者提供健康检查、康复疗养服务，既满足了休闲者休息、保健、疗养的需求，也实现了森林资源的保健价值。

休闲广角镜4-8　　　　　　**城市森林的保健功能与游憩开发**

城市居民在城市森林中能够获得平静的心情，同时可以缓解负面的情绪，如忧郁、愤怒等。对城市森林心理调节作用的解释主要有压力减轻理论和生物喜好理论两种。压力减轻理论认为，人在压力状态下，主要是交感神经系统起作用，而在放松状态下，主要是副交感神经系统起作用。在舒缓的自然环境中，交感神经系统的反应减弱。研究发现，在森林中活动能够明显降低人的血压，增强副交感神经的活力，受试者表现出更少的负面情绪和更积极的态度。生物喜好理论认为，人类基于生理和内在的需求，渴望和生物或者与生物相关的过程建立联系。人类对接触自然的渴望源自基因，自然环境是人类感觉幸福以及获得生理和心理健康的一个重要源泉。

城市森林一个公认的功能是提供游憩机会。除了城市绿地、公园等场所外，利用郊野森林进行户外休闲活动在城市居民中也非常普遍。城市森林提供锻炼休闲功能主要通过两个途径：一是城市森林本身提供了一个锻炼的场所；二是城市森林中的自然因子形成了一个景观优美的场所，吸引人们到其中进行锻炼。城市森林提供的锻炼游憩机会主要有行走、慢跑、骑自行车、采摘和野餐等。在绿色环境中进行锻炼，对人的身体和精神都有好处。

资料来源　张志永，叶兵，杨军，等. 城市森林保健功能研究进展 ［J］. 世界林业研究，2014，27（6）.

小思考4-8

答案提示

小思考4-8

如何以保健疗养为目的，推进城市休闲林业的发展？

4）野趣游乐型产品

野趣游乐型产品突出的是一个"野"字，产品具有原始性、荒野性和自然性。人们通过对野趣游乐型产品的消费，可以感受到原始丛林生活的刺激，体验到与自然亲密接触所带来的乐趣，还可增进亲友、同伴间的情谊，满足猎奇心理。

5）参与体验型产品

休闲者在森林环境中亲自参与各种活动，追求通过动手实践获得果实的满足感和成就感，这也是城市人在日常生活中无法感受到的。

6）科考科普型产品

随着城市的扩张，人们接近自然、了解自然的机会越来越少。科考科普型产品的设置目的有两个：一是希望通过森林休闲的经历，让人们了解自然，获得更多的科学知识；二是希望提高人们的生态保护意识，这也是一项公益事业。

7）商务会议型产品

商务会议型产品主要为商务人士准备。这类产品一改传统的在钢筋水泥的建筑中虽然高档豪华却严肃紧张的工作气氛，通过不同寻常的工作环境唤起人们的工作热情，提高人们的工作效率，帮助人们体会工作的乐趣，让繁忙而枯燥的工作变得更加健康，充满欣喜。

8）文化艺术型产品

文化艺术型产品是指为有某项兴趣爱好的休闲者提供特殊的场所或环境，让他们在休闲中从事自己喜欢的文化艺术活动，从而起到愉悦性情、修养身心作用的休闲林业产品。这类产品也为森林休闲增添了一种悠然自得而又充满情趣的氛围。

4.2.5　我国休闲林业的发展

1）发展历程

我国的休闲林业起步于20世纪80年代。我国开发利用森林风景资源、发展森林旅游的主要形式是建立森林公园、风景名胜区、野生动物园，以及在自然保护区开辟游憩区域等。我国休闲林业的发展大致经历了以下三个阶段：

（1）起步阶段

第一阶段是从 20 世纪 80 年代初期至 90 年代初期，以我国第一个国家森林公园——张家界国家森林公园的建成为起点，属于休闲林业的起步阶段。

（2）快速发展阶段

第二阶段是从 20 世纪 90 年代初期至 2000 年。经过 10 年左右的发展和实践，森林休闲和旅游活动带来的社会价值、生态价值及经济价值逐步为社会各界所认识，各地发展森林休闲活动的热情空前高涨，休闲林业进入了快速发展阶段。

（3）完善阶段

第三阶段是从 2000 年至今，属于休闲林业的完善阶段。这一阶段的主要特点是：

①森林休闲区域数量剧增，休闲林业的体系架构基本形成。

②在发展理念方面，更加关注并强调生态学思想，坚持绿水青山就是金山银山的理念，注重体现"保护优先，合理开发，永续利用"的主导思想。

③在经营管理方面，休闲林业的经营管理逐渐走入正轨。例如，国家要求新增的森林旅游景区应健全经营管理机构，负责森林旅游的开发、经营和管理等；要求加强对森林休闲活动安全的管理，把休闲林业的安全管理工作放在首位。

2）发展成就

（1）满足户外游憩需求，丰富社会文化生活

优美的森林风景资源和优良的生态环境，已逐步成为社会公众进行户外休闲游憩活动、体验生态休闲的理想场所。"十三五"期间，我国森林旅游游客总量达到 75 亿人次。2023 年，全国生态旅游游客量达 25.31 亿人次。森林已经成为人们休闲度假、游览观光、回归自然等户外活动的首选目的地。同时，我国的休闲林业在发展过程中不断挖掘和丰富生态文化的内涵，推出了不同载体的集生态教育、科普教育等主题于一体的休闲产品，使人们在休闲中增长了知识，受到了教育，有力地推动了各地的精神文明建设和社会文化事业的发展。

（2）扩大林业产业规模，带动关联产业发展

第一，休闲林业的发展受到了社会各界的广泛重视。近年来，我国休闲林业的基础设施和旅游服务接待设施得到明显改善，产业规模不断壮大。以森林公园为例，2019 年，我国森林公园所获国家投资为 102.81 亿元，自筹资金数为 182.89 亿元，招商引资额为 137.54 亿元；全国森林公园总数达 3 594 处，旅游收入增长至 10 005.45 亿元，食宿收入增长至 382.5 亿元，娱乐收入增长至 95.72 亿元，已形成了森林旅游产业"食、住、行、游、购、娱"六要素配套发展的服务体系。

第二，休闲林业的经济效益快速提高。据不完全统计，1992 年，我国的森林旅游直接收入第一次突破亿元大关，在后来的数年中，一直保持着快速增长的态势。2006 年，全国森林旅游收入突破 100 亿元，全国以森林公园和自然保护区为主的森林旅游综合收入达 950 亿元。2009 年，全国林业仅旅游收入一项就达到 965.23 亿元。2017 年，全国森林旅游直接收入达到 1 400 亿元。预计到 2050 年，森林旅游收入将占全国旅游收入的一半以上。以森林旅游为重要组成部分的休闲林业逐步成为林业产业

中最具活力和发展前景的产业，这也标志着我国对森林资源的经济利用方式发生了重大转变，走出了一条促进休闲林业全面可持续发展的新路子。

第三，产业带动能力不断增强。休闲林业的发展直接推动了地方经济的发展，有力地促进了边远地区道路、交通、通信、水电等基础设施建设的升级，一些昔日的小山村，如今变成了新兴的森林休闲旅游小城镇。2018年，全国依托森林旅游实现增收的建档立卡贫困人口达46.5万户、147.5万人，年户均增收达到5 500元，森林旅游助力脱贫攻坚成效显著。"十三五"期间，森林旅游创造社会综合产值达6.8万亿元。

启智润心 4-2

森林旅游助力脱贫攻坚成效显著

3）我国森林公园发展现状

森林是陆地生态系统的主体。我国森林类型多样，生物群落复杂，动物资源丰富，林区内高山、峡谷、丘陵、溶洞、沙漠等地貌类型齐全而奇特，具备建立森林公园和开展森林旅游的条件。各地区由于资源禀赋不同，森林公园的发展也各具特色。下面以我国六大地理分区——华北、东北、西北、华东、中南、西南为例进行说明。

华北地区包括北京市、天津市、河北省、山西省和内蒙古自治区。该区大城市较多，交通便捷，历史悠久，名胜古迹众多，具有开展休闲林业的基础优势。该区山地、丘陵、盆地、平原共存，春季干旱多风，夏季炎热多雨，冬季寒冷干燥，气候变化明显，地带性植被以暖温带落叶阔叶林为主。该区已形成了以北京云蒙山、山西管涔山和五台山，以及河北海滨、木兰围场、磬锤峰等国家森林公园为龙头的森林休闲区。

东北地区包括辽宁省、吉林省、黑龙江省。该区是我国最大的林区，分布着大面积的寒温带、温带针叶林和针阔叶混交林，蕴藏着大量动植物和微生物物种资源。这里的冬季千里冰封、银装素裹，是我国冰雪旅游的主要基地。辽宁的本溪、旅顺口，吉林的五女峰、净月潭，黑龙江的火山口、五大连池、乌苏里江等国家森林公园都是我国主要的旅游胜地。

西北地区包括陕西省、甘肃省、青海省、宁夏回族自治区、新疆维吾尔自治区。该区地处我国的干旱半干旱地区，以天然次生林为主的森林分布零散，森林资源少。这里地貌类型复杂，高山、平原、盆地、湖泊、沙漠、草原景观奇特，雪岭冰川与茂密的云杉林交相辉映，蓝天白云与广阔的草原、高山草甸交替生辉，沙漠绿洲风光神秘迷人。陕西的太白山、楼观台，甘肃的吐鲁沟、贵清山，青海的坎布拉，宁夏的六盘山、火石寨，新疆的天池等国家森林公园均极富魅力。

华东地区包括上海市、江苏省、浙江省、安徽省、福建省、江西省、山东省、台湾省。该区地貌以低山丘陵为主，属亚热带气候，气候温和，雨量充沛。该区靠近我国东部沿海，人口稠密，交通方便，经济发达。该区森林资源丰富，以亚热带常绿阔叶林景观和优美的自然山水风光取胜，有溶洞、瀑布、湖泊、奇峰、怪石等自然景观和众多的名胜古迹。这里山、林、水、人融为一体，山清水秀，人杰地灵。上海的佘山、东平，浙江的千岛湖、富春江，安徽的琅琊山、天柱山、天堂寨，福建的福州、龙岩，江西的明月山、清凉山，山东的泰山、崂山等国家森林公园，以及台湾的垦丁森林公园、大安森林公园等均极有特色。

休闲驿站4-2

森林旅游
注意事项

中南地区包括河南省、湖北省、湖南省、广东省、广西壮族自治区、海南省、香港特别行政区、澳门特别行政区。该区地貌由平原、丘陵和山地构成。该区地处我国湿润半湿润气候区，属亚热带、热带气候，地带性植被以北亚热带落叶阔叶林、常绿阔叶和落叶混交林为主，并有相当规模的热带雨林，森林景观别具一格。该区还有独特的丹霞地貌、险峰峻岭、溶洞、瀑布、湖泊、奇树、异石，自然环境优美，名胜众多，因此具有极高的森林休闲价值。河南的嵩山、白云山、龙峪湾、南湾，湖北的神农架、九女峰，湖南的张家界、大围山、花岩溪，广东的流溪河、南岭，广西的八角寨、龙胜温泉、十万大山，海南的尖峰岭等国家森林公园，以及香港的大帽山郊野公园、澳门的大潭山郊野公园等都极具特色。

西南地区包括四川省、重庆市、贵州省、云南省、西藏自治区。该区纬度低，地势高，以高山峡谷、地势险峻、森林繁茂为主要特色。该区属亚热带和热带气候区，干湿季分明，水热条件优越，植物种类复杂繁多，森林植被类型齐全。该区地貌奇特而复杂，5 000 米以上的高峰到处可见，河谷狭深，山体嶙峋陡峭，雪山冰川绚丽多姿，森林垂直变化明显，几乎包括了从寒温带针叶林到热带雨林的所有森林类型，素有"动植物王国"之称。这里又是多民族的聚居地，民族风情浓郁。四川的瓦屋山、都江堰，重庆的小三峡、武陵山，贵州的百里杜鹃、九龙山，云南的磨盘山，西藏的尼木等国家森林公园都是旅游热点。

新时代·新休闲4-1　　马克思生态休闲思想对中国式现代化的启示

休闲是人的一种基本生活方式，也是人的自由全面发展的重要维度。马克思对共产主义休闲思想的论述富含了深刻的生态意蕴，构建了一个人与自然和谐共生的生态休闲样态，对中国式现代化具有重要的启示。

首先，满足人民的生态休闲需要，实现美好生态生活。新时代下，人们对生态环境具有更高的要求，对可自由支配时间具有更多的需求。因此，中国式现代化应重视人民内生出来的生态休闲需要，提高人民运用自由时间的能力，促进现代化的美好生态生活的实现。

其次，贯彻新发展理念，推动高质量发展，实现现代化的生态生产。马克思在阐发生态休闲思想时，将其寄托于生产力高度发展的共产主义社会中。在当代，科技生产力的提高所带来的自由时间的盈余有利于降低自然资源损耗，使自然有更多的"精力"进行自我修复。因此，中国式现代化应依靠科技创新，推进各类资源节约集约利用，加快构建废弃物循环利用体系，从而实现绿色低碳的高质量发展。

最后，制定生态发展战略，完善生态法律制度，推进生态治理现代化。马克思认为，共产主义社会中生态休闲的实现依靠人类同自身的和解以及人类同自然的和解。只有消除人与人之间的对抗关系，有计划地进行社会生产，才能实现环境效益的最大化，实现人与自然的共生共荣。

资料来源　于萍，马湘芹. 马克思生态休闲思想及其对中国式现代化的启示［J］. 中国地质大学学报（社会科学版），2024，24（2）.

学有所悟：党的二十大报告明确指出，"中国式现代化是人与自然和谐共生的现代化""尊重自然、顺应自然、保护自然，是全面建设社会主义现代化国家的内在要求"。社会主义社会作为共产主义社会的初级阶段，人与自然和谐共生的生态休闲仍然是社会发展的应然状态。中国式现代化不是掠夺自然的现代化，而是人与自然和谐共生的现代化。中国式现代化体现了习近平新时代中国特色社会主义思想的世界观和方法论，开辟了马克思主义哲学中国化时代化的新境界。

4.3　休闲渔业

休闲渔业作为渔业可持续发展的一条新路，兼顾利用渔业资源与旅游资源，实现了第一产业与第三产业的有机结合。休闲渔业投入少、收益快，有利于渔业资源的优化配置和可持续发展，能够有效解决渔村的剩余劳动力，推动渔村发展和渔民增收。

4.3.1　休闲渔业的内涵

西方许多国家对休闲渔业的理解主要建立在与商业渔业区分的基础上。他们认为，休闲渔业是指不以渔获物获利的渔业捕捞行为。这种界定是因为西方国家的休闲渔业类型相对单调，范围比较狭窄，内容以各种形式的钓鱼活动为主。对于休闲渔业（leisure fishing），目前国内外学术界还没有一个统一的定义。

1）狭义的休闲渔业

在美国、加拿大等西方国家，休闲渔业是指所有以娱乐或健身为目的的渔业行为，包括内陆江河湖泊或海上的运动垂钓、休闲采集、家庭娱乐等有别于商业捕捞行为的休闲性渔业捕捞行为，一般又称为娱乐渔业（recreational fishing）或运动渔业（sport fishing）。这一定义不包括渔村风情旅游的内容，因此其含义相对狭窄。

2）广义的休闲渔业

中国、日本等国家普遍认为，休闲渔业是指所有利用现有渔业设施、渔业空间和场地，以及现代的和传统的渔法渔具、渔业资源、自然环境、渔村人文资源，结合地方旅游发展，以增进国民对渔村和渔业的体验、提高渔民收益、推动渔业可持续发展的一种产业。这一定义除了包含西方国家所指的娱乐渔业外，还强调渔村旅游的内容，从某种意义上来说，称为"渔业旅游"也许更为确切。由于这一定义较西方国家的定义相对广泛，因此一般称为广义的休闲渔业。

我国学者对休闲渔业的界定虽然表述不一且各有侧重，但主要思想基本相同。概括起来，比较权威且有一定代表性的定义主要有：

江荣吉（1992）认为，休闲渔业就是利用渔村设备、渔村空间、渔业生产的场地、渔法、渔具、渔业产品、渔业经营活动、渔业自然环境及渔村人文资源，经过规划设计，以发挥渔业与渔村的休闲旅游功能，增进国人对渔村与渔业之体验，提升旅游品质，提高渔民收益，促进渔村发展的产业。这是国内最早的关于休闲渔业的定义，此后许多相关研究都直接引用了这一定义。即使有人以此为基础进行了简单的修正，但仍未有本质上的超越，因此该定义也是目前国内关于休闲渔业的最权威、最有影响力的定义。

平瑛（2001）认为，休闲渔业又可以称为娱乐渔业，是将渔业与旅游观光有机结合，通过资源优化配置，根据当地的生产环境和人文环境，规划设计相关的活动和休闲空间提供给旅游者，以体验渔业活动并达到休闲、娱乐的功能，最终提高渔民收入、发展渔区经济的一种新型渔业发展方式。

王茂军和栾维新（2002）认为，休闲渔业或称娱乐渔业，是在大都市周边地区和间隙地带，以渔业活动为基础，与人们的休闲生活、休闲行为、休闲需求（物质的和精神的）密切联系，与现代旅游相结合的新型交叉产业，包括观光渔业、游钓业以及水族馆产业等。作为一种新型的"渔业+旅游"性质的经营形式，休闲渔业开辟了现代渔业发展的新途径，开拓了旅游业发展的新领域。该定义对休闲渔业的概括比较详细，其中对"观光渔业""水族馆产业""大都市周边"的提出在一定程度上是对休闲渔业的丰富和完善。

洪惠馨和林利民（2003）认为，休闲渔业是利用海洋和淡水渔业资源、陆上渔村村舍、渔业公共设施、渔业生产器具、渔产品，结合当地的生产环境和人文环境规划设计相关的活动和休闲空间，从而提供给民众体验渔业的活动并达到休闲、娱乐功能的一种产业。

林法玲（2003）认为，休闲渔业是以渔业资源为依托，以市场需求为导向，通过对渔业和旅游资源的优化配置，将休闲、娱乐、餐饮等行业与渔业融为一体，从而实现第一产业与第三产业的结合，提高渔业的社会、生态和经济效益，促进资源开发和环境保护协调发展的一种新型渔业。

楼筱环（2006）认为，休闲渔业应与当地旅游资源相结合，形成休闲渔业旅游，具体包含三个方面的内容，即休闲、渔业、旅游。其组合可以是休闲渔业，也可以是渔业旅游，还可以是休闲渔业旅游。

综合各方观点来看，休闲渔业的关键词是"渔业"，"休闲"作为"渔业"的形容词，起到了描述或限定渔业内涵的作用。休闲活动只有建立在渔业资源的基础上，才能称为休闲渔业，它可以是渔业捕捞生产体验，也可以是海鲜品尝、娱乐休闲、渔业资源旅游、渔村观光等。西方发达国家休闲渔业的发展无疑是成功的，是适合西方国家国情的，但是这种以游钓业为主的休闲渔业的范围过于狭窄，从某种意义上来说，限制了休闲渔业的发展。因此，休闲渔业除了包括游钓业、旅游渔业，还应该包括观赏渔业、水族馆等其他与水生动植物、渔业、渔村、渔民相关的休闲娱乐活动，甚至由此形成的行业和产业也可列入休闲渔业的范畴。

休闲广角镜4-9   **琼海休闲渔业乡村游启动**

    2021年9月17日，琼海市休闲渔业乡村游启动仪式在博鳌镇留客村举行。此次活动力求在加快探索休闲渔业发展新模式、促进渔民转产转业等方面贡献琼海智慧，助力全省渔业转型升级，形成可复制、可推广的琼海经验。休闲渔业是以渔业生产为载体，通过资源优化配置，把旅游业、旅游观光、水族观赏等休闲活动与现代渔业方式有机结合起来，实现第一产业与第三产业的结合配置，以提高渔民收入、发展渔区经济为最终目的的一种新型渔业。琼海的河流、海岸、海滩、海港风光迷人，沿岸热带田园风光秀美，依托优美风光打造的美丽乡村是乡村旅游的热门景点。目前，全市已建成35个省级美丽乡村示范村，为休闲渔业乡村游奠定了很好的基础。

通过深入研究，琼海市推出了5条休闲渔业旅游精品路线，将增殖放流同休闲渔业结合起来。这样既保护了琼海的"绿水青山"，也保障了经济社会发展的"金山银山"，实现了生态效益与经济效益双赢。

资料来源　苏桂除. 增殖放流23.8万尾鱼苗！琼海休闲渔业乡村游启动［EB/OL］.［2021-09-18］. https://fpb.hainan.gov.cn/fpb/sxdt/202109/7d172f7c28134095b22792366a89bcff.shtml.

小思考 4-9

琼海市在发展休闲渔业方面有哪些值得借鉴的经验？

小思考 4-9

答案提示

4.3.2　休闲渔业的特点

1）对渔业的依赖性

休闲渔业是通过开发具有休闲价值的渔业资源及人文资源、渔业产品、渔业设备及空间、渔业生态环境以及与此相关的各种活动，如观赏捕鱼、垂钓等，并经过合理设计与规划而发展起来的。此外，品海鲜、购海产等特色餐饮及购物活动亦包括在内。水族馆产业一开始虽然是以主题公园的形式出现的，但开发的对象依然是海洋生物资源。相比较而言，观光渔业受制于渔业生产和渔业活动的节律性，有明显的淡旺季之分；游钓业和水族馆业受季节的影响较小。因此，这对于平抑旅游淡旺季差异意义重大。

2）多功能复合性

休闲渔业拓宽了渔业空间，建立起了集鱼类养殖、垂钓、餐饮与旅游度假于一体的新型经营形式，突破了以"渔"为本的传统生产经营模式。它既是对第一产业（渔业）的延伸和发展，又是第三产业（特别是旅游业）向第一产业的转移、渗透和扩展。因此，休闲渔业不再是一个独立的概念，而是资源（渔业资源和旅游资源）优化配置后形成的集传统生产功能与旅游观光、劳动体验、休闲度假、文化教育等多方面功能于一体的复合体。

3）显著的地域性

一方面，休闲渔业是由传统渔业延伸而来的，会受到传统渔业地域性的限制，因此具有明显的地域性；另一方面，休闲需求强烈、经济条件好、交通便捷的地区，休闲渔业的发展条件也比较优越。所以，休闲渔业具有发展条件的限制性和地域的选择性，不能遍地开花、处处发展，在区位上应首选与大都市毗邻的地区。

4）开发上的市场导向性

为都市居民服务，是休闲渔业的基本服务功能。都市居民以恢复身心为出发点，多利用双休日等短暂的闲暇时间出行，因此休闲渔业的客源市场较为稳定，其规模的大小与都市人口的规模密切相关。都市居民的数量是休闲渔业发展的门槛游客量，以此为依据进行开发风险最小。此外，对旅游城市而言，为外地游客服务也是休闲渔业的服务功能之一，因此休闲渔业的规模还取决于都市的国内外客源市场规模。该服务功能与休闲渔业的基本服务功能相比，更强调富有特色的资源、原汁原味的生活方式。

5）体验性与重复利用性

目前，休闲者的需求已经发生了改变，休闲者越来越看重休闲体验和经历的获得，而休闲渔业高度的参与性恰好适应了休闲需求的变化。水上行舟、撒网垂钓、品尝渔家宴、捕鱼、学习养殖技术等活动，既丰富多彩，又颇具特色，从而大大丰富了人们的休闲体验。同时，休闲渔业的开发主要依托原有资源，投入较少，人们的消费支出较低，因此游客重游率高，市场发展前景广阔。

4.3.3 休闲渔业的功能

1）投资少，收益快

传统渔业的发展已遇到瓶颈，迫切需要进行结构调整。其中，如何合理安排众多渔民转产转业，是一个亟待解决的重大问题。养殖业和水产加工业无疑是渔民转业比较好的选择，但养殖业的过度发展已经带来了一些环境问题，水产加工业也让一向无拘无束的渔民不太适应。休闲渔业相对来说入门比较简单，形式丰富多样，先期投入较少，因此渔民能够较快收回成本，创造利润。

2）绿色产业，可持续发展

休闲渔业作为第三产业，对自然环境的污染少，产生的垃圾一般都是生活垃圾，处理简单。此外，游客通过休闲渔业捕获的水产品较少，还有些游客纯粹是为了享受钓鱼的乐趣，他们会把钓上的鱼再放生，所以休闲渔业对渔业资源的消耗较少，有利于保护渔业资源，是一项绿色产业。

3）具有联动效应，带动渔村全面发展

休闲渔业场所的建立，能够吸引游客进行食、住、行、游、购、娱等一系列活动，从而为渔村的经济带来无限商机。渔民看到休闲渔业的高效益后，纷纷转产至休闲渔业，一部分人由此提高了收入，从而有效解决了渔民转产难、致富难的问题。随着休闲渔业产业的发展，业内竞争更加激烈，渔民为了吸引更多的游客，会主动参与水域环境的保护，美化当地环境，从而使渔区（村）环境脏、乱、差的现象大为改观。

4）促进渔业资源的保护和优化

面对全球渔业危机，联合国粮食及农业组织认为，要想扭转渔业资源衰竭的趋势，必须将当期的捕捞强度削减60%以上。加快渔业产业结构调整、发展休闲渔业，无疑是一条重要的出路。发展休闲渔业，可以在保证渔民收入的前提下，减少盲目增加的捕捞船只，有效控制近海及江湖中的过度捕捞，促进渔业资源的合理开发和利用。把一些符合条件的渔船通过拆解、去污、灌注等手段改建成近岸人工鱼礁，或者通过增设必要的安全、娱乐设施等方法改造成休闲游钓渔船，既有利于开发新的旅游

资源，又有利于繁殖水生生物资源，保护渔业生态环境。同时，休闲渔业还能有效促进养殖品种的调整。为了激发垂钓者和观赏者的兴趣，满足市场的不同需求，经营者会主动调整养殖结构，开发名特优品种，从而促进了渔业资源的优化。

5）推进海洋科普教育，传播海洋知识

海洋与人类息息相关。21 世纪，人类已迎来了开发海洋、利用海洋的新时代，海洋成为人类在新世纪的希望。发展休闲渔业既有利于挖掘和弘扬海洋文化，又可以进行科普教育，这对于宣传海洋知识，唤起人们认识海洋、热爱海洋、保护海洋及海洋生物的意识，提高人类与自然和谐相处的能力，具有非常重要的现实意义。

6）完善区域旅游产品结构，提高区域旅游竞争力

目前，许多地区已经形成了比较完善的旅游产品结构，但这些地区在国际、国内旅游市场上的吸引力与竞争力还不够强，资源优势还不能完全转化为产业优势。因此，顺应世界潮流，开发休闲渔业旅游资源，是提高区域旅游竞争力的有效途径。

休闲广角镜 4-10　　　　　　　　　　休闲渔业的产业拉动作用

　　浙江省充分利用海岛、渔村、渔文化等资源优势，因地制宜，突出渔业产业特色、渔区特点、渔文化内涵，按照多元化、精品化、规范化的要求，大力引导发展文化多元的休闲渔业。例如，全国休闲渔业示范基地之一——白沙岛将土菜大餐与文化大餐相结合，吸收本地优秀的传统文化，教游客画舟山渔民画、吹渔民号、敲锣鼓、打水手结、织网等。同时，舟山群岛还举办了中国海洋文化节，将民俗、民风、艺术、时尚与浪漫相结合，开展了精彩纷呈的特色文化活动，包括休渔谢洋大典、国际风情海岛秀、"美丽海洋"全国海洋摄影大赛、中国海洋文化论坛、舟山群岛国际游艇展、国际海洋"食尚音乐汇"等。可见，休闲渔业产业的发展能够充分挖掘渔文化的深厚底蕴并且丰富居民的物质文化生活，对文化、体育与娱乐业起到了很好的促进作用。

　资料来源　平瑛，徐洁，王鹏. 休闲渔业产业与相关产业的灰色关联度分析 [J]. 中国农学通报，2015，31（8）.

小思考 4-10

如何全面理解休闲渔业的产业拉动作用？

小思考 4-10

答案提示

4.3.4　休闲渔业资源

休闲渔业资源是休闲渔业发展的基础，是休闲渔业开发地对休闲渔业参与者产生吸引力的前提，休闲渔业资源对休闲渔业的发展至关重要。一个地区休闲渔业的发展水平，不仅取决于该地区休闲渔业资源本身的数量、类型的多样性与独特性、空间分布与组合的合理性，而且取决于人们对休闲渔业资源评价和开发的科学性，以及保护休闲渔业资源的态度与行动。

1）休闲渔业资源的内涵

渔业资源是发展水产业的物质基础，也是人类食物的重要来源之一。《辞海》中对渔业资源的定义是"天然水域中蕴藏并具有开发利用价值的各种经济动植物的种类和数量的总称。主要有鱼类、甲壳动物类、软体动物类、海兽类和藻类等"。

随着科学技术的发展和生产方式的进步，人们的生活水平日益提高，对休闲的需求也越来越多。与传统渔业相比，作为满足人们休闲需求的一种现代渔业方式，休闲渔业的开发所依托的资源基础更加广泛，除上述渔业资源的定义所规定的内容外，还包括渔船、渔具、渔村、渔民、渔文化等资源，以及餐饮、住宿、娱乐、交通等基础设施资源。由此可见，休闲渔业资源的内涵十分丰富，涉及自然、社会和人文等多个层面，其吸引对象既包括旅游者，也包括当地居民。

综上所述，休闲渔业资源是指以特定的地域（海洋、江河、湖泊、水库、水族馆等）和特定的对象（海洋生物、淡水生物、渔文化及古迹、渔村风光等）为中心，能对休闲消费者产生吸引力，能激发休闲消费者的出游（消费）动机，具备一定的休闲功能和价值，与渔业活动密切相关，可以为休闲渔业开发利用并产生经济效益、社会效益和环境效益的自然资源、人文资源及社会现象的总和。

2）休闲渔业资源的特点

（1）休闲吸引力和休闲价值

所谓休闲吸引力，是指休闲活动或休闲资源能够激发人们参与休闲活动的内在动力；所谓休闲价值，是指通过休闲者的参与能够达到的休闲、娱乐、身心放松的程度。休闲吸引力和休闲价值是休闲活动得以开展的前提，是判断资源是否能够成为休闲资源的重要标准，也是休闲资源内涵的重要组成部分与核心内容。因此，休闲渔业资源是休闲资源的重要组成部分，其所具有的休闲吸引力和休闲价值是发展休闲渔业的前提条件。

（2）区域性和空间上的不可移动性

受地理环境、资源分布以及历史等因素的影响，休闲渔业资源的形成和发展存在着区域性差异，每个地区的休闲渔业资源都不尽相同，这些资源的地域性分布为各地发展不同特色的休闲渔业提供了资源性的基础。此外，无论是自然的还是人文的休闲渔业资源，都具有地理位置的固定性和历史时代的传承性。也就是说，各种休闲渔业资源都分布在与之相适应的地理环境中，并带有强烈的地方色彩，这也正是休闲渔业资源的个性所在。这些个性特征如果离开与之相适应的环境，就会失去吸引力。

（3）可重复使用性

在休闲渔业资源中，除了少部分资源会被休闲渔业的参与者消耗外（如休闲垂钓活动钓到的鱼，有些会死亡，有些会被垂钓者带走），绝大多数休闲渔业资源都具有长期的、可重复利用的价值，如海滨、海岸、海底等渔业景观，渔船、码头、渔网等渔业设施与工具，以及古村及海底遗址、水族馆、观赏鱼、渔村、渔文化等。休闲渔业参与者参与这些活动后，带走的只能是各种印象和美感，而不能把这些休闲渔业资源带走。当然，随着时间的推移，自然环境和社会环境尤其是消费者的需求会不断变化，因此这种可重复使用性也是相对的。

（4）发展变化性

随着社会经济的发展与科学技术的不断进步，人们在社会领域中的活动范围不断扩大，活动内容也不断增多。与之相适应，人们的休闲需求也越来越强烈，并且日趋多元化与个性化。因此，休闲渔业资源的范围也在不断扩大，数量也会越来越多，其内容、质量也会更加丰富和充实。

（5）多样性与渔文化的衍生性

休闲渔业资源的形式多种多样，不仅包括自然资源，而且包括人文资源以及各种与渔业、渔民、渔村有关的社会现象，如渔区民俗、渔业节庆、渔业建筑等。各种休闲渔业活动都是围绕着与"渔"有关的内容展开的，是对渔文化的衍生。

4.3.5 休闲渔业产品的类型

休闲渔业已经成为渔业增效、渔民增收的有效途径。特别是休闲渔业与旅游业的有机结合，打破了渔业生产的单一性，形成了集鱼类养殖、垂钓、餐饮、旅游度假于一体的新型经营形式。根据各地休闲渔业的经营状况，休闲渔业产品可分为如下类型：

1）生产经营型产品

养殖水面承包经营者以养鱼为主，把部分成鱼池对外开放，接纳垂钓者。生产经营型产品一般只提供餐饮服务，其他配套服务项目较少，无稳定的顾客来源。这种以养殖生产为主、垂钓为辅的生产经营方式是休闲渔业的原始阶段。其优势是投入少、见效快、面向大众，能够大大提高养殖池塘的经济效益。垂钓渔获物的价格比直接上市要提高一倍以上，因此承包的鱼池用于养殖垂钓，平均每亩纯收入要比传统渔业高好几倍。20世纪80年代初至90年代末，江苏南部大部分渔场都属于这种类型，渔民在此基础上获得并积累了不少经营休闲渔业的经验。

2）休闲垂钓型产品

休闲垂钓型产品具有较好的池塘条件，能够大密度囤养成鱼。成鱼主要是经营者自己养殖，也可以从其他养殖场调进。垂钓基地设有简单的休息、健身、娱乐场地，提供餐饮、棋牌等服务，离城区不远，交通便利，服务对象主要是垂钓爱好者。此外，有些地方还成立了休闲垂钓协会，建立了休闲垂钓基地或休闲垂钓俱乐部，既满足了部分城市居民提高生活质量的需求，体现了人与自然的和谐发展，又使渔民获得了可观的收入。因此，休闲垂钓型产品是休闲渔业发展的重点。

3）观光疗养型产品

观光疗养型产品的投资规模大，服务设施完备，服务项目多样，除钓鱼外，还提供会务接待、餐饮娱乐、观光游乐等多项服务，服务对象多为社会商务团体、度假旅游观光者。观光疗养型产品对所在地区旅游业的拓展作用极大，休闲者能够真正实现"住在水边，食有鱼鲜，观有胜景"。观光疗养型产品能够与当地的观光游览点结合起来，使游客的游览范围更大、休闲时间更长，还可以让游客与有一定条件的渔民家庭住在一起，体验渔家生活，欣赏渔业风光。

4）展示教育型产品

展示教育型产品包括以展示海洋、淡水鱼类为主，集科普教育和观赏娱乐于一体的水族博览馆等。例如，青岛水族馆融梦幻水母宫、海洋生物馆、海豹馆、淡水生物馆、鲸馆五大主题展馆和一座大型地下海底景观于一体，展出品类齐全、宣教体系完备，是全国科普教育基地、全国青少年科技教育基地和全国海洋意识教育基地，有效激发和培养了青少年的探索兴趣，提高了他们认识自然的能力。

4.3.6 我国休闲渔业的发展

我国休闲渔业的发展起源于游钓。钓鱼运动在 1983 年被列为我国正式开展的体育项目，其先后经历了国家体委管理、农业部代管、国家体育总局社会体育指导中心直管三个不同的历史阶段。2012 年 1 月，中国钓鱼运动协会成立，对中国钓鱼运动的发展具有里程碑式的意义。

2012 年 12 月，《农业部关于促进休闲渔业持续健康发展的指导意见》发布，首次对休闲渔业进行了专项部署，明确了休闲渔业的指导思想和基本原则，预示着休闲渔业受到了有关部门的高度重视。2018 年 5 月，《农业农村部办公厅关于开展2018 年休闲渔业质量提升年活动的通知》发布，旨在提升一批品牌主体的管理水平和基础条件，形成一套品牌管理措施，推介一批精品旅游项目，宣传一批行业典型，使休闲渔业品牌质量受到明显重视，总体行业水平得到显著提升。2022 年，我国休闲渔业产值达 839.25 亿元，休闲渔业经营主体 13.83 万个，从业人员 76.31 万人，接待人数 2.36 亿人次，休闲渔业已成为促进渔业提质增效、渔村美丽繁荣、渔民就业增收的重要途径和手段。

启智润心 4-3

海南在全国首次构建完整的休闲渔业发展政策体系

我国休闲渔业的发展从不同地区的实际出发，因地制宜，自主创新，发展模式各具特色。沿海地区有海洋特色，内陆地区有田园风光。

在经济比较发达的沿海地区，如浙江、广东、福建三省，休闲渔业的发展较快。这些地区的休闲渔业主要有以下特色：一是发展海洋休闲、观光渔业活动。这些活动以海洋风光和海洋渔业为基础内容，并结合其他旅游娱乐项目而开展，具体包括海洋游钓、渔船观光、游船观光、海鲜品尝、渔区文化与渔民风俗展示等。二是兴建专业休闲渔场。这些渔场都具有相当的规模，集垂钓、观赏、餐饮和度假等功能于一体，既减轻了对近海渔业资源的压力，又解决了渔民转产转业的出路问题，既为渔民增收开辟了新途径，也为休闲旅游人群开辟了新项目。

休闲驿站 4-3

安徽：让"渔歌"更悠扬

在内陆地区，休闲渔业的发展也很快。例如，湖南等省份利用发达的城郊养鱼产业，吸引了大批社会投资，建设了多处生态渔庄，从而满足了市民的休闲需求。有的地区甚至投资数百万元，建设高标准的垂钓池、餐厅、住宿、娱乐等设施，接待了大批游客，从而创造了极高的经济效益。又如，四川、安徽等省份利用山水风光，发展新型旅游业，即以游船为主，集赏景、娱乐、垂钓、避暑和品尝风味餐饮于一体的特色休闲渔业，这也成为当地居民致富的一个重要途径。

　　大中城市发展休闲渔业的共同特点是迎合城市居民休息日到郊外休闲娱乐的需求。例如，北京市郊的怀柔区、房山区等在发展流水养殖冷水性鱼类的同时，相继建立了集观光、垂钓、品鲜等功能于一体的休闲渔业景区，从而吸引了大批游客的光临，获得了可观的收入。又如，上海市的休闲渔业以池塘垂钓业和观赏渔业为主，现已建立起多处较大型的观赏鱼养殖场，引进和饲养的观赏鱼达上百种，产品还批量出口东南亚国家和地区。其他大中城市郊区的池塘垂钓业也正以不可阻挡的势头迅速发展起来，不仅拉动了城郊渔业经济的发展，而且促进了渔民的增收。

新时代·新休闲4-2　　构建休闲农业智慧化发展的"1+3+N"链式场景

　　2023年，中共中央、国务院印发《数字中国建设整体布局规划》，提出"深入实施数字乡村发展行动，以数字化赋能乡村产业发展、乡村建设和乡村治理"。休闲农业和乡村旅游是乡村产业的重要组成部分，随着数字经济的发展，物联网、云计算及人工智能等数字技术与互联网构建了智慧休闲旅游的总体框架，通过日趋复杂且动态的链接，改变了游客的时空感知，再造了智慧休闲旅游的"新场景"。

　　场景是数字经济融入实体经济的关键切入点，构建"1+3+N"链式场景，有利于推进我国休闲农业智慧化发展，实现完整的故事性关联"场景"构建，营造休闲农业沉浸式体验环境。

　　一个农业主题场景化。休闲农业园区主题的选择要遵循区域唯一性、独特性及故事性原则。依托区域特色文化，运用场景化思维，创新打造休闲农业特色主题。

　　三产融合智慧化。农村一、二、三产业深度融合，离不开农业大数据平台的建设和运用，借助农业全产业链的智慧化支撑，休闲农业不断向定制农业、订单农业、众筹农业、共享农业等新产业、新业态拓展，深度挖掘农业生产功能、生态功能、社会功能及文化功能等，为实现高质量可持续发展注入新动能。

　　N个休闲农业场景链式设计。休闲农业生活场景的智慧化是休闲慢生活实现消费升级的重要体现。例如，建立完善的门票、活动、餐饮、住宿等预约预订和购票购物类服务系统；完善智慧化交通查询与预约系统，方便快捷，提高可达性；吃、住、行、游、购、娱等慢生活的各个环节在各大旅游平台上可浏览、可点评，营造良好的口碑传播氛围。

　　资料来源　苏国东，陆川，陈广宇，等.基于"链式+场景"的休闲农业智慧化发展：动因分析、体系构建与推进路径［J］.江苏农业科学，2023，51（22）.

　　学有所悟：党的二十大报告指出："加快建设农业强国，扎实推动乡村产业、人才、文化、生态、组织振兴。"休闲农业智慧化发展是休闲农业转型升级的重要方向，对促进乡村产业兴旺、助力农业强国建设具有重要意义。因此，不断完善休闲农业智慧化发展的基础设施，建立休闲农业智慧化发展的人才培养机制，优化休闲农业智慧化发展的整体环境，是推动休闲农业高质量发展的题中之义。

本章小结

● 休闲农业是以农业为主题，充分利用农业及农村的休闲资源，经过科学规划和开发设计，发挥农业与农村的休闲功能，以满足体验者的观光、度假、娱乐、健身等多种休闲需求的农业经营形态，是以农业为基础、以服务为手段、以休闲为目标的新型产业形态，是对农业综合功能的拓展和延伸，也是现代农业的重要组成部分。休闲农业具有资源的丰富性、项目的多样性、活动的季节性与参与性、地域的差异性、客源的广泛性以及效益的综合性等特点。休闲农业具有经济、社会、生态、文化、教育及游憩等多方面的功能，其资源包括自然资源、景观资源、产业资源、人文资源以及科技资源等。

● 休闲农业产品的类型主要有田园农业型产品、农家乐型产品、民俗文化型产品、旅游地衍生型产品、村落民居型产品、度假休闲型产品、科普教育型产品及自然生态型产品等。发展休闲农业的意义主要包括：优化农业产业结构，推进城乡统筹发展；缓解农村剩余劳动力的就业压力；加强农村基础设施的建设与完善，促进农业休闲资源的保护与开发等。

● 休闲林业是以林业产业发展为依托，在生产、生活、生态有机结合的基础上，充分利用森林景观等资源，为森林休闲者提供特色风情、观光度假、科普教育、生活体验等产品的新型产业形式，是传统林业产业的拓展与延伸。休闲林业具有森林资源丰富、活动类型多样、地域分布广泛、自然生态性强、产业依附性、开放性及科普性等特点。休闲林业的功能主要包括：促进旅游产业的发展；带动欠发达地区脱贫致富；促进林业产业结构调整，扩大就业；保护生态环境和实现林业可持续发展；提高人们的休闲品质和健康水平等。休闲林业产品的类型包括观光游览型产品、康体健身型产品、保健疗养型产品、野趣游乐型产品、参与体验型产品、科考科普型产品、商务会议型产品及文化艺术型产品等。

● 休闲渔业是建立在渔业资源基础上的休闲活动，它可以是渔业捕捞生产体验，也可以是海鲜品尝、娱乐休闲、渔业资源旅游、渔村观光等。休闲渔业的特点包括对渔业的依赖性、多功能复合性、显著的地域性、开发上的市场导向性、体验性与重复利用性等。休闲渔业的功能包括：投资少，收益快；绿色产业，可持续发展；具有联动效应，带动渔村全面发展；促进渔业资源的保护和优化；推进海洋科普教育，传播海洋知识；完善区域旅游产品结构，提高区域旅游竞争力等。休闲渔业产品的类型包括生产经营型产品、休闲垂钓型产品、观光疗养型产品和展示教育型产品等。

边听边记 4-1

第 4 章

主要概念

休闲农业　休闲林业　休闲渔业

基础训练

4.1　选择题

1）休闲农业的特点不包括（　　　）。

A.资源的丰富性 　　　　　　　　B.活动的季节性与参与性

C.效益的综合性 　　　　　　　　D.民族性

2）休闲农业发展所凭借的资源主要包括（　　　）。

A.产业资源 　　　　　　　　　　B.景观资源

C.自然资源 　　　　　　　　　　D.农业科技资源

3）休闲林业的特点包括（　　　）。

A.活动类型多样 　　　　　　　　B.分布地域广泛

C.自然生态性强 　　　　　　　　D.客源市场特定

4）休闲渔业包括（　　　）。

A.海鲜品尝 　　　　　　　　　　B.渔业资源旅游

C.渔村观光 　　　　　　　　　　D.远洋捕捞

4.2　判断题

1）休闲农业是一种带有休闲时代烙印的农业发展模式，是农业生产与休闲文化的结合。　　　　　　　　　　　　　　　　　　　　　　　　　　　　　　（　　　）

2）森林休闲是森林生态系统功能输出的一种物质形式。　　　　　（　　　）

3）休闲渔业对渔业资源的消耗较大，不利于渔业资源的保护。　　（　　　）

4.3　简答题

1）简述休闲农业的发展意义。

2）简述我国休闲林业的发展历程。

3）简述休闲渔业资源的特点。

在线测评4-1

选择题

在线测评4-2

判断题

在线测评4-3

简答题

案例分析

海南休闲渔业高质量发展

在三亚市南边海路钟情码头，一艘艘休闲渔船停靠岸边。不少垂钓爱好者在船上钓鱼，船尾处，新人身着礼服拍摄婚纱照……

休闲垂钓、共享渔庄、增殖放流体验、赶海拾趣、水产购物、鱼鲜美食……发展休闲渔业是海南渔业"往岸上走、往深海走、往休闲渔业走"的重要一步。

近年来，海南休闲渔业推动渔业生产方式、生产关系和产品业态转型，促进生态效益与经济效益同步提升，由此实现了多个首次和率先：

首次系统提出休闲渔业定义和业态，将海洋休闲渔业捕捞许可管理、休闲渔船检验和安全管理等环节进行集成；率先在全国构建了一条完备的休闲渔业发展制度链条，有力推动了休闲渔业产值逆势上扬、新型业态蓬勃发展，为加快探索产业生态化和生态产业化提供了"海南方案";率先构建休闲渔业制度体系,促进规范化发展;率先实行"四位一体"管理,促进集约化发展;率先丰富休闲渔业业态内容,促进链条化升级。

一系列政策"组合拳"落地见效。据统计,2023年,海南省休闲渔业总产值超40亿元、接待人数近1 400万人次,同比分别增长90%、73%,休闲渔业经济动能明显增强。

资料来源　余佳琪. 全链条构建休闲渔业高质量发展机制　去年海南休闲渔业总产值超40亿元[N]. 海南日报,2024-01-07(4).

问题:海南是如何实现休闲渔业高质量发展的?

实践训练 ✔

结合本地区休闲农业发展的实际情况,谈谈如何实现区域休闲农业的可持续发展。

本章参考文献

❶崔建中. 浅析我国休闲农业发展现状及对策[J]. 现代化农业,2012(4).

❷柴先琳,罗明灿,文毅. 基于休闲视角下我国森林旅游存在的问题及发展对策[J]. 现代农业科技,2011(18).

❸苏庆军,孙革,左艳华. 森林旅游休闲产品设计体系浅论[J]. 内蒙古林业调查设计,2011,34(4).

❹李慧茹. 我国休闲渔业的发展路径研究[J]. 安徽农业科学,2010,38(25).

❺刘世勤,刘友来. 森林旅游产业的特性、功能与发展趋势[J]. 中国林业经济,2010(4).

❻朱惠兰. 我国休闲农业发展现状及对策[J]. 山东农业科学,2010(6).

❼何全超. 对我国休闲渔业发展的分析[J]. 河北渔业,2009(6).

❽叶晔,李智勇. 森林休闲发展现状及趋势[J]. 世界林业研究,2008(4).

❾付华,吴雁华,穆建怡. 中国休闲农业的特点、模式与发展对策[J]. 中国农学通报,2007(12).

❿王婉飞,王敏娴,周丹. 中国观光农业发展态势[J]. 经济地理,2006(5).

⓫闵宽洪. 我国休闲渔业发展浅析[J]. 中国渔业经济,2006(4).

⓬刘雅丹. 休闲渔业的发展与管理[J]. 世界农业,2006(1).

⓭郭焕成,刘军萍,王云才. 观光农业发展研究[J]. 经济地理,2000(2).

本章推荐阅读文献

❶咸钲吉,宁波. 中国休闲渔业发展模式略论[J]. 中国渔业经济,2024,42(1).

❷冷梅. 新常态下发展休闲林业的思考[J]. 中国林业经济,2018(4).

❸叶晔,李智勇. 森林休闲概念辨析[J]. 世界林业研究,2009,22(2).

❹于洪贤. 休闲渔业[M]. 哈尔滨:东北林业大学出版社,2009.

❺陈珂，耿黎黎，李智勇. 关于发展我国森林休闲业的思考 [J]. 世界林业研究，2008（3）.

❻郭焕成，任国柱. 我国休闲农业发展现状与对策研究 [J]. 北京第二外国语学院学报，2007（1）.

本章推荐网站

❶中国休闲农业和乡村旅游网，http://www.xxny.agri.cn.

❷中国乡村旅游网，http://www.crttrip.com.

❸国家林业和草原局　国家公园管理局政府网，http://www.forestry.gov.cn.

❹中国渔业协会，http://www.china-cfa.org.

第5章

休闲服务业

【学习目标】

知识目标：
- 掌握我国旅游休闲业的内涵及特点。
- 了解我国户外与运动休闲业的主要产品。
- 了解我国康体与美容休闲业的主要产品。
- 了解我国文化与娱乐休闲业的主要产品。
- 了解我国购物与餐饮休闲业的主要产品。

技能目标：
- 能够对我国休闲服务业的发展情况进行分析。

素养目标：
- 提高服务意识，丰富职业技能。

【思维导图】

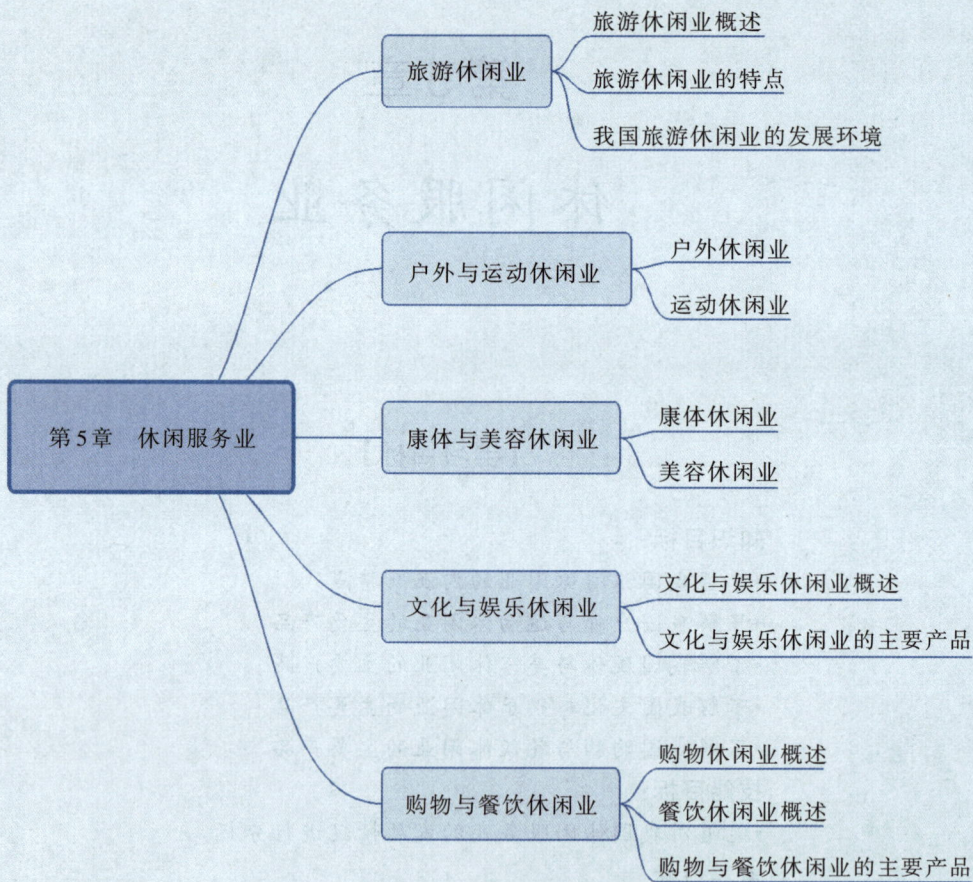

- 第5章 休闲服务业
  - 旅游休闲业
    - 旅游休闲业概述
    - 旅游休闲业的特点
    - 我国旅游休闲业的发展环境
  - 户外与运动休闲业
    - 户外休闲业
    - 运动休闲业
  - 康体与美容休闲业
    - 康体休闲业
    - 美容休闲业
  - 文化与娱乐休闲业
    - 文化与娱乐休闲业概述
    - 文化与娱乐休闲业的主要产品
  - 购物与餐饮休闲业
    - 购物休闲业概述
    - 餐饮休闲业概述
    - 购物与餐饮休闲业的主要产品

❧ 引例 ❧

迈向全民休闲时代

经过多年的高速发展，在今天的中国，"快"已经不是唯一的标准。"快慢相间，动静相宜"里有着更深的禅意，"进退自如，忧乐两宜"也成为一些人的人生哲学。按照业界的标准，人均 GDP 达到 3 000 美元以上，旅游产业就将进入一个升级的阶段，即由观光式旅游迈向休闲度假式旅游。而我国现在的人均 GDP 水平早已跨过了休闲时代的门槛。显然，经济的发展奠定了全民休闲的基础。

休闲已经成为一种刚性需求，开门七件事演变成了八件，即柴、米、油、盐、酱、醋、茶，加上休闲旅游。总体上来说，我国已经进入了全民休闲的时代。

休闲不只是经济发展阶段的要求，更是公众权利的体现。现代休闲早已不是文人、士大夫的专利，也不再是"隐逸"的代名词，它更多地表现为一种"慢生活、深呼吸、发发呆"的健康生活方式，它直接体现为人们的幸福指数。与此同时，人们对休闲产品也提出了更丰富的要求。休闲旅游不能一味地追求奢侈、高端，而应该是多层次的，既可以有五星级酒店，也要有农家乐式的民居。

资料来源 潘圆. 迈向全民休闲时代［N］. 中国青年报，2011-10-19（5）.

5.1 旅游休闲业

休闲是现代文明的一种主体性的生活方式，也是现代经济社会的一种重要的消费模式。随着人们对美好生活需要的日益增长，由休闲、度假与旅游密切结合而形成的旅游休闲业已经成为现代旅游经济的重要经营门类、现代旅游产业体系的主要组成部分，以及现代文化产业结构链条中的重要一环。

《"十四五"文化和旅游发展规划》提出，"十四五"时期，我国将深化旅游业供给侧结构性改革，深入推进大众旅游、智慧旅游和"旅游+""+旅游"，提供更多优质旅游产品和服务，加强区域旅游品牌和服务整合，完善综合效益高、带动能力强的现代旅游业体系，努力实现旅游业高质量发展。推动完善国民休闲和带薪休假等制度，建设一批富有文化底蕴的世界级旅游景区和度假区，打造一批文化特色鲜明的国家级旅游休闲城市和街区，认定一批国家级旅游度假区。这说明我国在加快发展旅游经济的同时，也注重加快国民旅游休闲业的发展。

5.1.1 旅游休闲业概述

旅游休闲业（tourism & leisure industry）是为了满足旅游者的休闲需要而产生的，与旅游活动有关的企业和业务活动的统称。旅游休闲业将"旅游"和"休闲"紧密结合在一起，以旅游为手段，以休闲为目的，突出旅游者的精神文化需求，让旅游者在可自由支配的时间里彻底放松的同时获得身心愉悦的体验和满足，充分实现自身价值，促进人与自然的和谐发展。旅游休闲业是异地休闲（相对于本地休闲而言）和休闲旅游（相对商务旅游而言）活动的总称，旅游休闲业的兴起为旅游业的发展拓展了新的空间。

旅游休闲业被称为"无烟产业"或"朝阳产业"，其日益显著的经济地位与解决社会就业问题的巨大影响力，日益受到各国政府的重视，各国都把旅游休闲业放在经济发展战略的优先地位。因此，探讨旅游休闲业的发展，对提高我国的综合国力及国际竞争力具有非常重要的现实意义。

5.1.2 旅游休闲业的特点

1）高产业关联度

旅游休闲业是服务贸易中产业关联度较高的一个行业，它不仅涉及旅行社、酒店、餐饮等行业，与建筑工程、国际客运、保险等行业的联系也极为密切，对促进一国经济的发展具有重要作用。

2）依托于旅游，体现于休闲

旅游休闲业是对传统旅游在概念层次上的一个极大的提高。休闲和旅游的结合是实现产业优化配置的有效方式。为了让旅游休闲业进一步适应休闲时代的要求，在发展实践中，我们应坚持以人为本的原则，从整体上理解休闲活动及旅游休闲文化的实质。旅游休闲业一方面通过提供丰富的旅游休闲产品，满足人们求知求新等文化生活方面的需要；另一方面拓展了传统旅游业单纯观光、度假的功能，将旅游者的感官享受与文化创造、文化欣赏、文化审美相结合，突出了旅游者的精神文化需求，让旅游者在身心彻底放松的同时获得愉悦的心理体验和精神满足，促进了人与自然的和谐统一。

3）文化属性显著

旅游休闲业既是一项经济性很强的文化产业，又是一项文化性很强的经济产业。人们进行旅游休闲，本质上是在购买、消费和享受文化产品。因此，旅游休闲业的经营者一定要正确理解和细心揣摩人们的各种文化需求和精神需求，让服务对象愉悦、满意、快乐是取得旅游经济效益的根本手段。旅游休闲经济是给人们创造快乐境界的经济，是人们在社会必要劳动时间之外，渴求文化欣赏、文化创造、文化体验的一种行为状态。因此，旅游休闲业能够满足人们"求新、求知、求乐、求美"的精神需求，促进人与自然、人与人之间关系的和谐，以及不同文化之间的交流，最终使人的生命价值得以提升。

4）综合效益明显

旅游休闲业是一项创造高附加值的产业，是各国财政中主要的纳税产业之一。因此，发展旅游休闲业可以增加财政收入，平衡国际收支，促进国家经济的平稳健康发展。此外，旅游休闲业还可以增加就业机会，促进不同地区、不同国家人民间的信息、文化和感情交流，美化城市环境，提升国家形象。

休闲广角镜5-1　　　　　　　　安徽宣州推动文旅休闲类服务业集聚发展

安徽省宣城市宣州区坚定不移走"绿变产业、产业变绿"发展之路,强力推进水东大景区建设,区域内文旅休闲业态加速集聚,产业规模不断扩大,市场知名度显著提升。

完善体制。坚持市场主导,成立宣城市振宣文化旅游投资有限公司,负责水东大景区建设和运营。强化政府服务,成立宣城市水东镇旅游休闲集聚区建设领导小组,在顶层设计、基础设施保障、公共服务管理支撑等方面给予大力支持。

培育主体。围绕文旅休闲主题广泛开展招商,积极培育市场主体,现已集聚亲心谷、水东石林古寨、金马酒店等旅游休闲类企业33家。2023年,宣州区接待游客共计80余万人次,旅游休闲产业实现总收入2.41亿元。

创新业态。坚持"旅游+""+旅游"发展战略,强力推动业态创新。深化文旅融合,充分挖掘建筑、民俗、美食、工艺等资源,将水东老街打造为文化休闲体验新胜地。强化农旅融合,将蜜枣产业融入吃、游、购等旅游要素,开发出打枣制枣体验、枣木梳、蜜枣等旅游产品,深受市场欢迎。亲心谷依托丰富的林业资源,开发出森林绳索公园、森林小火车、森林汤泉等产品,颇具特色。

打响品牌。坚持以文塑旅、以节促游,创新举办"皖美消费·夜嗨古镇"、蜜枣文化旅游节、闹元宵、龙抬头、水东达人秀等系列文旅活动,获得中国中央电视台、人民网等主流媒体的宣传报道,"千年古镇、枣来水东"文旅品牌不断打响。

资料来源　宣城市宣州区人民政府. 宣州区:实施"四大举措",推动文旅休闲类服务业集聚发展〔EB/OL〕.〔2024-01-04〕. https://www.xuanzhou.gov.cn/News/show/1531636.html.

小思考5-1

小思考5-1

安徽宣州文旅休闲服务业的发展带给我们怎样的启示?

答案提示

5.1.3　我国旅游休闲业的发展环境

进入21世纪,一个以知识创造和信息化为基础的经济社会已经来临,建立在知识生产、分配和使用基础上的知识经济促进了各种生产要素的重新整合,由此也带来了传统的价值观念、生活方式以及社会运行模式的变革。旅游业获得了新的发展空间和发展使命,旅游单纯的消遣功能也逐步向休闲功能转变。

1)休闲时代的引领

伴随着人类社会的信息化进程,休闲将成为时代的主要特征。专门提供休闲的产业将主导劳务市场,新技术和其他一些趋势可以让人把生命中50%的时间用于休闲。

休闲的产生首先源于闲暇时间的增多,其次是社会生产力的发展以及由此带来的生活水平的逐步提高。"休闲"作为人们满足基本生活需要以后的更高层次的追求,并不是单纯意义上的工作之外的空闲，而是一种追求价值的状态，其本质在于"提升每个人的精神世界和文化世界"，是个人对精神层面的生活质量的追求。由此，一个以"提高生活质量，追求个性价值，丰富文化生活"为主题的休闲时代逐渐逼近，以"休闲"为目的的旅游将是人类新的生活质量观。

2）科技发展的推动

随着互联网深入到社会生活的各个领域，一个以全球性、开放性、虚拟性、交互式、多元化为特征的网络信息社会已经形成，它是与现实社会相对应的人类的第二生存空间。信息社会改变了人类的宇宙观和价值观，互联网引起的人类物理空间的延伸和精神生活空间的压缩减少了人们对生活、自然的直接体验，拉大了人与人、人与自然之间的距离，使人与人之间的关系疏远化、陌生化，其结果必然带来物质生活与精神生活的失衡。正如法国著名思想家埃德加·莫兰所说："价值的空白造就了空白日（假期）的价值。"旅游是人们缓解精神压力的有效方式，那些形式多样、内涵丰富、寓意深远的旅游休闲产品有利于人们释放心情、陶冶情操、愉悦身心、亲近自然，从而获得高尚的情感体验，促进人与人之间的交往。

同时，科技的进步将人们直接从劳动岗位上解放出来，降低了人们的劳动强度，直接导致了"有闲"群体的产生；就业结构多元化，工作形式多样化，生活需求多模式化，使得"弹性工作制"成为更多年轻人的选择；家庭现代化设施的不断完善，使人们用于家务劳动的时间日趋减少。

3）民众价值取向的助力

随着大众受教育程度的普遍提高，旅游者的旅游行为、价值取向逐渐发生变化，传统的旅游需求观念、内容以及方式都处于不断更新之中。旅游者普遍对那些内容新颖、服务优良、参与性及娱乐性强的休闲项目有着较高的敏感度和极大的参与热情。以娱乐型文化休闲产业为例，专项调查结果表明，旅游者对康体健身以及表演性、互动性娱乐项目的倾向程度较高，在接受调查的游客中，有一半以上的游客选择了上述两项休闲消费内容。可见，当前旅游者在休闲目的上更加重视身心健康；在内容选择上更倾向于那些个性化的旅游产品；在休闲方式上更强调参与性、体验性、互动性。旅游休闲产业在表现内容和表现方式上更易于实现旅游者的价值取向，更易于满足旅游者休闲消费的需要。

4）社会运行模式转型的需要

在知识经济时代，社会运行模式逐渐从有形的资源经济模式向无形的知识与信息经济模式过渡。可持续发展思想成为协调人、自然和社会之间和谐发展的基本力量。社会运行模式的转型要求我国当前旅游业的发展应融入更多的人文因素，促进人、自然、社会之间的协调发展。人类对以"休闲"为标志的精神生活的向往和追求预示着人类文明的进步和社会的发展。休闲是一种文化，休闲对于解决传统粗放型旅游业发展中存在的经济效益与社会效益失衡、资源浪费、精神受损、文化内涵缺失等问题，以及促进社会的健康、文明发展具有重要的作用。因此，发展旅游休闲产业适应了社会运行模式转型的需要。

启智润心 5-1

新时代美好
生活的休闲
内蕴

5.2 户外与运动休闲业

党的二十大报告明确提出，"促进群众体育和竞技体育全面发展，加快建设体育强国"，进一步明确了全国体育战线在新时代新征程上的使命任务。休闲体育是群众体育的重要组成部分，是满足人民群众日益增长的美好生活需要的重要内容。

近些年，随着经济和社会的发展，人们的生活水平和生活质量不断提高。体育运动作为一种文化现象，其价值、功能和作用正在为现代社会的人们所认识。体育运动具有健身、竞技、游戏、娱乐、教育等属性，具有促进人的身心健康、提高人的身体素质的作用，这些属性和作用恰恰是休闲活动所需要的。以强身健体、愉悦身心为主要目标的多种多样的体育运动进入了人们的余暇生活，逐渐成为人们休闲生活的一种方式，也成为现代文明生活方式的一个标志，并在人类社会文化生活中发挥着越来越重要的作用。

5.2.1 户外休闲业

西方的户外运动是伴随着工业化和城市化逐步兴起的，它强调利用森林、山地、湖泊、水库、海滩等自然资源开展体育活动，其独特的休闲性成为人们乐此不疲的追求。第二次世界大战以后，各国政府十分重视户外运动的开展，因此户外运动热潮在西方各国一直居高不下。户外运动体现了人类返璞归真、回归自然、保护环境的美好愿望，被誉为"未来体育运动"。曾有人预测，在未来，户外运动将成为大众体育运动的主流。

20世纪80年代初，户外运动从欧美国家传入我国，最初户外运动的发展并不算快。近些年，随着我国国民经济水平的提高，尤其是都市中"有时间又喜欢亲近自然"的"驴友"一族的形成，户外运动的发展势头非常迅猛。以登山、攀岩、野营、远足等为主体的大众性户外运动俱乐部，每年都会组织数万人参加各种形式的户外运动，户外运动正在我国形成一股浪潮。

1) 户外休闲业的内涵

户外运动作为一种集健身性、参与性、娱乐性于一体的运动，在刚刚兴起之时只是少数人为了寻求刺激、挑战自身极限的一种游戏，但随着现代人的生活节奏越来越快，工作压力越来越大，生活空间越来越小，人们越来越要求亲近自然或放松心情，户外运动也逐渐普及起来。

户外休闲业起源于西方的户外游憩业。美国的户外游憩业（outdoor recreation industry）从19世纪开始逐渐发展，可以说，recreation是美国文化和美国精神的一种体现，每年至少有2/3的美国人从事户外游憩。调查研究发现，较倾向自然的活动，如露营、健行或赏鸟等，增加得最快。关于户外游憩的概念，约翰·皮格拉姆（John J.Pigram）曾经对此进行过探讨。他认为，户外游憩是指在乡村户外环境进行的游憩活动。20世纪50年代末期至60年代初期，美国户外游憩资源审查委员会将

"户外游憩"归类为公共区域服务及森林服务管理，其他管理土地的联邦机构及水土保持管理的各州机构，应关照户外游憩。在这个前提下，理查德·克劳斯（Richard Kraus）将户外游憩定义为"那些可在户外进行的，直接关联或依赖大自然并使参与者直接接触这些自然要素的游憩经验与活动"。关于户外游憩的方式，"人们可能在生命的某个阶段寻找刺激，而在另一个阶段寻求安适舒服。有的人追求充满活力的户外游憩活动，也有的人向往沉静的都市休闲。个人的兴趣及喜好，可能是其中的关键"。

"户外休闲"的概念与"户内休闲"是相对的，户外休闲主要强调休闲活动的场地具有"户外"的基本属性。也就是说，户外休闲是指发生于家庭和日常办公、学习环境之外的休闲活动，特别是指那些发生在自然环境（或具有自然环境属性的综合环境，如城市等）中的各类休闲活动。户外休闲是近年来随着社会的不断进步和发展而衍生出来的新名词，它意味着人们在忙碌而又紧张的生活中抽出一定的时间进行室外休息与放松，以便调节心情、恢复体能。

户外休闲产业则是休闲产业的一个分支，它是基于户外休闲活动所形成的以休闲服务业为主并与相关休闲物品业集成的新型产业，是在大众化户外休闲活动的基础上形成的新型经济产业，是以与户外运动和休闲度假消费需求相关的户外休闲产品的供给为核心功能的产业。

户外休闲的方式一般可以分为以下三种：

（1）放松心情型

选择此类方式的人大多是有工作的人。他们在休闲时间，约上三五知己到户外游玩，以达到放松心情、调节情绪、适当放缓生活节奏的目的，从而恢复精力，更好地去工作。一般来说，这种户外休闲的方式是阶段性的。

（2）养生保健型

此类方式一般表现为户外饮食休闲，如野餐或者品尝农家饭菜。饮食是人们生活的重要内容，健康的饮食能够潜移默化地影响身体的健康。养生保健作为户外休闲的方式之一，其影响是逐渐渗透的。

（3）恢复体能型

此类方式一般表现在运动方面，如登山、旅游、散步等。这种户外休闲方式能够促进身体机能的良性循环，一般也是阶段性的。

2）户外休闲需求的产生

现代社会高效率、快节奏的生活方式使人们在工作中经常处于激烈竞争和超负荷运行的高度紧张状态，城市化使人们和大自然交流的机会越来越少。于是，厌倦了都市人造森林生活的人们，开始把目光转向城市郊区。远离城市的喧嚣，摆脱工作和生活的压力，到轻松愉快的自然环境中享受自然山水和新鲜空气给身心带来的愉悦和轻松，已成为现代人的需求。

随着人们花钱买健康的消费观念日渐形成，在户外的广阔空间里，人们的精神生活可以得到充实，体力可以得到恢复，因此越来越多的人愿意花钱在户外寻求一种自

休闲驿站5-1

五种户外骑车健身的方法

我实现和自我表达。同时，假期的延长也为人们的户外生活提供了可能。富裕起来的人们，除了必需的生活支出外，已经有了剩余的积蓄，并开始体验户外休闲运动。此外，城市化进程的加速使户外休闲运动的空间范围大大拓展，也为户外用品生产企业创造了商机。

休闲广角镜 5-2　　　　　　　**街区休闲空间品质影响要素**

　　街区休闲空间品质影响要素是评价和改善街区休闲空间品质的基本依据，它主要包括以下几项：

　　（1）物质要素。休闲空间内物质要素的建设和完善可以有力地推动城市休闲的发展，保障居民的休闲活动需求。例如，休闲设施的布局影响居民的可达性，休闲设施的数量与质量影响居民的主观幸福感。

　　（2）非物质要素。微气候是空间设计中与行为密切相关的重要因素，包括阳光、温度、风环境、热环境等。微气候作为物理环境的一部分，影响着街区休闲空间的品质。

　　（3）管理方针要素。经济发展、公共管理与规划方针等是推动街区休闲空间发展的重要外部动力因素。其中，休闲经济的产生与发展推动了城市休闲空间的发展；公共管理与规划方针从宏观层面对休闲定位、环境建设、主体需求、制度保障等进行科学统筹，促进了街区休闲空间品质的提升。

　　（4）主观感知要素。人的主观感知是评价休闲空间质量的第一手资料，也是影响休闲空间设计的主要因素。

　　资料来源　李雪顺，陈旸，郭海博. 国内外近二十年来街区休闲空间品质研究述评——基于 CiteSpace 知识图谱的计量分析［J］. 城市发展研究，2023，30（12）.

小思考 5-2

如何提升街区休闲空间品质？

3）我国户外休闲业的发展现状

（1）市场发展潜力大

随着经济社会的发展和生活水平的提高，人们日益注重健康和生活质量，青睐贴近自然的休闲和运动方式，我国户外运动的发展迎来了春天。"十三五"时期，我国户外运动产业实现快速发展，参与人数持续增加；产品供给日益丰富，基本形成了山水陆空全覆盖的户外运动产品供给体系；场地设施逐渐完善，滑雪场、山地户外营地、航空飞行营地、汽车自驾运动营地、攀岩场地等户外活动场地大幅增加。2023年，国家发展改革委等部门印发了《促进户外运动设施建设与服务提升行动方案（2023—2025 年）》，提出到 2025 年，户外运动产业总规模达到 3 万亿元。这些都表明，我国户外产业的发展潜力巨大。

（2）户外运动俱乐部逐步规范化

我国户外运动俱乐部最早成立于 1989 年，但绝大多数户外运动俱乐部成立于 2000

小思考 5-2

答案提示

年以后。近几年，户外运动俱乐部的数量增长非常迅速，已经遍布我国各个省、自治区、直辖市，政府也对户外运动的开展提供了政策支持。国家体育总局下属的登山运动管理中心户外运动部自成立以来，专门负责户外运动赛事与活动的策划、组织和管理，以及户外运动发展方针政策的制定，并负责全国登山户外运动俱乐部的注册、等级评定和年审工作。我国还出台了一系列户外运动竞赛规则，建立了分站赛和积分赛制度，逐步形成了一支由户外运动指导员、裁判员和专业管理人员组成的骨干队伍。

（3）户外用品业发展迅速

随着人们物质生活条件的不断改善，花钱买健康的消费观念越来越为人们所认可，由此催生了户外用品业。中国纺织品商业协会户外用品分会的统计数据显示，2022年，我国户外用品行业市场规模达1 971亿元，预计2025年将增至2 400亿元。户外运动的兴起，不仅带动了户外运动用品销售市场以及户外运动、自助旅游服务市场的发展，对我国生产企业的外贸出口也起到了极大的促进作用。长期来看，我国户外用品行业仍有很大的提升空间，立足国内大市场，坚持创新驱动、质量第一、优化服务，从做产品转向做品牌、做文化，企业必将实现更好的发展。

4）户外休闲业的新兴产品

（1）军体运动俱乐部

军体运动是一项集多样性、趣味性、对抗性于一体的休闲运动方式。军体运动俱乐部可以单独经营，也可以作为娱乐城、旅游区、酒店、度假村、体育场馆的配套项目进行经营。军体运动俱乐部可以设在市区，也可以设在郊外，根据场地状况设定不同的运动项目。军体运动俱乐部的常规项目有：彩弹射击、实弹射击、城市战争游戏、模拟狩猎、国际标准弓弩射击、射箭、飞镖等。有条件的军体运动俱乐部还可以开展如野外生存、定向运动、军事训练等较为复杂的项目。

军体运动俱乐部的装饰应突出军事、野战的特色，要用仿真植物与动物、迷彩网、炮弹壳、弹药箱、沙袋、军品模型等模拟出一个逼真的野战场景。军体运动俱乐部在经营中要注重项目的新颖性及趣味性。例如，射击或射箭时可以使用塑胶运动标靶，这样游戏者就可以在逼真的老虎、狗熊、鹿、狼、非洲羚羊、鳄鱼面前体验到射猎的乐趣，娱乐性也大大增强了。又如，组织一些对抗性比较强的活动，如营救人质、保护政要、摧毁弹药库等，这样游戏者就可以从中充分体会到军事对抗的紧张和刺激。

军体运动俱乐部的经营除了面向军事爱好者、喜欢新鲜刺激运动的群体外，还可以面向一些公司或机关团体。在欧美及中国香港等地，军体运动项目已不仅仅是一种游戏，许多大公司还将它作为培养团队合作精神及提高危机处理能力的课程。除了运动项目本身的收益外，军体运动俱乐部还可以通过出售军事模型来获利。军事服装特别是著名特种部队的装束及装备、高科技军事玩具的利润很高，军事纪念品、普通的军事装备、军事图册等同样利润丰厚。

（2）水上运动乐园

与主要经营观赏性、娱乐性项目的水上公园、水上乐园等不同，水上运动乐园主要经营运动量大的水上运动项目，特别是一些惊险刺激又新鲜的运动项目。消费者到这里来的目的是锻炼身体、寻求刺激，而非玩玩逛逛而已。由于各地的地理条件不同，水上运动乐园也千差万别。水面较小的地区只能开展游泳、跳水、水球、水中健身、水底摔跤、水下橄榄球、水上蹦床、花样游泳等项目，水面较大的地区可开展赛艇、摩托艇、滑水等项目，海滨地区则可开展冲浪、帆板、潜水、沙滩排球等项目。

一般来说，下面几个项目是较受欢迎且许多城市都有条件开展的：

①摩托艇。摩托艇是一项刺激性非常强的运动，当人驾驶摩托艇风驰电掣般在水面上掠过时，这种高速度会给人留下极为深刻的印象。

②滑水。滑水的发明据说源自一次偶然的机会。一名滑雪运动员从陡坡上向下俯冲，当经过一段冰雪已经融化的河谷时，身体竟然能从上面一掠而过。于是，人们便将雪橇与滑水结合起来。对年轻人来说，这自然是一项极富刺激性的水上运动。在滑水过程中，参与者能亲身体验在水面上飞速"行走"的感觉。

③划船。划船可分为赛艇、皮艇和划艇运动。划船是一项很受欢迎的户外休闲活动，它具有费用低廉、安全简便等优点，能够全面锻炼身体及培养合作精神。

④水上自行车。水上自行车运动与骑普通自行车一样，只需要轻踩踏板，就可以在水面上行进。水上自行车有出色的机动性，平衡性好，车座可调节，也适合儿童参与。同时，水上自行车的筹备费用低廉。

（3）模拟运动俱乐部——一种模拟户外运动的新形式

模拟运动即采用电脑合成技术、摄像技术、高清晰度大屏幕彩电以及相关运动设施等，在室内模拟平常只能在室外开展的运动项目。模拟运动具有开展简便、费用低廉、安全性高的优点，而且随着科技的发展，其逼真程度会越来越高，是一类较有发展潜力的运动项目。

由于在室内运动体会不到户外那种景色多变之妙、清风扑面之感，因此时间长了会让人感到很压抑，但如果有一种竞赛的气氛就不同了。人们可以在胜利中找到久违的激情，在失败中感受情绪的波动，甚至体会到人生喜忧参半的真谛，体验到与他人分享快乐和比赛结束那一瞬间的美妙，这些正是模拟运动与一般健身运动不同的地方，也是其受欢迎的主要原因。

目前较为成熟的模拟运动项目主要有：

①模拟赛艇运动。参与者坐在划船器上，面前的摄像机会把图像拍摄下来，通过电子计算机的处理，大屏幕上会显示出参与者在水中赛艇的景象，就像我们在电视上看到的赛艇运动一样。模拟赛艇运动可以是团体运动，也可以是个人运动，还可以是参与者一起竞赛或与虚拟的运动员竞赛，其效果就像真正参加赛艇比赛一样。

②模拟方程式赛车、越野赛车、摩托艇运动。与模拟赛艇运动主要锻炼人的耐力和心肺机能不同，模拟方程式赛车、越野赛车、摩托艇运动主要锻炼人的反应能力和身体协调能力，参与者主要追求紧张刺激的感觉。

除了上述两类项目外，模拟运动项目还有模拟高尔夫球运动、模拟太空行走等，而且随着科学技术的发展，还会不断有新项目出现。模拟运动俱乐部的经营可以采用会员制和非会员制两种形式，同时要注重不断开发更新、更逼真的运动项目。

5.2.2 运动休闲业

随着大众体育的发展和运动休闲时代的到来，运动休闲业在世界范围内迅速发展。党的二十大报告强调，要"广泛开展全民健身活动，加强青少年体育工作，促进群众体育和竞技体育全面发展，加快建设体育强国"，休闲体育作为人们在闲暇时间所从事的体育活动，其发展契合人们对身心健康的追求，有效推进了健康中国建设。体育运动作为一种健康、文明的休闲方式逐渐被人们所接受，运动休闲业也在我国蓬勃发展。

1）运动休闲业的内涵

运动休闲是大众休闲时代体育运动与休闲活动日益融合的结果。20世纪70年代中期至今，人们对运动休闲的理解和认识不断变化，出现了许多与运动休闲相关的概念。如果从现代社会的层面来思考人们以身体运动为手段来获取身心愉悦和健康的行为，而不是从狭义的角度考虑这些行为与传统体育、竞技体育、学校体育、军事体育之间的关系，那么这些行为实质上就是一种休闲行为。这种休闲行为具有区别于其他休闲活动的特征，即它是以身体运动为主要内容和形式的休闲活动，其运动性非常鲜明。因此，休闲时代的运动休闲可以定义为"人们在余暇时间自主选择参与的以身体运动为主要形式的休闲活动"。

休闲性是运动休闲的本质属性；运动仅仅是运动休闲的外在表现形式，并不是其内核。运动休闲是人们按照自己的意愿，支配并利用自己的自由时间，通过身体运动这种表现形式，追求个人享受和身心全面发展的一种休闲方式。运动休闲的基本要素包括大众参与、体育运动、闲暇时间、选择体验以及身心愉悦感等。

运动休闲业是指开发具有运动休闲价值功能的经济活动的企业集合或系统，其产品外延包括实物型产品和非实物型产品两大类。运动休闲产业可以划分为本体产业和相关产业，其中本体产业是指开发具有运动休闲服务（或劳务）价值功能的经济活动的企业集合或系统；相关产业是指为运动休闲活动提供生产要素或以运动休闲自身的价值功能为载体向社会提供服务的企业集合或系统。

2）运动休闲需求产生的时代背景

随着后工业化、信息化和经济时代的到来，科学技术和生产力的发展都达到了新水平，人们在享受着人类历史上前所未有的物质文明成果的同时，生活观念和生活方式也发生了变化，人们开始注重精神的充实和富足，开始重新思考休闲的方式。此外，随着现代生产对体育的特殊需求、现代生活方式导致的各种"文明病"的产生及其对运动休闲的呼唤，以及现代人对健康生活方式的选择，运动休闲适时地走进了现代人的生活，并渗透于现代生活方式中。

现代生活方式具有以下特点：

①良好行为习惯与不良行为习惯并存。行为习惯是生活方式的重要组成部分，也

是生活方式的外在体现。良好的行为习惯能够促进身体健康，有利于人们参与运动休闲；不良的行为习惯会降低健康水平，抑制人们对运动休闲的参与。在现代生活方式中，喝酒、吸烟、暴饮暴食的风气和行为习惯严重影响了人们的健康。体育习惯则属于良好的行为习惯，它形成于在校学习阶段，但是许多人在走出校门后就放弃了体育活动，久而久之，也就没有了体育习惯，这深刻地影响了现代人的健康状况。

②工作时间缩短，余暇时间增加。随着科学技术的进步，人们工作的时间越来越短，休闲时间越来越长，这为现代人参与运动休闲提供了时间保证。

③生活节奏快，心理压力大。经济体制改革促进了市场经济的快速发展，市场经济的快速发展又加剧了市场的竞争，市场的竞争则加快了人们的生活节奏。在"适者生存，不适者淘汰"的竞争状态中，人们的心理压力越来越大。

④生活空间扩展，但运动不足。信息化使"秀才不出门，全知天下事"成为现实。人们可以在网络上工作、学习、购物、聊天、游戏、交友甚至旅游，从而使生活空间得到了极大的扩展。足不出户或出门就乘车的生活方式使现代人的运动量大为减少，最终导致运动不足。

⑤既重视物质消费，又追求精神消费。一般而言，生活方式是物质消费和精神消费的内在统一，二者缺一不可。物质生活中渗透着精神文化因素，精神文化消费如读书、休闲娱乐等也需要借助物质条件。总之，现代生活方式既要满足物质需求，又要满足精神文化需求。在现代社会，人们的生活水平快速提高，物质产品十分丰富，物质消费品基本上得到满足，人们进一步的追求就是精神消费品，即便是物质生活消费，也要体现比较高的文化品位。

由上述分析可知，运动休闲渗透于现代人的生活方式中，在现代人的生活方式中占有显著地位。此外，现代生产的发展为人们参与运动休闲提供了两个极为有利的条件：一是充足的物质；二是较多的闲暇时间。具体来说，运动休闲需求产生的时代背景主要包括以下几个方面：

（1）现代生产方式对人们身体素质的特殊需求使运动休闲渗透于现代生活方式中

现代生活方式与现代生产方式有直接关系。随着工业社会和后工业社会的到来，人们的生产劳动方式与过去相比发生了革命性的变化。也就是说，随着现代生产方式由生产→科技→生产的模式转变为科技→生产→科技的模式，现代劳动者的知识更新速度越来越快，劳动者从事的工作也从过去单调、紧张、高度依赖人工的劳动向更加自动化、脑力化、智能化的劳动转变。但这并不意味着现代社会的生产劳动降低了对劳动者身体素质的要求；相反，现代社会的生产劳动对劳动者的身体素质提出了更高的要求。现代社会的劳动者不仅要具有丰富的知识、掌握复杂的技术，而且要具有充沛的精力和体力，这样才能准确、协调、敏捷地控制整个生产过程。而在运动休闲过程中，人们掌握的多种运动技能有利于人们准确、协调、敏捷地完成各种生产活动。因此，运动休闲渗透于现代生活方式中，满足了现代生产方式对人们身体素质的特殊需求。

（2）现代生活方式中的健康隐患呼唤运动休闲

生活方式与人们的健康息息相关。生活方式的变化，包括生活内容、生活领域、生活质量、生活节奏的改变，都会引发个人乃至社会的健康问题。人的生活方式不可能是一成不变的，在内容上丰富或贫乏，在领域里开阔或狭窄，在质量上提高或降低，在节奏上加快或减慢，都可能给健康带来正面或反面的影响。现代生活方式是在科学技术大发展的时代迅速形成的，它给人们带来了许许多多的实惠，但也潜藏着许多影响人们身心健康的隐患，运动休闲正是预防、减弱或消除这些隐患的有效方法。适度的运动休闲活动不仅能够弥补人们在现代生活方式中的运动不足，解决"肌肉饥饿"问题，而且能够提高身体素质，使人们经常保持头脑清醒、思维敏捷。因此，运动休闲对于提高人们对环境污染的承受能力，以及对抗"生活危险"的能力（如电梯失控、高层失火、煤气爆炸等意外事故中的应对、自救能力），具有很高的现实意义。此外，运动休闲还是一种追求人的身心满足与情感愉悦的快乐体验。科学研究发现，经常参与运动休闲活动，能促进如内啡肽等"快乐素"的分泌，这些物质能够调节情绪、振奋精神、诱发积极的思维和情感，起到缓解、释放压力，以及减少抑郁、焦虑和困惑的作用，从而预防、减少和控制现代"文明病"的产生和蔓延。

（3）健康生活方式的选择促使运动休闲融入现代生活方式

体育锻炼是新时代健康生活方式的"四大基石"之一。"四大基石"是指合理膳食、戒烟戒酒、心理平衡、体育锻炼。运动休闲能够宣泄、疏导压抑的情感，使人感到舒畅和快乐，从而缓解和消除人们心理的不平衡；同时，运动休闲可以使人的身心在闲暇时间内获得更好的调整与发展。"运动时尚""花钱买健康""请人吃饭不如请人出汗"等，都反映了现代人生活观念的改变和对运动休闲生活方式的偏爱。现代生产方式以脑力劳动为主，身体活动较少，因此集减肥、健美、快乐、健康于一身的运动休闲深受现代人的喜爱。选择了运动休闲的生活方式就是选择了健康的生活方式，健康生活方式的选择促使运动休闲融入现代生活方式。

休闲广角镜 5-3　　　　　　　　**运动休闲的大众化**

运动休闲是一种生活方式，运动休闲方式会受到传统体育、文化、地域、自然条件等因素的限制，因此不同地区流行的运动休闲项目不同。在我国，竞技体育休闲化是运动休闲发展的主要方向。也可以理解为，对竞技体育和中国传统体育运动项目的休闲化改造，是运动休闲大众化的一个重要特征。街头篮球、娱乐篮球、街舞以及带有旅游运动特征的沙滩排球等都是这方面的范例，这是具有中国特色的运动休闲发展之路。

与此同时，运动休闲与休闲旅游、休闲教育等活动相结合，带动了我国不同地区经济的发展。从各地投资运动休闲相关产业的规模可以看出，运动休闲发展的基础正在夯实。各地政府还将体育运动设施建在生活小区，让体育运动走进人们的生活，让运动生活方式蔚然成风。

资料来源　徐惠，符壮. 中国运动休闲大众化趋势研究［J］. 广州体育学院学报，2015，35（1）.

小思考 5-3

小思考 5-3

答案提示

运动休闲的主要功能有哪些?

3）运动休闲活动的分类

我国学者郑向敏（2008）从运动强度和娱乐性两个维度考虑，将运动休闲活动分为以下四种基本类型：

（1）核心运动休闲活动

核心运动休闲活动是指运动强度较大、娱乐性强的运动休闲项目，如篮球、排球、足球、羽毛球、乒乓球、网球、曲棍球、冰球、水球、垒球等强体力趣味球类运动；游泳、划船、划艇、帆船、帆板、潜水、冲浪等水上、水中运动；滑翔、跳伞、溜冰、登山、攀岩、打猎等探险刺激性活动。核心运动休闲活动是运动休闲最重要的组成部分。

（2）保健型运动休闲活动

保健型运动休闲活动是指运动强度高但娱乐性较差的运动休闲项目，如健美肌肉练习、体操、健身操、跑步等。

（3）趣味型运动休闲活动

趣味型运动休闲活动是指运动强度不高但娱乐性较强的运动休闲项目，如观光旅游、放风筝、高尔夫球、垂钓、台球等。

（4）惯常型运动休闲活动

惯常型运动休闲活动是指运动强度低且娱乐性不强的运动休闲项目，如散步、练气功、打太极剑等。

此外，我国学者栗燕梅（2008）还根据运动休闲活动的特征，从动机和目的的视角进行考察，把运动休闲活动分为以下六类：

（1）健身健美类运动休闲活动

健身健美类运动休闲活动包括健美操、普拉提、体育舞蹈、街舞、瑜伽等，其主要用于形体训练、减肥纤体、调节机能，是带有表演性、艺术性、技巧性的有氧运动。健身健美类运动休闲活动伴以节律强劲的音乐和豪迈奔放的舞姿，使参与者在放松身心、消除疲劳的同时，能够练就和塑造自己充满生命力的健康形象，从而提高审美能力，增强审美情趣，达到外在美和内在美的统一。在轻松愉快中追求健康，体现了人们对自身的尊重和人文的关怀。健身健美类运动休闲活动能够满足人们的心理欲望和精神需求，使人们获得生理上的快感和心理上的愉悦。

（2）康乐游戏类运动休闲活动

康乐游戏类运动休闲活动包括跳绳、钓鱼、放风筝、踢毽子、抽陀螺、轮滑、掷飞镖等。这些活动源于古代的民间游戏，在漫长的实践和传承过程中，经过人们的不断修改、创新，最终发展成为现代颇具特色的运动休闲项目。康乐游戏类运动休闲活动最大的特点是具有明显的娱乐性，人们可以在活动中尽情玩耍，在玩乐中强身健体、陶冶情操、培育品格、开拓思维，以及感受身心愉悦的体验。

（3）竞争对抗类运动休闲活动

运动休闲也可以有竞争对抗活动，竞争对抗类运动休闲活动具有技艺性、竞争性和规则性。体育活动的竞技性赋予了体育这一人类文明活动以无限的魅力，吸引着人们广泛参与。竞争对抗类运动休闲活动可以展示自我、张扬个性，体现人类敢于创新、顽强拼搏、奋力争先的精神；可以满足人们竞争的心理，展示个人的智慧和才华；可以使人们学会正确处理人际关系，宣泄心中的郁闷，调整心态。

（4）养生保健类运动休闲活动

养生保健类运动休闲活动包括打太极拳、练气功、打五禽戏等，其特点是内向含蓄、自得其乐，能够在安逸的心境和清静的环境下实现身心双修，并且在自由自在中养生。养生保健是中国传统思想文化的积淀，养生保健类运动休闲活动可以使人们获得悠然自得的精神享乐、轻松雅致的休闲情怀和强壮硬朗的矫健身躯，从而达到提高生活质量乃至生命质量的目的。人们可以通过调形保持筋络畅通，防御治疗疾病；通过调息改善呼吸系统，增强机体机能；通过调意畅快情怀心绪，孕育乐观向上的人生态度。

（5）探险拓展类运动休闲活动

探险拓展类运动休闲活动包括登山、野营、攀岩、蹦极、定向越野、漂流、溯溪、徒步穿越等，其内容丰富、形式独特，具有体能训练、技能训练、生存训练、心理训练、人格训练和管理训练等多方面的功能。探险拓展类运动休闲活动能够锻炼体能和胆量，寻求刺激和猎奇，满足人们探险和挑战极限的心理愿望，是征服自然的活动，是返璞归真的游戏，是时尚一族的宠儿，是勇敢者的项目。

（6）观赏怡情类运动休闲活动

观赏怡情类运动休闲活动极具知识性、文化性、科学性、趣味性、娱乐性。人们在闲暇时间里，凭借电视、网络、报刊等媒体，可以增长体育知识，愉悦身心，提高审美情趣与能力。观赏怡情类运动休闲活动凝聚着人类对和平、友谊、进步的美好追求，启迪、感召和鼓舞着人们去热爱生活，提高了人们的体育文化道德素养，引导着人们从超越自我中走向自我完善。

4）我国运动休闲产业的发展

我国运动休闲产业的发展可以分为以下三个阶段：

（1）萌芽阶段

第一阶段从1978年到1992年，属于运动休闲产业的萌芽阶段。1978年中国共产党第十一届中央委员会第三次全体会议召开后，我国经济的发展步入了一个崭新的阶段。政府和百姓的经济意识空前强烈，各行各业对市场化发展的渴望与日俱增。当时的国家体委（1998年改组为国家体育总局）提出了体育运动事业应走社会化、市场化发展的指导方针。在此方针的指导下，市场上运动消费品的种类和档次变得十分丰富，人们在运动休闲方面的消费出现了质的飞跃。这个阶段开始出现家庭运动器材商品，人们也开始为参加运动培训班而花钱，这是社会意识的重大转变，是运动休闲产业发展的萌芽。

（2）初步发展阶段

第二阶段从 1993 年到 1996 年，属于运动休闲产业的初步发展阶段。1993 年，《国家体委关于深化体育改革的意见》发布，明确了体育事业发展要走产业化发展的道路，并将体育产业发展纳入国民经济发展的总体规划中。这一文件的发布标志着体育产业在国民经济总体系中地位的确立，标志着人们对体育事业本质属性认识的深化。1994 年，我国开始出现职业足球俱乐部和职业足球联赛，这是体育产业向市场化发展迈出的最大一步。它不仅使中国第一次出现了体育职业，而且培育了火爆的体育市场，培养了亿万热心的球迷，激发了人们观看体育比赛的热情，使运动休闲产业与竞技体育产业产生了本质的联系。1995 年，《体育产业发展纲要（1995—2010 年）》发布，进一步明确和细化了我国体育产业发展的目标、基本政策和措施，提出要建立适合社会主义市场经济体制、符合现代体育运动规律、门类齐全、结构合理、规范发展的体育产业体系。

（3）快速发展阶段

第三阶段从 1996 年至今，属于运动休闲产业的快速发展阶段。此阶段的重要事件是中体产业集团股份有限公司的成功上市，它标志着我国的体育事业已开始通过资本运作实现规模化发展，体育产业真正走向了市场化、产业化和法治化的发展之路。中体产业集团股份有限公司将投资体育事业以及对奥林匹克精神的宣传融为一体，促进体育事业的产品化，培育体育消费市场，使我国体育事业的各种形态紧密联系起来并得到了立体式发展。同时，国家体育博彩业与竞技体育也建立了联系，这不仅使得竞技体育找到了巨大的市场，而且使竞技体育带动休闲体育的功能得到了有效发挥。事实上，竞技体育之所以能够成为社会的一个支柱产业，原因在于它带动了大众观看比赛、参与运动的热情，竞技体育已成为人们闲暇生活中的一项重要内容。

休闲驿站 5-2

休闲体育运动
的时代特征

2008 年，我国举办了第二十九届奥林匹克运动会，又称北京奥运会。这可以说是我国体育事业发展的一个分水岭，它对我国体育事业发展的影响非常深远。2008 年北京奥运会有三大理念，即"绿色奥运，科技奥运，人文奥运"，这与"休闲"的核心价值完全吻合。绿色象征着环保及人与自然的和谐，科技体现了人类社会发展与资源有效利用的统一，人文强调了历史文化以及人文精神对人类发展的重要作用，而休闲也强调人与自然的和谐统一，强调人类自身的全面发展。2008 年北京奥运会之后，我国政府和人民都对竞技体育的核心价值有了新的认知，竞技体育不再局限于为国争光，而是作为一种体育运动的特殊形式吸引着人们的眼球，引导着人们了解和参与体育运动，并且认识体育运动中所包含的人文精神，体育休闲、健康和娱乐的色彩愈加浓厚。

第 16 届亚洲运动会（广州）、第 24 届冬季奥林匹克运动会（北京）、第 19 届亚洲夏季运动会（杭州）等重要体育赛事在我国的成功举办，见证着中国体育观的深刻变化和体育价值的多元发掘，全民健身已然上升为国家战略。如今，中国体育已经走出竞技体育一花独放的时代，走上竞技体育、全民健身、体育产业协调发展的轨道，竞技体育成为联系学校体育、休闲体育和健康体育的重要纽带。

| 5.3 | 康体与美容休闲业 |

5.3.1 康体休闲业

1) 康体休闲业概述

随着社会经济的快速发展，人们生活水平的提高与闲暇时间的增多，康体休闲成为人们生活的重要组成部分。康体休闲的内涵从狭义上看，是指遵循人体的生长发育规律和身体活动规律，以身体练习为手段，结合日光、空气、水等自然因素和卫生措施，达到增强体质作用的活动；从广义上看，不管什么类型的休闲运动，只要能达到身心快乐、心情愉悦、消除疲劳等目的，都可称为康体休闲。本书认为，康体休闲是人们利用闲暇时间参加各种户内或户外活动，以达到提高身体素质、释放心理压力、促进身心健康的身体活动形式。

我国的康体休闲资源多种多样，因此，康体休闲的形式也是多样化的。具体包括：传统康体休闲，如登山、武术、跑步、散步、游泳等；消遣康体休闲，如桑拿浴、温泉浴、健美、打台球、玩电子游戏、唱歌、看电影等；特殊康体休闲，如为情绪低落、心理压力过大的人提供的减压康体项目等；专项康体休闲，如潜水、科学考察等。

2) 康体休闲业的主要产品

(1) 温泉休闲

温泉是从地下自然涌出或人工钻井取得且泉口温度显著高于当地年平均气温，并含有对人体健康有益的微量元素的矿物质水。温泉水多是降水或地表水渗入地下深处，吸收四周岩石的热量后又上升流出地表的水。泉口温度约等于当地地表水沸点的泉水称为沸泉；能周期性、有节奏地喷发的温泉称为间歇泉。我国的温泉资源十分丰富，且分布广泛，台湾、广东、福建、云南、四川、西藏、海南等省（区）温泉较多。我国著名的温泉如云南腾冲温泉，具有数量多、水温高、富含硫质等特点；四川海螺沟温泉，具有水质优良，可饮、可浴、可疗等特点；西藏羊八井温泉，具有规模宏大、矿物质丰富等特点。

有资料表明，温泉热浴不仅可以放松肌肉，消除疲劳，而且可以扩张血管，促进血液循环，加速人体的新陈代谢。此外，大多数温泉中都含有丰富的化学物质，对保持身体健康有一定的帮助。温泉中的碳酸钙有改善体质、恢复体力的作用；温泉中的碳酸盐、硫酸盐、钾等成分对缓解心脑血管疾病，治疗神经痛、关节炎等均有一定的效果；温泉中的碳酸氢钠有美白肌肤的效果。

20世纪90年代以来，以休闲度假为主要功能的大型温泉旅游度假区在我国大量涌现，从而为我国的休闲度假市场开辟了一片新的天地。近年来，随着我国休闲产业的不断发展，市场逐渐细分，产品从原先的单一化、浅层次逐步向多样化、深层次方向发展，各种专项休闲产品层出不穷。温泉休闲将温泉单一疗养的物化享受提升到符合现代消费的文化和精神层面，将温泉的养生功能与休闲度假完美融合，从而成为一种以康体为主题、以养生和休闲为目的的时尚休闲活动。温泉休闲不但丰富了休闲产业的内涵，而且蕴含着极高的商业价值、广阔的市场前景和极佳的投资潜力。

（2）沐浴休闲

沐浴业是一个非常重要又常常被忽视的行业。沐浴业是指为消费者提供各种沐浴服务的企业的集合。这些企业拥有淋浴、盆浴、池浴、药浴、桑拿、温泉等基本沐浴条件或设施，同时提供足浴、推拿、保健按摩、修脚等休闲服务，并辅之以餐饮、住宿、娱乐等综合服务项目。沐浴业的主要业态有洗浴中心、浴场、桑拿中心、沐浴保健中心、休闲会馆等。

20世纪90年代初期，国外浴种引入我国，如芬兰桑拿浴、土耳其浴、泰式按摩等；90年代末期，现代服务、休闲和保健理念开始融入沐浴业。沐浴行业经历了由清洁向休闲功能的转变。沐浴费用也从原先的廉价单一发展到现在的高、中、低档并存的局面。与此相适应，企业的所有制形式由过去单一的国有制向股份制、股份合作制、外资经营等多种形式转变，许多沐浴企业还实行连锁经营形式。

（3）健身休闲

健身是一种综合性、大众性的体育项目，大致可分为器械锻炼和非器械锻炼两类。健身可以提高人的柔韧性、耐力、协调性，从而使身体强健。健身作为人们用来塑造完美身材的一种方式，十分受欢迎。

健身运动可以徒手进行，如徒手健美操、韵律操、形体操以及各种自抗力动作，也可以凭借运动器械进行，如哑铃、杠铃、壶铃等举重器械，单杠、双杠、绳、杆等体操器械，弹簧拉器、滑轮拉力器、各种特制的综合力量练习架等力量训练器械，以及功率自行车、台阶器、平跑机、划船器等有氧健身器材。

健身房是城市里用来健身的场所。一般而言，健身房都配有齐全的器械设备，能够开展丰富多样的健身娱乐项目，还有专业的教练进行指导，健身氛围很好。因此，健身房已经成为近年来许多城市青年热衷的休闲场所之一。

（4）足疗保健休闲

足疗是近些年随着人们健康与保健意识的增强而出现的新生事物，是运用中医原理，集检查、治疗和保健于一体的无创伤自然疗法。足部是人体的"第二心脏"，能够准确反映人体的健康状况。足疗作为一种非药物疗法，通过对足部反射区的刺激，调整人体的生理机能，提高免疫系统功能，从而达到防病、治病、保健、强身的目的。足疗包括足浴和足部按摩两个部分。

足浴在我国已有3 000多年的历史，是人们在长期社会实践中的知识积累和经验总结。从理疗学的观点看，热水洗脚是一种浸浴疗法。洗脚时，水温以40～50℃为宜，水量以淹没脚踝为好，双脚浸泡5～10分钟，用手缓慢、连贯地按摩双脚，先脚背后脚心，直到脚发热为止。足浴能促使局部血管扩张，末梢神经兴奋，血液循环加快，新陈代谢增强，长期坚持不仅有保健作用，对神经衰弱引起的头晕、失眠、多梦等症状也有较好的疗效。如果在水中加入某些药物，还能起到防治感冒、脚疾、冻疮等功效。

足部按摩是我国众多按摩术中的一个分支，由于足部神经分布密集，又分别与身体各个部位有着密切的关系，因此足部按摩逐渐受到人们的重视，并成为众多按摩技巧中最重要的一种。足部按摩根据手法轻重的不同，可分为浅（皮毛）、略浅（经脉）、中（肌肉）、略深（经筋）、深（骨髓）五种。

（5）社区休闲中心

五天工作制使人们有了更多的时间用于休闲活动，紧张激烈的竞争也使人们渴望通过娱乐休闲活动来调节身心健康。然而，对大多数人来说，去外地旅游或到娱乐场所消费只是偶尔为之。要使健康有益的休闲活动真正融入人们的日常生活，必须具备两个条件，即费用低和方便，而社区休闲中心恰好能够满足这两个条件。

一些大型房地产公司会推出业主会所来吸引顾客，业主会所甚至成为房地产公司一个明显的卖点，这就证明了服务于社区居民、收费低廉且内容丰富的休闲项目是深受欢迎的。社区休闲中心一般设有报刊阅读室、舞厅、乒乓球室、台球室、小型健身房、棋牌室和按摩中心，根据周边居民的消费水平还可增加迷你高尔夫球馆、小型保龄球馆等。社区休闲中心在经营方面可以会员制为主，并且消费数额越多，折扣幅度越大。

休闲广角镜5-4　　　　　　　康体休闲服务产品的多元化

在我国的康体休闲市场中，康体休闲服务产品日趋丰富多样，有球类运动、健身操、舞蹈、瑜伽、游泳、武术等。在同一个康体休闲俱乐部，不仅提供健身、健美、康复休闲或美容塑身服务，而且设置了沐足、按摩、桑拿浴、图书室等。在康体旅游休闲产品开发方面，温泉旅游、海滨度假旅游等广受消费者喜爱。其中，温泉旅游以温泉资源为核心载体，以体验温泉、康体养生、休闲度假等为目的。我国已开发不少温泉度假地，如北京九华山庄、广东中山温泉宾馆、广东从化翠岛温泉度假村等。海滨度假旅游的多元化趋势包括两方面含义：一是产品功能多元化，即观光、休闲与度假、健身、康乐、疗养等功能有机结合；二是产品类型多样化，即在传统的阳光、沙滩、海水等单一产品的基础上逐步增加高尔夫球、滑水、摩托艇、潜水等项目。我国已经开发建设了许多海滨度假旅游地，如大连金石滩、青岛石老人、三亚亚龙湾等。

资料来源　瞿华，夏杰长. 对扩大我国居民康体休闲消费需求的思考［J］. 消费经济，2013，29（1）.

小思考5-4

答案提示

小思考5-4

如何推动我国康体休闲产业的发展？

5.3.2　美容休闲业

1）美容休闲业概述

如今，美容、健身、休闲三者之间似乎密不可分。美容、健身、休闲融合在一起，体现的是一种全新的健康理念。

美容是以美学为主导，以医学护肤为基础，以化妆品和中草药为主要手段，并与中医经络按摩相配合，采用先进的美容设备（仪器），结合外科美容手术，通过艺术和形象设计（含发型和服饰设计），来达到美化人体目的的综合科学。美容业是集护肤、化妆（含造型）、医疗于一体的综合性行业，包括皮肤护理、美发、医学整形、护足、美体等服务内容。

在我国，美容基本上分为生活美容和医疗美容两大类。生活美容也称专业美容，是以美学为基础，以人体外在美为指导，运用皮肤护理、化妆、形象设计（造型）、美发、服饰、饰物、膳食保健、健美运动等非医学手段来美化人体，以提高人的生活和生存质量的一门综合技艺。生活美容的项目主要包括皮肤护理、美发、化妆、形象设计、食品美容、健美运动、瘦身美容等。医疗美容是指运用手术、药物、医疗器械以及其他具有创伤性或者侵入性的医学技术对人的容貌和人体各部位的形态进行修复与重塑的技艺。医疗美容的项目主要包括医疗美容心理诊断及辅导、美容外科、美容牙科、美容皮肤科、美容中医科、美容医疗应用技术等。生活美容和医疗美容无论在从业人员、技术要求、服务对象、服务内容方面，还是在主管部门方面，都有着本质的区别。我国美容产业实际上已经形成了涵盖美容、美发、化妆品、美容器械、教育培训、专业媒体、专业会展和市场营销八大领域的综合服务流通产业。

随着生活水平的提高，"面子"问题日益为人们所关注，人们开始将更多的精力和金钱用于投资自己，美容行业越来越受到人们的追捧，美容产业已告别草根时代，进入快速发展时期。美容业的覆盖人群广，发展潜力巨大。中国美发美容协会联合美团丽人、美团研究院发布的《2023年美容美体行业发展报告》显示，2022年我国美容美体行业的市场规模约4 350亿元，2023年全国约有美容美体消费者1.8亿人。

目前，我国美容业的发展呈现出以下特点：

（1）美容企业规模逐步扩大

美容企业相对数量缩水，规模扩大，小企业的生存空间越来越狭小。随着市场竞争的日益激烈，美容企业逐渐向加盟连锁或者直营连锁过渡。同时，美容企业的管理模式和经营模式也日渐成熟，连锁集团化经营特征明显。

（2）行业自律与管理水平日益提高

行业自律是行业发展的重要内容，美容院的工作环境管理、服务项目管理、工作人员职业道德管理、技术操作管理、使用产品及设备管理和经营管理等方面的规范将对行业素质的提高起到重要作用。开展行业自律，协调政府与行业、政府与企业、行业与行业、企业与企业之间的关系，有助于行业的发展。

（3）数字技术推动美容业转型升级

随着科技和时代的发展，美容业也在不断变化和创新，特别是数字技术的应用，为美容业带来了很多新的可能性。例如，运用人工智能和大数据技术，可以根据不同人的肤质、年龄、习惯进行个性化的美容方案推荐。又如，运用虚拟现实和增强现实技术，可以让消费者在没有真实产品的情况下更好地了解产品和服务，从而为消费者提供更多更好的选择。

2）美容休闲业的主要产品

（1）SPA

SPA即以水为媒介，通过人体五大感官的感知，达到一种身、心、灵三合一的功能。狭义的SPA是指水疗美容与养生，广义的SPA还包括冷水浴、热水浴、冷热水交替浴、海水浴、温泉浴和自来水浴，这些都能在一定程度上松弛紧张的肌肉和神经，排除体内毒素，预防和治疗疾病。

20世纪80年代以来，欧美各国开始流行SPA，这个热潮在20世纪90年代席卷东南亚各国，尤其是日本、韩国、泰国、马来西亚和印度尼西亚等亚洲国家，并且出现了SPA休闲及旅游基地。如今，SPA这种由外而内、由点到面、由身体到内心、由外物到精神层面的健康理念，已经得到了人们的认可，越来越多的人将SPA养生方式作为自己休闲度假的首选内容。

SPA在经营形式上可以分为度假式SPA、酒店式SPA和都会式SPA等。国际水疗协会将SPA划分为城市/美容护理SPA、酒店/度假村SPA、俱乐部/会所SPA、温泉/海洋SPA、医护SPA、养生SPA、豪华游轮SPA。在亚洲，最受欢迎的是城市/美容护理SPA和酒店/度假村SPA。

2000年，SPA登陆中国上海，中国专业美容市场上掀起了一股SPA消费热潮，SPA消费被称为"中国美容第一消费"。目前，中国SPA美容会所的发展十分迅猛，每年新增的SPA美容会所数量十分可观。2015年，中国SPA中心数量达到8 953家，2020年达到12 411家。随着消费者需求的不断变化和升级，SPA行业也在不断创新和完善，行业发展前景广阔。

需要注意的是，SPA的精髓和生命力在于必须传承和发扬本土养生文化，必须充分理解和释放本地的民族特色，必须充分利用和结合地域特点及现有的自然资源。

休闲广角镜5-5　　　　　　　　　　**SPA行业未来发展趋势**

趋势一：服务多元化与个性化

SPA机构将推出更加多元化的服务，以满足不同消费者的需求，如针对不同皮肤类型和问题的护理服务、专门的运动康复服务等都将成为趋势。同时，消费者越来越倾向于个性化和定制化的SPA服务，SPA机构将提供针对不同年龄、性别、体质的定制化服务。

趋势二：科技与美容结合

随着科技的不断进步，SPA 机构将更多地采用科技手段，如使用高科技仪器进行护理、采用虚拟现实技术提供更好的体验等。激光脱毛、纳米护肤等高科技应用也将逐渐普及，以提供更高效和便捷的美容服务。

趋势三：绿色与可持续发展

环境保护和可持续发展的理念在 SPA 行业越来越受到重视，如采用绿色材料和能源、减少对环境的影响等。这不仅有利于实现经济效益和环境保护的双赢，而且将为消费者提供更加健康、安全的服务环境。

趋势四：线上线下结合

SPA 机构通过线上渠道进行品牌推广和销售，同时与线下实体店面结合，能够提供更全面的服务体验。这种模式有助于 SPA 机构扩大市场份额，提高品牌知名度。

趋势五：综合 SPA 体验

结合中医、瑜伽、冥想等多种方法的综合 SPA 体验可能成为未来的发展趋势。这种综合体验能够满足消费者对身心健康和放松的多元化需求。

资料来源 郭梦. 2024 年 SPA 行业市场规模及未来发展前景趋势分析［EB/OL］．［2024-05-27］. https://www.chinairn.com/news/20240527/16300450.shtml.

小思考 5-5

试分析我国 SPA 行业的发展策略。

小思考 5-5

答案提示

（2）美发

发式在人类生活中占据着举足轻重的位置。在现代生活中，发式已不仅仅是人们出于劳动、生活以及社交礼仪等方面的需要而将头发梳理成某种样式，现代人的发式必须能够体现出不同的个性和审美标准。美发不仅仅是简单的修剪，更是艺术和时尚的结合，是人们对美的追求的具体体现。因此，越来越多的人开始重视自己的发型，愿意为美发服务买单，这也预示着美发行业有着巨大的市场潜力。

（3）医疗美容

随着家庭经济条件的改善和人们生活水平的不断提高，人们对美的感受和追求越来越强烈。特别是在求职就业、恋爱婚姻等因素的影响下，出现了希望通过医疗整形手段改善自身形象和容貌的需求，这促使一部分综合性医院和专科医院开始组建医疗美容科室，医疗美容机构得以迅速发展。

20 世纪 90 年代是我国医疗美容行业快速发展的时期，地（市）级以上的综合性医院纷纷以自筹或合建等方式设置整形美容科（室）。同时，社会资本开始进入医疗美容领域，并在一些大中城市设立了医疗美容专科医院。2008 年，我国医疗美容行业进入了"大升级"、跨越式发展阶段，零散的、小规模的专科医院开始向集约化、规模化的医疗整形美容连锁机构发展，服务项目明显增加，服务方式也更加人性化、市场化和商业化，许多医疗机构已经把医疗美容作为重要的收入来源。

如今，我国医疗美容行业已经发展成为包括外科、骨科、妇科、口腔科等学科在内的综合产业链，医疗美容市场规模持续扩大。中商产业研究院发布的《2022—2027年中国医疗美容行业深度分析及发展趋势研究预测报告》显示，2022年中国医疗美容市场规模达2 268亿元，医疗美容用户规模达2 093万人。未来，中国医疗美容市场的成长空间巨大。

5.4 文化与娱乐休闲业

5.4.1 文化与娱乐休闲业概述

文化与娱乐休闲业是休闲产业的四大支柱之一。随着经济的发展和人们生活水平的提高，居民消费结构中的文化消费占家庭、个人、社会消费的比例不断提高，居民观赏文艺表演、参加各种文化娱乐活动已越来越普遍。文化传媒市场的种种迹象也表明，无论报刊、图书市场，还是电影、音像市场，其发展潜力都是巨大的。

文化与娱乐休闲业的产品主要分为以下两大类：

一是文化类产品。文化类产品主要包括：音乐、舞蹈、戏剧、电影及电视；美术、书法、绘画、摄影与雕塑；出版与印刷（如书籍、报刊、广告等）、博物馆与图书馆；历史文化遗产（如古建筑、文物等）；时尚产品等。

二是娱乐类产品。娱乐类产品主要包括文艺娱乐活动、体育娱乐设施、各种发布会与展会、博彩等。

文化与娱乐休闲产品的生产与消费，兼具文化与经济两重特征。首先，文化产品就其内容而言，具有文化内涵与创意特性。当一个国家的经济发展到一定水平时，社会与公众对文化与娱乐休闲产品的需求就会不断增长，并逐渐形成新的消费习惯。对这类产品的需求，实际上反映了社会消费群体对生活质量提升的要求。其次，文化与娱乐休闲产品在市场上进行交换的形式，反映了其经济活动的特征，其同样会受到市场供求关系的影响。因此，从经济学的视角来审视与分析文化与娱乐休闲产品对社会、市场，乃至整个国民经济的影响，评估这一产业及其活动所创造的社会价值及经济价值，就是对文化经济学的最好解释。

文化与娱乐休闲业作为一项经济产业，对国民经济发展的作用不可忽视。一方面，文化与娱乐休闲业有利于增加国内生产总值和就业机会；另一方面，文化与娱乐休闲业为广大消费者提供了较高层次的视听享受，从而有利于提高民族文化素质和文明修养。由此可见，文化与娱乐休闲业对一个国家的影响不仅在于其作为一个经济生产行业能产生巨大的经济效益，更在于其创造了一个良好的氛围，即在为经济发展创造良好环境的同时，还为公众创造了一个幸福、娱乐的环境。因此，发展文化与娱乐休闲业的意义深远。

随着我国经济的进一步发展，社会公众对这一产业的需求将不断增加。我国作为一个有着悠久历史和璀璨文化的统一的多民族国家，发展文化休闲产业具有很大的潜力。党的二十大报告指出，"传承中华优秀传统文化，满足人民日益增长的精神文化需求""深化文明交流互鉴,推动中华文化更好走向世界"。我们应大力挖掘富有鲜明民族文化特色和地域文化特色的文化与娱乐休闲产品,如民间歌舞、杂技、武术等,并加强与其他国家或地区的文化交流。

5.4.2 文化与娱乐休闲业的主要产品

1)演艺产品

2009 年,国务院常务会议审议通过《文化产业振兴规划》,这标志着发展文化产业已经上升到国家战略层面。《文化产业振兴规划》中提出:"以文化创意、影视制作、出版发行、印刷复制、广告、演艺娱乐、文化会展、数字内容和动漫等产业为重点,加大扶持力度,完善产业政策体系,实现跨越式发展……发展文艺演出院线,推动主要城市演出场所连锁经营……鼓励非公有资本进入文化创意、影视制作、演艺娱乐、动漫等领域。"《文化部"十二五"时期文化产业倍增计划》中提出:"加快剧院、剧场、电子票务等演艺基础设施建设,为扩大演艺消费创造条件。建立演艺产品创作生产补贴机制,扩大原创性演出产品的生产。加快演艺与旅游等相关产业的融合,培育旅游演艺市场,丰富旅游演艺产品,避免同质化。设计开发演艺衍生产品,延伸演艺产业链。"《文化部"十三五"时期文化产业发展规划》中提出:"鼓励演艺企业创作开发体现中华优秀文化、展示当代中国形象、面向国际市场的演艺精品。探索科学的剧场建设和运营模式,加快推进以演出剧场为中心的演艺产业链建设,建立布局合理、场团合一、创作生产与市场销售为一体的演出产品经营机制。加快演艺基础设施建设改造和文艺演出院线建设。培育旅游演艺市场,丰富旅游演艺产品。鼓励建立规范透明票务系统,提供优质便民服务。"《"十四五"文化产业发展规划》中提出:"牢固树立精品意识,突出创作生产质量,加强原创策划,打造一批精品剧目。支持开发沉浸式、互动式新产品。支持演出院线、演艺联盟发展。推动演艺技术研发创新和装备提升。建设演出票务监管服务平台。"

随着我国经济的快速发展和人民生活水平的提高,广大人民群众的文化消费需求呈现多层次、多样性、多元化的趋势。观看文艺演出、欣赏音乐舞蹈已成为人们精神文化生活中不可缺少的内容。特别是在当前国家大力发展文化产业的背景下,我国演艺业焕发出勃勃生机,并且越来越为世界各国所关注。

我国有延绵不断、一脉相承的悠久历史,绘画、雕塑、建筑、服饰、戏曲、民乐、剪纸、皮影、年画等艺术创作形式丰富,这些深厚的文化积淀和丰富的文物遗存为我国演艺产品创作提供了取之不尽、用之不竭的素材,也为世界表演艺术发展做出了突出的贡献。目前,我国演艺市场呈现多元化发展格局,除了传统的曲艺、杂技、民族舞蹈等,人们还能够欣赏到柏林爱乐、维也纳爱乐等一流交响乐团的表演,观看到《狮子王》《歌剧魅影》《猫》《芝加哥》等原汁原味的百老汇音乐剧。同时,现代科技的应用成为演艺产业发展的新引擎。科技在演艺产品演出和创作过程中的引入和应用,大大提高了演艺产品的表现力,必将成为未来演艺产业的核心驱动力。中国演出行业协会发布的《2023 年全国演出市场发展简报》显示,2023

年，全国演出市场总体经济规模达 739.94 亿元，较 2019 年增长 29.30%，达到历史新高。

大型艺术活动助推我国演艺产业走向国际市场。例如，通过举办中国上海国际艺术节、北京国际音乐节、南宁国际民歌艺术节、中国吴桥国际杂技艺术节、中国武汉国际杂技艺术节等，各演出团体和演艺经纪机构积累了丰富的经验，为其更好地走向国际市场奠定了坚实的基础。此外，我国的演艺机构通过官方或民间渠道，走出国门，积极参与海外各类艺术节、艺术比赛和演艺交易会，国际竞争力不断增强。例如，在英国爱丁堡边缘艺术节、法国阿维尼翁戏剧节、罗马尼亚锡比乌国际戏剧节等著名国际艺术节现场，中国演艺产品均展现了独特的魅力。

2）电影产品

电影是人类文化创造中最具时代活力、科技含量、市场价值、国际传播意义与社会影响力的文化形式之一。麦克卢汉曾说："电影的诞生使我们超越了机械论，转入了发展和有机联系的世界。仅仅靠加快机械的速度，电影就把我们带入了创新的外形和结构的世界。"以丰富多彩的视听产品为核心内容的电影，不仅在文化产业中占据着不可替代的地位，对政治、经济、文化、社会、科技乃至外交等各个领域也产生着直接或间接的重要影响。

进入 20 世纪 80 年代以后，随着改革开放的全面推进，我国的文化形态随着政治和经济的发展也得到了相应的发展，尤其是文化休闲产业，在我国得到了迅速发展。文化休闲产业不仅丰富了人民群众的文化生活，满足了人们的精神消费需求，而且改善了城市经济的投资环境，为区域发展提供了机会。比如，影视业的崛起不仅给我国带来了全新的文化消费方式和理念，而且给我国经济结构的调整和重组提供了新的参照物和思路。

电影业作为文化产业的重要组成部分，一直以来都是人们娱乐休闲的重要选择。进入 21 世纪，我国电影产业实现了跨越式的发展，电影市场逐渐成熟，产业链条不断完善。2007 年，我国电影产业加快了走向世界的步伐，78 部影片销售到 47 个国家和地区，海外发行收入总计 20.2 亿元人民币；先后在美国、加拿大、英国、法国、俄罗斯、南非等 33 个国家和地区举办了 68 次中国电影展，展出国产影片 605 部（次）；29 部影片在 19 个国际电影节上获得 49 个奖项。中国电影的海外佳绩，折射出了中华文化日益扩大的国际影响力。

为了促进电影产业健康繁荣发展，弘扬社会主义核心价值观，规范电影市场秩序，丰富人民群众精神文化生活，我国制定并发布了《中华人民共和国电影产业促进法》，自 2017 年 3 月 1 日起施行。《中华人民共和国电影产业促进法》将长期以来我国电影产业改革发展的成熟经验上升为法律制度，为我国电影产业的持续、健康、繁荣发展提供了有力的法治保障，对我国电影产业的长远发展具有里程碑意义。2021 年 11 月 5 日，《"十四五"中国电影发展规划》发布，指出"中国电影要在把握新发展阶段、贯彻新发展理念、构建新发展格局中找准定位、抓住机遇、乘势而上，锚定 2035 年建成文化强国的目标，坚定不移走高质量发展道路，进一步提升国产影片创

作质量，健全电影产业体系，增强电影科技实力，提高电影公共服务水平，扩大电影国际影响力，助力电影强国建设"。

2023年，全国电影票房突破530亿元，购票观众达到12.55亿人次，电影总放映场次达1.27亿场，其中国产电影票房占比超过80%。2023年，包括中国金鸡百花电影节、金熊猫盛典、北京国际电影节、上海国际电影节、中国长春电影节、海南岛国际电影节、丝绸之路国际电影节等一系列活动，让中国电影迎来更多国际化合作机遇，优秀的电影人和电影作品不仅在电影节的奖项评选中获得专业认可，更在由电影节搭建的交流合作平台中走进海外电影市场，将中国故事分享给全世界。

休闲广角镜 5-6   让中国电影成为国家名片

40多年来，中国电影在改革开放历史巨流的推动下，在市场风云的洗礼中，取得了前所未有的辉煌成就。在这种历史语境下，电影在为我们提供振兴文化产业的经济经验的同时，也提供了文化传播、美学建构的历史经验以及提升国家文化软实力的现实经验。

中国在国家文化软实力的提升过程中，寻求的不是一种抽象意义上的软力量，而是一种体现中国国家利益与国家意识形态的国家文化软实力，是一种以实现中华民族伟大复兴的中国梦为主旨，以弘扬中国的时代精神、彰显中国的民族气概、传播中国的优秀文化、倡导中国的核心价值观为目标的国家文化软实力。

中国电影在实现国家文化软实力方面的使命是完成建构国家电影品牌的战略目标，即让中国电影以国家的名义被世人所接受、所了解、所认同，使之真正成为国家名片。这是中国从电影大国迈向电影强国的必由之路，也是建构中国电影学派的重要命题。由于国家文化软实力达到的传播效果，不是通过强制的方式让人服从，而是通过自愿的方式让人接受，这就要求中国电影具有更强的市场竞争力和心理凝聚力。因此，中国电影要通过讲故事的方式，通过产业化的道路，通过大众传播的方式来完成上述历史使命。其中，"讲好中国故事"是国家文化软实力的有效传播策略，也是建构中国电影学派的历史方略。

事实证明，观众看完一部电影后的心理认同度，才是衡量我们的电影是否真正具有国家文化软实力的依据。《战狼2》《湄公河行动》《红海行动》等中国电影的扛鼎之作，其创作定位始终设在电影自身的视听表现特质上——不靠"流量明星"，不靠粉丝炒作，不靠商业包装，靠的是电影精良的制作品质，靠的是爱国主义的价值引导，靠的是演员"亲临战场"般的专业表演，靠的是真枪实弹的现场效果，靠的是摄制组通宵达旦的忘我工作……总之，这些影片再度提振了中国电影依靠艺术魅力征服观众的信心。

资料来源 贾磊磊. 国产片贡献主力票房 文化软实力正在提升［N］. 光明日报，2019-03-20（15）.

小思考 5-6

答案提示

小思考 5-6

如何提升我国电影产业的文化软实力？

3）KTV（卡拉OK）

"KTV"一词源自日本，它由"karaoke"的第一个字母和"television"（电视）的英文缩写"TV"组合而成。音乐从远古时代走来便一直陪伴着人类的成长，在每一个地方都安慰了无数的人。作为音乐的一种延伸，KTV已成为现代社会中人们不可或缺的休闲娱乐方式，它可以完全释放人们的情感，缓解人们在快节奏的都市生活中的种种压力。在KTV中，人们可以随心所欲地或吼或唱自己喜欢的曲目。

社会大众是这种音乐文化的生产者和消费者，他们在参与的同时进行消费，在消费中又进行着广泛的传播。KTV发展的动力源泉是大众音乐文化，大众音乐文化永远在直接或间接地促进着KTV音乐文化的建设与发展。不同文化背景、年龄、职业、性别的人具有不同的爱好，他们需要的音乐、文化和娱乐信息也是不同的，KTV却可以满足不同层次受众的不同要求。人们可以在KTV中找到各种风格的曲目，既可以欣赏画面，又能引吭高歌或即兴表演，从而增加了KTV的吸引力。在我国，KTV行业正朝着多元化的方向发展，可以满足不同消费群体的需求。

5.5　购物与餐饮休闲业

5.5.1　购物休闲业概述

在很长一段时间，购物都被认为是一项任务，是为"物"而购；购物过程是辛苦的，是耗费时间、体力与金钱的，被称为"苦差"。直到20世纪50年代，格雷戈里·斯通（Gregory Stone）提出，有些人购物是出于社交的目的，他们将购物作为实现自我的一种工具，并将这类购物者称为自我型购物者（personalizing shopper）。这类购物者与完全将购物视为"苦差"的经济型购物者（economic shopper）和冷漠型购物者（apathetic shopper）不同，他们除了关注所购之物的实用价值，也关注购物过程，这使得人们对购物的研究不再局限于购买，而是扩展到了购物活动本身的价值上。

西方学者明确指出，人们购物除了出于实用价值的考虑，也具有休闲娱乐的动机，这开创了购物者休闲娱乐体验研究的先河。在对30个消费者进行访谈后发现，消费者购物除了购买的目的外，也开始享受购物的过程，具有游玩、暂时离开日常生活、自我奖励、了解流行趋势、锻炼身体、感官刺激、与朋友交往和闲逛等11种动机。在这11种动机中，多数动机与休闲娱乐相关。1977年，贝伦格（Bellenger）等提出了休闲购物者的概念，认为休闲购物者的根本特征就是从购物活动本身获得满足感。1978年，威廉（William）等界定了休闲购物者，认为他们从购物活动中获得了愉悦感。1980年，贝伦格（Bellenger）和克哥纳克（Korgaonkar）进一步将休闲购物者界定为享受购物活动的人，并将其与无法从购物过程中获得愉悦感的经济型购物者进行了对比。此后，有关休闲购物者的研究都延续了这一思想。购物体验呈现出休闲娱乐的特征已是一个不争的事实。

5.5.2 餐饮休闲业概述

休闲消费与休闲产业的蓬勃发展，丰富了餐饮活动的功能，餐饮活动成为休闲生活理念的载体，表现为追求休闲的社会价值观与思想，餐饮休闲业也应运而生。

餐饮休闲业是提供休闲餐饮产品和相关服务的经济综合体，是为休闲餐饮活动发展提供便利条件的企业集合。休闲餐饮是为了适应休闲消费的需求，以满足消费者的心理需求为出发点，将餐饮、娱乐、休闲、洽谈、表演、健身等各种休闲形式融于一体的餐饮模式，是休闲消费在传统餐饮业中的体现。休闲餐饮主要包括西式休闲餐厅、概念餐厅、咖啡厅、茶馆、茶餐厅、街边休闲饮料店、甜品店等业态。

近年来，我国餐饮休闲业发展迅猛，主要表现为以下特点：

1）具有较强的增长与盈利能力

随着人们收入水平的提高和精神文化生活的丰富，西式餐饮和休闲餐饮这两种代表着现代餐饮业态的消费需求呈现出持续快速增长的态势。其中，休闲餐饮在各业态中一枝独秀，成为当前推动我国餐饮业持续向好发展的一支生力军。2019 年我国餐饮五百强门店中，休闲餐饮、小吃充分发挥"小而精""小而美"的优势，门店入围数量大幅增加。休闲餐饮由于兼具餐饮、娱乐、沟通情感等功能，加之具有就餐时段灵活、餐品饮料全天候不间断供应等特点，因此盈利能力极高。国家统计局发布的数据显示，2023 年，全国餐饮行业收入达 52 890 亿元，首次步入 5 万亿元大关，增速高于其他消费领域。

2）地区差异明显

当前，我国餐饮休闲业迎来了发展的黄金时期，但是由于区域经济发展状况、城市发展进程和地域文化内涵的不同，城市餐饮休闲业在我国呈现出明显的地区差异。城市发展状态、城市生活质量与餐饮休闲业的发展呈现明显的正相关关系。

随着经济社会与城市文明的发展与演进，人们对个性化、情感化和审美化饮食消费的追求成为餐饮休闲业发展的原动力，而休闲餐饮产品的多元化又为消费群体的个性化选择奠定了基础。从消费动机来看，相关调查显示，休闲餐饮消费者的主要消费目的依次为"朋友聚餐""休闲""情侣约会"，仅有 4% 的消费者选择"商务宴请"。从产品选择来看，各地的休闲餐饮产品多为小吃、甜点、饮品，并且呈现出地域文化和消费能力的差异。

3）西式休闲餐饮扩张能力显著

目前，一些国际知名餐饮品牌正在朝本土化、纵深化方向发展，新兴本土品牌也在国际资本的介入下迅速扩张，西式休闲餐饮市场的占有率显著提高，市场竞争日趋激烈。必胜客、星巴克等西式餐饮品牌进入中国后，并不满足于在中国开几家餐厅，而是在战略高度上对中国市场加以重视，甚至把中国变成了其全球发展的"根据地"。星巴克创始人霍华德·舒尔茨在其著作《一路向前》的发布会上表示，在未来数年内，星巴克将在中国开设数千家新店，中国必定会成为星巴克除美国市场之外最大的市场。

本土的西式休闲餐饮品牌也在竞争中崛起。以豪享来为例，它以中西餐为主，融合国人饮食习惯，推出符合膳食结构的各式美食，中西套餐、小菜美点、休闲轻食等餐品线全面周到。目前，豪享来的足迹已遍布中国各大中城市，北起大连，南到海口，东至上海，西接贵阳，全国直营连锁门店已有200家，大有与海外巨头一争高下之势。

4）中式休闲餐饮发展潜力巨大

中式休闲餐饮步步为营，以其价格优势和口味优势占据了国内餐饮市场的半壁江山，这无疑为中式休闲餐饮经营者提供了一个巨大的且有待开发的市场。如今，中式餐饮已经创造了不少知名品牌，如真功夫、小肥羊、呷哺呷哺等，这些领军企业在国内具有一定的知名度，吸引了很多对中式餐饮感兴趣的中年、老年顾客，更成为年轻人聚会、休闲的场所。

休闲广角镜 5-7　　　　　　　　**中国休闲餐饮市场发展前景**

随着生活水平的提高及劳动时间的缩短，休闲已逐渐成为人们生活的必需品，休闲餐饮正是餐饮业适应休闲消费需求的一种体现。

市场经济的高效率、快节奏使人们只能在食堂、办公室匆匆忙忙吃完标准化、毫无个性的快餐，人们工作时的饮食生活日益工作化、简单化、程序化。因此，人们想在休闲日吃得轻松，吃得开心，也就是在休闲、自由的环境中享受餐饮生活。

休闲、轻松、自由这一主题又使餐饮生活与文化娱乐紧紧联系在一起，因为要想获得身心放松，获取精神享受，就必须有各种各样的历史文化、民族文化、乡土文化来营造氛围。所以许多休闲餐厅的就餐环境都突出了温馨、浪漫、情调，以吸引客人再次光临。

资料来源　佚名. 休闲餐饮发展前景广阔　逐渐崛起商机无限［EB/OL］.［2018-05-03］. http://www.sohu.com/a/230287131_99922905.

小思考 5-7

小思考 5-7

如何将美食资源优势转化为产品优势，促进我国休闲经济的发展？

答案提示

5.5.3　购物与餐饮休闲业的主要产品

1）Mall

Mall最早产生于20世纪50年代的美国，可以理解为"大型购物中心"。在美国字典里，Mall还有一个解释："在毗邻的建筑群中或一个大建筑物中，由许多商店、娱乐设施和餐馆组成的大型零售综合体。"Mall集购物、餐饮、娱乐、休闲、旅游、社交、商务等功能于一体，能够为消费者提供一站式服务，因此可以概括地称之为"大型综合性购物休闲中心"。Mall不仅规模巨大，集合了百货店、超市、大卖场、专卖店、大型专业店等各种零售业态，而且有各式快餐店、小吃店和特色餐馆，以及电影院、儿童乐园、健身中心等各种休闲娱乐设施。Mall的规模一般在10万平方米以上，由专业管理商统一经营管理，主要采取出租方式运营。

Mall的商业业态一般比较齐全，行业多、店铺多、功能多，可能包括的商业组合有：

①主力店租户，含百货主力店、超市及娱乐主力店等。

②半主力店租户，含运动品店、服装旗舰店、书店等。

③餐饮设施，如主题餐厅、美食广场等。

④专卖店，包括国际一线、二线品牌及当地品牌的各种专卖店。

Mall通常由开发商聘请商业规划专家进行精心规划和组织设计，各种业态均可得益于其他业态的人流及消费流，同时在业态组合上实现"错位经营"，即由两到三个具有不同档次或特色的百货店、若干家中档专卖店、一两家超市，以及若干家餐饮、娱乐、运动、休闲等项目组成。这些项目各自拥有不同的消费群体，同一消费群体又具有不同的需求。一般认为，Mall中零售、餐饮、娱乐功能的最佳比例是52∶18∶30。当然，这个比例并不是绝对的，但Mall首先是一个卖场，购物功能应至少占到50%。

2）RBD

RBD是"recreational business district"的缩写，国内许多学者将它译为"游憩商业区"或"休闲商务区"。RBD的概念最早是由美国学者斯坦斯菲尔德（Stansfield）和里克特（Rickert）在研究旅游区购物问题时提出的。他们在研究一个度假小镇时发现，在度假地相对集中的区域里聚集了与旅游业相关的商业，于是他们将类似的区域称为"RBD"。在这里，RBD就是为了满足季节性涌入城市的旅游者的需要，在某一区域内集中布置饭店、娱乐项目、新奇物专卖店和礼品店的街区。

保继刚等学者认为，RBD是同时服务异地旅游者和本地游憩者的重要游憩空间，因此RBD应具备同时服务两类客源市场的功能。对异地旅游者而言，RBD不仅应提供满足其基本需求的餐饮、住宿、交通等功能，而且应提供购物、观赏、娱乐、体验等多种功能；对本地游憩者而言，RBD应能够满足其日益增长的周末游憩需求，设置如风味小吃、精品商店、电影院、溜冰场等游憩设施。杨宏烈等学者认为，商业服务功能是RBD的基本功能，包括餐饮、交通、购物、住宿等。除此之外，RBD还有一些其他意义上的"门户"功能、观赏游憩功能、交通集散功能和管理基地的功能等。

下面以上海南京东路为例来说明RBD。上海南京东路位于上海市黄浦区，全长1 599米，素有"中华商业第一街"的美誉。悠久的历史为上海南京东路积累了浓厚的商业文化氛围，留存了大批近代特色建筑遗迹，也为上海南京东路特色步行街的发展奠定了得天独厚的基础条件。20世纪90年代末，上海市实施南京东路步行街改造工程，重点调整百货业，积极拓展休闲游憩空间，强化娱乐功能，完善餐饮服务业，优化街区环境，使其成为集购物、旅游、商务、展示、文化等功能于一体的商业步行街。

上海南京东路的功能结构具有如下几个特征：一是零售商业功能主导地位明显，零售商业占整体经营结构的比例超过50%；二是商业业态打造突出高端化、国际化，中外合资商业企业数量多，出现了一批经营世界名牌产品的专卖店、代销店，以及各类精品商场、精品屋等特色零售业态；三是商业游憩项目多，文化娱乐业的比重明显提升；四是公共游憩空间大，通过开发步行街休闲区、绿地广场等营造休闲观光氛围，有效增强了街区的游憩功能。

3）休闲街区

休闲街区就是能够进行休闲活动的一片区域。它是有一定长度的街区，是网络状的休闲区域，是经济效益、社会效益、环境效益相统一的步行休闲系统。休闲街区包括购物休闲街区（品牌店集中的街区）、餐饮休闲街区、娱乐休闲街区和文化休闲街区等形式。购物休闲街区又包括综合购物休闲街区和特色购物休闲街区，综合购物休闲街区如北京王府井大街、西安东大街等，特色购物休闲街区如服装一条街、汽车专卖街等；餐饮休闲街区包括以吃为主的休闲街区和以饮为主的休闲街区，小吃、咖啡等均属于餐饮休闲街区的产品；娱乐休闲街区如苏州李公堤国际风情商业水街；文化休闲街区如北京798艺术区等。

旅游休闲街区的开发建设，是旅游休闲城市建设的引擎，也是城市休闲的核心产品，蕴含城市更新、文旅融合等多重意义。《中华人民共和国国民经济和社会发展第十四个五年规划和2035年远景目标纲要》提出："打造一批文化特色鲜明的国家级旅游休闲城市和街区。"自2021年4月1日起，《旅游休闲街区等级划分》（LB/T 082—2021）行业标准正式实施，各地的旅游休闲街区建设迎来大发展。

下面以南京1912街区为例进行说明。南京1912街区位于南京市玄武区，由19幢特色建筑及共和、博爱、新世纪、太平洋4个街心广场组成，总面积达4万多平方米。这片青灰色与砖红色相间的建筑群，风格古朴精巧，错落有致地呈L形环绕南京总统府。

南京1912街区自2004年正式运营以来，每年举办街区活动超过50场，还曾创下平安夜10万人齐聚的盛况。南京1912街区丰富了南京夜间消费的内容，使南京的夜生活延长了4个小时以上，城市夜间消费由此成为常态。除了日常主打的清吧、餐饮、休闲等娱乐方式，南京1912街区还不断推出音乐会、汉服节、街舞锦标赛等不同类型的活动，让街区越夜越美。如今，南京1912街区已成为南京面向国内、国际展现城市活力，提升城市软实力的重要平台。

新时代·新休闲5-1　　　　　**推动体育与旅游融合向广度和深度延展**

2022年，中共中央办公厅、国务院办公厅印发《关于构建更高水平的全民健身公共服务体系的意见》（以下简称《意见》）。《意见》以全民健身为主题，对构建更高水平的全民健身公共服务体系提出了明确的任务书、时间表、路线图，为体育领域进一步深化改革吹响了新号角，也为体育与旅游融合注入了新活力。《意见》涉及的社区体育、体育公园、郊野公园、冰雪运动、体育赛事、户外运动等内容均有助于推动我国体育与旅游融合向广度和深度延展。未来，我国体育旅游发展有望呈现以下特点：

一是冰雪体育旅游将与"一带一路"倡议有机融合。《意见》提出，研究推动在河北崇礼、吉林长白山（非红线区）、黑龙江亚布力、新疆阿勒泰等地建设冰雪丝路带。随着《意见》的逐步落地，未来必将在区域层面形成一批具有国际竞争力的冰雪旅游目的地和冰雪旅游品牌，这对于提升我国冰雪旅游竞争力、优化区域冰雪旅游空间结构具有重要意义。

《意见》还提出，支持新疆、吉林共同创建中国冰雪经济高质量发展试验区，这将为我国冰雪旅游发展树立新的行业标准、探索新的发展理念、打造新的发展高地，进而引领带动全国乃至"一带一路"共建国家冰雪旅游产业高质量发展。

二是休闲体育旅游将得到充分挖掘。随着我国全面进入国民休闲时代，传统的走马观花式旅游方式开始淡出市场，取而代之的是游客在异地的休闲娱乐和文化体验，其中体育休闲空间是丰富游客休闲度假旅游的重要载体。《意见》提出，支持利用山地森林、河流峡谷、草地荒漠等地貌，建设特色体育公园，推动体育公园向公众免费开放，进一步拓展全民健身新空间；支持依法利用林业生产用地建设森林步道、登山步道等健身设施，促进区域内健身步道、沿河步道、城市绿道的互联互通，健身设施的共建共享。

《意见》还提出，在现有郊野公园、城市公园中因地制宜配建一定比例的健身设施。可以看出，未来将有更多的体育旅游空间为游客开展休闲旅游活动提供载体，乡村度假以及城市休闲所需要的参与体验业态将更加丰富，夜间休闲旅游活动将更加充实，游客的异地体验也将更加多彩。

三是户外体育旅游将获得全面发展。《意见》提出，开展自然资源向户外运动开放试点，制定在可利用的水域、空域、森林、草原等自然区域内允许开展的户外运动活动目录，这些举措将进一步拓展我国户外旅游的发展空间，为打造户外旅游品牌提供核心载体。

《意见》还提出，推动户外运动装备器材便利化运输，鼓励户外运动装备制造企业向服务业延伸发展，这将为丰富我国体育旅游购物业态、提升体育旅游购物竞争力注入活力。

四是体育赛事旅游有望获得更多活力。《意见》提出，支持社会力量举办赛事。建立分学段、跨区域的四级青少年体育赛事体系。建立足球、篮球、排球业余竞赛体系。加快发展以自主品牌为主的体育赛事体系，培育形成具有世界影响力的职业联赛。支持打造群众性特色体育赛事，引导举办城市体育联赛。可以预见，随着相关措施的落地实施，我国社会化、品牌化、多样化赛事体系将得到蓬勃发展，相关的观赛旅游、参赛旅游、赛事遗产体验旅游等产品业态也将得到极大丰富，体育赛事旅游有望成为体育旅游融合发展的主体。

五是体育旅游市场渗透率将进一步扩大。体育旅游是一项专业性较强的旅游活动，安全风险一直是制约其扩大市场规模的主要因素。《意见》明确提出，加强赛事安全管理。落实赛事举办方安全主体责任、配足配齐安保力量、加强户外安全知识教育等措施将为体育旅游运营提供安全保障。

资料来源　张佑印. 推动体育与旅游融合向广度和深度延展［N］. 中国旅游报，2022-03-31（3）.

本章小结

🔵 旅游休闲业（tourism & leisure industry）是为了满足旅游者的休闲需要而产生的，与旅游活动有关的企业和业务活动的统称。旅游休闲业具有高产业关联度、依托于旅游且体现于休闲、文化属性显著、综合效益明显等特点。我国旅游休闲产业发展的主要动力为休闲时代的引领、科技发展的推动、民众价值取向的助力以及社会运行模式转型的需要。

🔵 户外休闲业是基于户外休闲活动所形成的以休闲服务业为主并与相关休闲物品业集成的新型产业，是在大众化户外休闲活动的基础上形成的新型经济产业，是以与户外运动和休闲度假消费需求相关的户外休闲产品的供给为核心功能的产业。户外休闲的方式一般包括放松心情型、养生保健型、恢复体能型三种。目前，我国户外休闲业的发展呈现出市场发展潜力大、户外运动俱乐部逐步规范化、户外用品业发展迅速等基本态势。运动休闲业是指开发具有运动休闲价值功能的经济活动的企业集合或系统，其产品外延包括实物型产品和非实物型产品两大类。

🔵 康体休闲是人们利用闲暇时间参加各种户内或户外活动，以达到提高身体素质、释放心理压力、促进身心健康的身体活动形式。康体休闲业的主要产品包括温泉休闲、沐浴休闲、健身休闲、足疗保健休闲、社区休闲中心等。我国美容休闲业的主要产品有SPA、美发、医疗美容等。

🔵 文化与娱乐休闲产品的生产与消费，兼具文化与经济两重特征。文化与娱乐休闲业的主要产品包括演艺产品、电影产品、KTV等。

🔵 人们购物除了出于实用价值的考虑，也是为了休闲娱乐。餐饮休闲业是提供休闲餐饮产品和相关服务的经济综合体，是为休闲餐饮活动发展提供便利条件的企业集合。购物与餐饮休闲业的主要产品有Mall、RBD、休闲街区等。

边听边记5-1

第5章

主要概念

旅游休闲业　户外休闲业　运动休闲业　康体休闲业　餐饮休闲业

基础训练 ✍

5.1　选择题

1）旅游休闲业的特点不包括（　　　）。

A.高产业关联度　　　　　　　　B.季节性与参与性

C.综合效益明显　　　　　　　　D.文化属性显著

2）我国旅游休闲产业发展的主要动力来自（　　）。

A.休闲时代的引领   B.科技发展的推动

C.民众价值取向的助力   D.社会运行模式转型的需要

3）运动休闲需求产生的时代背景包括（　　）。

A.余暇时间增加   B.生活空间扩展但运动不足

C.生活节奏舒缓   D.追求物质消费

在线测评5-1

选择题

4）攀岩、定向越野属于（　　）。

A.康乐游戏类休闲活动   B.养生保健类休闲活动

C.探险拓展类休闲活动   D.观赏怡情类休闲活动

5.2　判断题

1）旅游休闲业是为了满足旅游者的休闲需要而产生的，与旅游活动有关的企业和业务活动的统称。　　　　　　　　　　　　　　　（　　）

2）户外休闲是指发生于家庭和日常办公、学习环境之外的休闲活动，特别是指那些发生在社会环境中的各类休闲活动。　　　　　　　　（　　）

在线测评5-2

判断题

3）运动休闲的本质是人们按自己的意愿，支配并利用自己的自由时间，通过身体运动这种表现形式，追求个人享受和身心全面发展的一种休闲方式。（　　）

4）康体休闲是人们利用各种时间参加各种户内或户外活动，达到提高身体素质、释放心理压力、促进身心健康的身体活动形式。　　　　（　　）

在线测评5-3

简答题

5.3　简答题

1）简述运动休闲需求产生的时代背景。

2）简述康体休闲业的主要产品。

3）如何理解文化娱乐休闲产品兼具文化与经济两重特征？

案例分析

用暖心服务擦亮冰雪旅游"金字招牌"

2023年12月，文化和旅游部资源开发司公布了2023—2024全国十大冰雪旅游精品线路，此举旨在贯彻落实习近平总书记关于"冰天雪地也是金山银山""把发展冰雪经济作为新增长点，推动冰雪运动、冰雪文化、冰雪装备、冰雪旅游全产业链发展"等重要指示精神，落实好《关于释放旅游消费潜力推动旅游业高质量发展的若干措施》《冰雪旅游发展行动计划（2021—2023年）》等文件部署安排，推动冰雪旅游发展，扩大内需促进消费。

十大冰雪旅游精品线路分别为"冬奥双城·相约京张""长城内外·银装素裹""大兴安岭·雪泉之约""欢乐冰雪·辽宁冬韵""温暖相约·长白粉雪""林海雪原·北国风光""古城千年·滑跃古今""河西丝路·纵情冰雪""民族风情·北疆雪都""千秋西岭·南国热雪"。这些线路推介了我国主要节点城市、冰雪旅游点、特色冰雪活动以及沿线其他旅游产品，包括运动、文化、旅游、教育、康养等业态，覆盖东北、华北、西北、西南等区域，为广大游客畅享冬季旅游提供了权威指引，展现了冰雪旅游的独特魅力。

　　资料来源　马振涛. 用暖心服务擦亮冰雪旅游"金字招牌"[N]. 中国旅游报，2024-01-09（3）.

　　问题：新时期如何做强做大我国冰雪旅游产业？

实践训练

考察本地区餐饮休闲业的特点。

本章参考文献

❶ 陈思. 中国演艺产业发展现状及提升策略研究 [J]. 山东社会科学，2012（8）.

❷ 李玉莲. 中国运动休闲产业发展回顾与未来发展模式 [J]. 广州体育学院学报，2012，32（4）.

❸ 刘军丽. 我国城市休闲餐饮的发展现状 [J]. 扬州大学烹饪学报，2011，28（4）.

❹ 张文敏，王晓玉. 购物体验休闲娱乐化研究述评及营销启示 [J]. 消费经济，2010，26（3）.

❺ 李静，李娜. 旅游休闲的文化发展动因实证分析 [J]. 山西高等学校社会科学学报，2010，22（3）.

❻ 谢德荣，谢晓飞，钟文章，等. 我国户外休闲产业发展的现状和对策研究 [J]. 体育科技，2010，31（3）.

❼ 张子豪. 传统康体休闲业发展现状分析 [J]. 内江科技，2009（2）.

❽ 张雪梅. 对我国 Mall 发展中一些问题的思考 [J]. 成都纺织高等专科学校学报，2009，26（3）.

❾ 郑向敏，宋伟. 运动休闲的概念阐释与理解 [J]. 北京体育大学学报，2008（3）.

❿ 栗燕梅. 运动休闲概念、分类及应用的研究 [J]. 广州体育学院学报，2008，28（6）.

⓫ 周秀梅. 深圳市美容行业整合发展研究 [D]. 长沙：中南大学，2008.

⓬ 李春霞. SPA 业在中国 [J]. 日用化学品科学，2007（10）.

⓭ 吴万军. 浅析文化休闲产业 [J]. 现代商业，2007（30）.

⓮ 张军，桑祖南. CBD 与 RBD 的概念辨析及其功能的延伸 [J]. 旅游学刊，2006（12）.

⓯ 潘兰芳，卢碧. 运动休闲对现代生活方式的渗透 [J]. 山东体育科技，2005（3）.

⓰ 朱玲，沈通. 浅析我国旅游休闲产业的发展 [J]. 商业研究，2004（5）.

本章推荐阅读文献

❶ 冯皓. "健康中国"战略背景下运动休闲特色小镇创新发展策略 [J]. 文体用

品与科技，2024（8）.

❷程遂营. 北美休闲研究 ［M］. 北京：社会科学文献出版社，2009.

❸鲁开宏. 休闲城市研究 ［M］. 北京：中国林业出版社，2008.

❹王兴中，等. 中国城市生活空间结构研究 ［M］. 北京：科学出版社，2004.

本章推荐网站

❶旅游休闲网，http://www.travelleisure.org.cn/index.

❷户外运动网，http://www.iouter.com.

❸中国文化产业网，http://www.cnci.net.cn.

第6章

休闲管理

【学习目标】

知识目标：
- 了解我国现有的休闲政策。
- 熟悉休闲服务质量管理模式。
- 掌握休闲营销的策略。
- 熟悉休闲组织管理对策。

技能目标：
- 能够针对具体的休闲产品提出营销和管理策略。

素养目标：
- 坚定"四个自信"，坚持守正创新。

【思维导图】

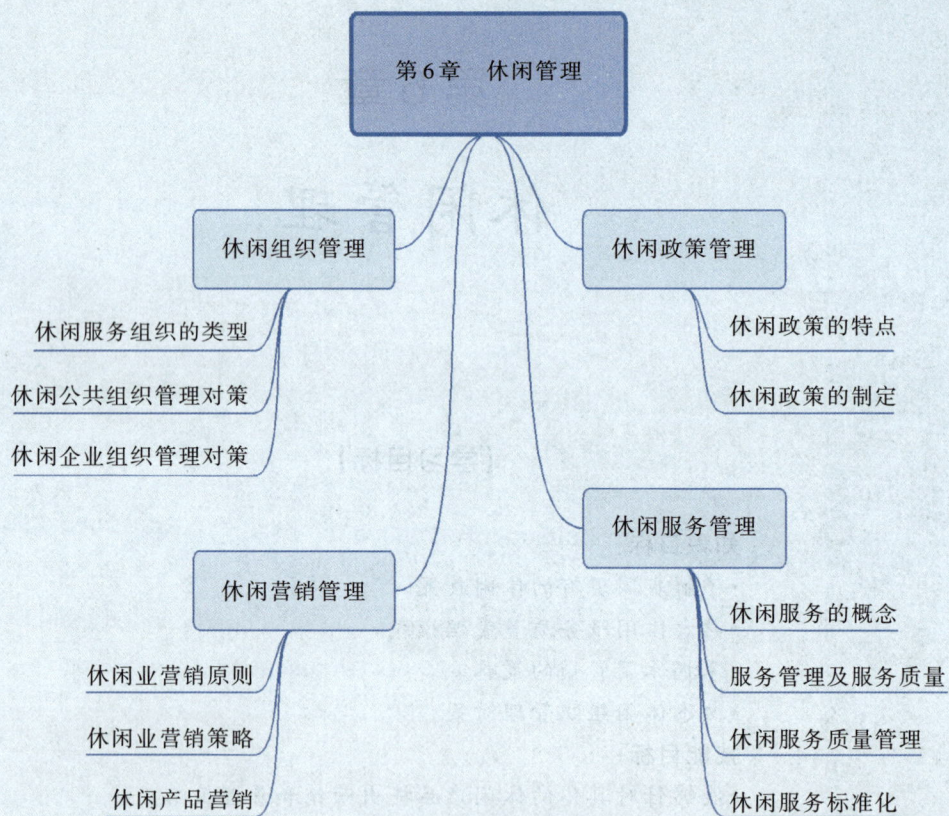

第6章　休闲管理

休闲组织管理
- 休闲服务组织的类型
- 休闲公共组织管理对策
- 休闲企业组织管理对策

休闲营销管理
- 休闲业营销原则
- 休闲业营销策略
- 休闲产品营销

休闲政策管理
- 休闲政策的特点
- 休闲政策的制定

休闲服务管理
- 休闲服务的概念
- 服务管理及服务质量
- 休闲服务质量管理
- 休闲服务标准化

引例

构建中国特色的休闲空间政策体系

我国具有深厚的文化底蕴，各类休闲空间不仅仅是人们进行休闲活动的场所，更是国家文化记忆的载体。戏剧、皮影等非物质文化遗产和西湖、长城、故宫、莫高窟等物质文化遗产均为休闲空间的打造提供了基础。文化遗产是现实的文化课本，可以让休闲参与者在休闲中了解过去的历史；同时，文化休闲空间使文化内涵和文化遗产得到传承和发展。因此，我国政府应构建中国特色的休闲空间体系，保留中国传统休闲文化中的精粹，将中华传统文化融入休闲空间的建设与维护中。

首先，各地方政府应着眼于地区优势，充分发挥地域文化的特色，制定具有中国地方特色的休闲空间政策，支持民间艺术团体的发展，将民间艺术融入休闲空间的打造，通过提高民族休闲文化生活品质来增强民众的文化自信。其次，在充分利用文化和自然遗产的同时，注重遗产的保护与传承，避免过度开发。最后，各地区政府应着力于文化休闲空间的宣传，弘扬传统文化，提高中国传统文化的世界影响力。

资料来源 刘慧梅，笪舒扬. 美好生活与休闲空间政策 [J]. 湖北理工学院学报（人文社会科学版），2018，35（5）.

6.1　休闲政策管理

休闲政策是国家管理休闲事业的主要方式、手段。休闲政策是国家在休闲文化艺术创作、休闲文化产业发展、休闲文化科教繁荣和休闲公共文化建设等领域进行管理所采取的一整套制度性规定、规范、原则和要求体系的总称。我国休闲政策的制定必须以习近平新时代中国特色社会主义思想为指导，认真贯彻落实党的二十大精神，立足新发展阶段，贯彻新发展理念，构建新发展格局，以推动旅游休闲业高质量发展为主题，以深化旅游休闲业供给侧结构性改革为主线，扩大优质供给，保障旅游休闲安全，推动旅游休闲业健康有序发展，不断满足人民群众日益增长的美好生活需要。

6.1.1　休闲政策的特点

1）福利性

福利是一种广义上的幸福状态，作为国家政策的福利则是为了满足人民需求、促进人民幸福的制度措施。福利是休闲政策发展的重要特征之一，休闲作为积极的福利，具有非经济性，旨在满足人的非经济性需求。从历史发展的角度看，经济问题并不是人类真正的问题，"如何休闲，从而使自己理智地、舒适地和更好地生活"才是永久性的问题。"休闲"的社会文化与价值功能，不仅可以显著提高人们的生活满意度，而且可以促进整个经济社会福利的最大化。英国对休闲政策的研究表明，当资本主义发展到一定阶段时，政府会将休闲作为一种福利，休闲政策也就有了新的内涵。

同理，当中国特色社会主义发展到一定阶段时，休闲也会成为一种福利，让广大民众分享。我国众多的休闲文化政策，已经具备了很强的福利性。休闲作为一种福利，既是新公共管理的趋势，也是提高人民生活质量的关键举措。

2）共享性

文化共享是指要最大限度满足人们的休闲文化需求。文化共享具有全民性，在受众上要尽可能覆盖各个阶层的人群。由于个体休闲经历的差异，休闲服务是不平等和不平衡的，因此为满足文化弱势群体的休闲文化生活需求，我国在 2006 年提出了"文化低保"的概念，对保障城市低收入居民、残疾人、老年人和农民工等群体的文化生活需求做出了战略性的规划与部署。2008 年提出实施文化惠民工程，旨在加强公共文化设施建设、产品和服务供给，让人民群众充分享受文化发展成果，切实保障人民群众的基本文化权益。

以残疾人为例，我国在为残疾人提供公共服务和休闲权益保障方面已形成了较完善的政策制度。除全国性法律法规外，各省和地区还制定了地方性法规。在政策的推动下，残疾人文化事业全面发展。"全国残疾人文化周""共享芬芳·共铸美好""书香中国·阅读有我"等残疾人群众性文化艺术活动在全国陆续展开，为基层残疾人参与文化活动搭建了平台；文化进社区、进残疾人家庭"五个一"文化项目，把文化送到基层、送到社区、送到残疾人身边。截至 2023 年底，全国各级公共图书馆共有 1 541 个盲文及盲文有声读物阅览室开展视障文化服务，开展残疾人文化周活动 13 459 场次。

保障农民工的休闲文化权益也是我国公共文化服务体系均等化的要求和内容。一方面，我国的公共图书馆、美术馆和博物馆等公益性文化设施都面向农民工免费开放，一些图书馆还相继开展了"图书进工地""流动图书站"等特色活动；另一方面，在《关于进一步加强农民工文化工作的意见》《关于进一步做好为农民工文化服务工作的意见》等政策的指导下，一部分政企共建的农民工文化组织形成并发展起来，如合肥、四川等地纷纷建起了"农民工文化驿站"，以外来打工者为服务对象开展各类文化活动，从而丰富了农民工的休闲文化生活。

3）平衡性

新时代人民群众对美好生活的要求呼唤更平衡、更充分的发展。依据克鲁格曼的集聚效应理论，区域经济发展不平衡的原因很多，但政府的干预政策是缩小差距的有效手段。政府在公共休闲服务领域分配休闲资源和服务时，要注意政策对公平性的影响，促进经济欠发达地区的休闲建设。多年来，我国的休闲文化干预政策在平衡城市与农村、东部与西部的休闲文化建设方面取得了显著成效。

在农村文化建设方面，首先，农村文化基础设施网络逐步完善。在《乡镇综合文化站管理办法》《国务院办公厅关于推进基层综合性文化服务中心建设的指导意见》等政策的指导下，我国深入实施文化惠民工程。现在已经形成了县有图书馆、文化馆，乡有综合文化站，村有农家书屋的农村公共文化服务格局。其次，建立了以城带乡联动政策机制，鼓励城市社区积极开展面向农民的公益性文化活动。农民逐步被纳入公共文化服务体系，农村文化建设成为创建文明城市的基本指标；文化企业以连锁方式加强基层和农村文化网点建设，推动电影院线、演出院线向市、县延伸，支持演艺团体深入基层和农村演出。最后，政策扶持使乡村休闲文化活动更加日常化和丰富化。为了加大对农村地区文化服务网络建设的支持力度，我国开展了全民阅读、全民健身活动，以文化、科技、卫生"三下乡"，科教、文体、法律、卫生"四进社区"，"送欢乐下基层"等多种形式推动文化服务深入乡村。国家政策随着农村经济社会的发展进行调适，越来越强化农民群众的主体作用。

启智润心6-1

文化润人心，
提振精气神

在西部地区文化建设方面，《中共中央　国务院关于新时代推进西部大开发形成新格局的指导意见》和《"春雨工程"——文化和旅游志愿服务边疆行计划实施方案》等，都为西部地区特色文化事业的发展和政策性投入提供了制度保障。西部地区的文化建设涵盖了文化设施、文化活动、文化人才、文化市场等诸多方面，保证了文化建设的公平性和公益性。

党的二十大报告提出："实施国家文化数字化战略，健全现代公共文化服务体系，创新实施文化惠民工程。"激发全民族文化创新创造活力，推进文化自信自强，要不断推动现代公共文化服务体系建设向更高水平和更深层次发展，丰富群众性文化活动，充分保障公民文化权利，增强人民群众的文化获得感和幸福感。

6.1.2 休闲政策的制定

1）完善福利性文化服务政策

设施是制约休闲活动开展的重要因素。虽然我国在文化设施建设方面取得了巨大成就，但空间服务质量差、场所和活动设施不足或不便，仍是我国居民从事休闲活动的主要障碍。在文化服务设施领域，资源不足和浪费现象并存。一方面，大型场馆得不到有效利用；另一方面，基础文化设施的人均占有量较低，国民日常的休闲文化需求还不能得到充分满足。为了解决文化公共服务资源出现的问题，必须进一步调整福利性文化服务政策。

第一，优化和重构社区文化政策。一方面，进一步引入社会力量和企业力量，发展社区文化产业，使公共文化服务的提供主体更加多元化，提供的服务更加丰富多样；另一方面，强调社区服务的均等化、公益化，切实把农民工等弱势群体纳入社区文化服务对象中。

第二，建立公共文化服务的绩效评价体系。不论是西部地区，还是农村地区，都不能将文化设施的数量作为考核政府文化服务工作的指标，考核时必须注重文化资源的质量，以及是否能够满足人民群众的文化需求。同时，要适当控制部分地区的大型场馆建设，把更多的资金和资源投入文化广场、文化活动中心的建设上，促进文化建设和休闲文化服务的效能不断提升。

2）健全休闲需求表达机制

面对人民群众的美好生活和休闲娱乐需求与文化服务提供不对等的现象，我国应逐步建立健全民众休闲需求的表达机制。

第一，加强互联网建设，更好地发挥大众传媒的积极作用。当今，互联网传播最具便捷性和及时性，加强互联网建设，更好地发挥大众传媒的积极作用，可以使一些急需解决的社会问题迅速传播，赢得多数人的理解与支持，政府也会关注相关问题并有效解决。政府可以通过互联网公布公共文化服务信息，公开工作规划，征求人民群众对政策或条例的修改意见，而人民群众可以就休闲文化政策的制定及时提出意见和建议，充分表达自己的文化需求。

第二，完善听证制度。听证是人民群众参与政策制定的一种方式，是提高决策透明度和公开性的一个重要途径。政府在决策的过程中设置这道程序，可以使与决策行为有利害关系的群众代表获得发表意见、反映情况的机会，保障了人民群众充分享有参与决策的权利，这不仅是决策方式民主化的重要表现，而且是政策制定科学化的集中体现。

第三，深度挖掘和分析民生信息，准确了解社会休闲需求。政府应通过收集分析制定政策所需的资源、可能的风险和问题，预测和评估休闲政策方案的效果，同时征集有效、有益的反馈信息，以便为之后的政策修订和补充提供参考。

3）注重制定民族特色文化政策

文化政策是比较特殊的政策领域。一方面，基础文化设施如图书馆、博物馆等的建设需要国家政策的支持；另一方面，展现国家文化形象、传承传统文化、弘扬民族精神等，也是休闲文化最重要的意识形态功能。休闲文化政策的制定要以增强国民对国家的认同、提升民族自豪感、增强民族自信心为目的，通过提高民族休闲文化生活品质来增强民众的文化自信。例如，政府部门在思考我国的文化节日休假政策时，应更加重视其在重构我国文化身份中的作用，在"假日经济"的基础上，重点强调"假日精神"。与此同时，政府应重视我国民间艺术团体的发展和对民族特色艺术活动的挖掘，创新创造群众喜闻乐见的艺术形式。从政策层面支持民间社团和小型地方艺术团体的发展，激励艺术创作，弘扬传统文化，提高中国艺术文化的世界影响力。

4）树立并传承生态文化政策观

树立并传承生态文化政策观，尤其是对公共文化设施建设的规范，不仅是对环境的保护、对人民健康的关注，更是一种深刻的人文关怀。休闲文化产品的开发和基础设施的构建，要避免较大的能耗和污染，从而实现休闲文化的可持续发展。

对未来的休闲文化政策而言，首先，要尽快建立监管制度，推动生态文化建设标准和绿色建筑标准的实施；通过税收、资源、信息和技术支持，推动生态文化建设。其次，要因地制宜地制定适用于中国的生态文化发展纲要，充分利用和考虑当地的环境以及文化背景，在休闲开发建设中将对环境的影响降到最低。最后，要将生态理念全面引入和体现在政策体系及标准中，建立公平、透明的信息平台，对经济价值、生态技术和社会效益进行量化，从而准确全面地评估公共文化服务。

5）构筑休闲研究政策体系

目前，我国对休闲研究的政策支持主要体现在以下方面：

第一，政府对休闲研究给予了一定的资金保障，体现了国家对休闲研究的认可和重视。例如，国家社会科学基金资助的与休闲相关的研究课题，涉及马克思主义·科学社会主义、体育学、应用经济学、哲学、管理学、社会学等众多学科；国家自然科学基金也资助了管理科学部和地球科学部的多项研究，包括休闲服务、休闲空间、休闲行为等。

第二，政府与休闲研究机构共同举办国际学术会议，推进休闲研究和休闲产业发展。例如，浙江大学与杭州市政府、世界休闲组织共同举办了多届杭州国际休闲发展论坛，集聚了国内休闲学科的众多研究人员，极大地促进了休闲学科在国内的发展，为休闲产业发展提供了理论支持。又如，2020北京·平谷世界休闲大会采取"线上+线下"相结合的互动模式，举办了1场休闲学术主论坛和14场平行分论坛，聚焦休闲城市与城市化、休闲与创新、休闲教育与休闲文化、休闲旅游与接待、娱乐和休闲、青少年休闲、休闲与农业等14个休闲领域热门话题，邀请中外高校知名学者、企业专家进行主题演讲，传播休闲生活理念，共话世界休闲潮流，推动了休闲产业的蓬勃发展。

第三，政府积极制定相关政策，如税收优惠政策、放松准入制度等，促进休闲行业协会、国际休闲组织等的发展。若想切实满足人们的休闲需求，必须进一步建立更完善、更科学的决策渠道。一方面，在文化和旅游部下面建立管理休闲事业的部门；另一方面，要将休闲理论研究转化为可操作的政策建议，加强学术界与决策者的联系。

此外，我国已经形成了学校、社区、社会组织相辅相成的休闲教育体系。"休闲"已被纳入教育原理、教育法规，成为幼儿园、中小学素质教育的必要组成部分。"休闲"也已被纳入高校教育体系中，2007年，浙江大学设立休闲学博士点。休闲学不仅成为课程内容，而且是学科体系的一部分。

"开发休闲，实际上就是积累一个人、一个民族、一个国家的文化资本。"所以，首先要争取国家和政府部门的政策支持，促进休闲学科研究的繁荣，努力创办学术性的休闲刊物，从而更好地指导国内休闲文化实践；其次要进一步顺应社会休闲发展趋势，满足休闲人才的需求，建设系统的、规范的休闲学科；最后要进一步用政策手段推动休闲教育，倡导休闲对提高生活水平、提升幸福感的重要价值，发展中国休闲文化，实现美好生活。

我国休闲文化政策的福利化、共享化、平衡化发展，为满足人民群众对美好生活的需求提供了坚实的制度基础。随着我国进入新发展阶段，人民群众对休闲文化也提出了新的要求。政府要重视休闲对构建美好生活的意义，引导人们正确认识和热爱休闲，同时创造更多的条件和机会让人们积极享受休闲。让人民生活更幸福、更美好，不仅是休闲文化政策的目标，而且是不同领域政策的共同目标。

休闲驿站 6-1

中国及部分省市休闲旅游行业相关政策汇总

休闲广角镜 6-1   **休闲、工作与幸福感**

20世纪90年代以来，我国居民对休闲的重视程度逐渐提升，人们在工作与休闲的平衡中越来越侧重休闲，这种变化不仅是我国经济跃升的写照，而且是社会进步的证明。随着经济的繁荣，居民收入不断增加，幸福感也随之提升，物质充裕后人们开始追求高质量的精神文化生活，而这正是全民休闲氛围的深刻体现。休闲由特定历史时期下，人们对其面临的生活历程和抱有的生活理想而确立起来的生活方式、价值取向所决定，是衡量人类文明程度的标尺。进入21世纪后，休闲的价值和意义得到广泛的社会认同，注重休闲的个体能够更好地享受休闲时光并获得幸福感，这也印证了社会文明的进步。

资料来源　邢占军，陈肖涵. 休闲、工作重要性认知与居民幸福感的关系研究［J］. 旅游学科，2024，39（4）.

小思考 6-1

答案提示

小思考 6-1

如何根据休闲、工作重要性认知与居民幸福感的关系制定休闲发展政策？

6.2　休闲服务管理

6.2.1　休闲服务的概念

休闲服务是一种综合服务，它是人们在一定的空间范围内、一定的设施环境下希望得到的情感需求。例如，游览杭州宋城，当你走进不是宋代的"宋代井市"，看到商家店铺各式各样的招牌，听到小商小贩敲锣打鼓的吆喝，无疑可以站在不是同时却是同景、本是同族却像异族的立场来审视历史的真实。当你抢到王家小姐抛出的绣球而被拉上阁楼时，你会由衷地感叹自己今生是一个多么有福之人。所以，人们对休闲服务这类虚拟情感的需求，是忘怀现实生活中某种精神感受的心理表现，人们此时此刻消费的是一种生活气息、一种精神境界、一种忘我情怀。

这就如同北京的一家"奥运酒吧"，只需多提供一个大屏幕，人们就可以同奥运会场的观众一起为胜利者高呼，为失败者落泪，休闲服务的本质在这里体现为为人们提供一个模拟现实的生活环境，满足人们心中的那份渴望。这就如同坐在上海衡山路的酒吧里，喝着超值的可口可乐，听着美妙抒情的乐曲，人们会"感到已从红尘中解脱出来，进入了一种特殊的情调之中"。这就如同茶艺馆里的服务，不是简单地为客人沏一壶铁观音，更重要的是茶艺师所演绎的能够使人们融入的某种"茶文化"境界。所以，休闲服务的根本目的是借助一定的空间和设施为休闲者创造出一个能够愉悦身心、焕发精神的浪漫生活环境。在休闲服务中，情感、意境的创造是极为重要的。

休闲广角镜6-2　　　　　　　　　　　　**城市公共休闲服务**

　　所谓城市公共休闲服务，概而言之，是指主要由城市政府提供的，以满足市民与游客的休闲生活需求为目的的服务。城市公共休闲服务有狭义与广义之分。狭义的城市公共休闲服务是指与公众直接接触的公共机构或部门所提供的休闲服务，即直面公众的休闲服务，如博物馆、展览馆的展示、讲解服务等。广义的城市公共休闲服务是指由城市政府主导或组织的为满足公众休闲生活需求而进行的一系列活动，包括营造公共休闲环境、构建公共休闲空间、完善公共休闲设施、开展各类休闲教育以及直面公众的休闲服务等众多内容。

　　资料来源　郝祯.论普遍有闲时代的城市公共休闲服务［J］.当代经济，2014（7）.

小思考6-2

如何构建城市公共休闲服务体系？

小思考6-2

答案提示

6.2.2　服务管理及服务质量

　　服务业的产出（即服务）具有不同于有形产品的特点，即具有无形性、不可分离性、差异性和易逝性。在上述四个特征中，无形性是服务有别于有形产品的最基本的特征，其他特征则是从这一特征派生出来的。事实上，正是由于服务具有无形性，才使得它的生产、销售、消费不可分离，而差异性、易逝性在很大程度上又由无形性和不可分离性决定。

　　鉴于服务的这些特征，当人们试图借助制造业的传统管理理论和方法解决服务业的管理问题时，遇到了诸多困难。尤其是到了20世纪70年代，西方国家对服务业放松管制，导致服务业的竞争空前激烈，不少传统的垄断性行业转变为竞争性行业。经营环境的变化促使服务企业寻求提高管理水平和竞争力的新方法。为了解决服务业管理实践中存在的问题，西方管理学界对服务业管理进行了大量的、集中的研究。来自市场营销、生产运作和人力资源管理等不同学科领域的学者，从不同角度共同致力于寻找适应服务特征的管理理论和方法。经过多年的努力和不同学科研究的相互渗透及整合，服务管理这门专注于服务业管理的新兴学科初步形成。

　　服务管理理论是伴随着管理学界对服务特征和服务管理的认识、理解而逐步形成和发展起来的，其演进过程经历了四个阶段：第一阶段（20世纪70年代至80年代初期），主要运用制造业的传统管理理论和方法来研究服务业的管理问题；第二阶段（20世纪80年代中期），开始突破制造业的"生产—运作"框架的束缚，从服务业产出的特点来全面研究服务业管理；第三阶段（20世纪80年代末期至90年代初期），服务管理理论初步形成；第四阶段（20世纪90年代以来），服务管理理论深入发展和不断完善。

　　美国服务营销学者洛夫洛克认为，服务管理中的营销、生产和人力资源职能相互依赖，共同构成了一个有机的整体。每一种职能既可以完整地存在于一个组织内部，也可以在原始服务组织和它的合作伙伴之间进行分配。

第一，营销职能。在服务组织中，营销人员与顾客的接触是经常性的，营销人员必须研究每个细分市场内的顾客需求和偏好。营销职能具体包括：监控竞争者提供的服务产品；设计符合所选择的细分市场需要的核心服务产品；设定能反映成本、竞争策略的价格；制订合适的服务产品营销推广计划；制订奖励和提高顾客忠诚度的方案等。营销职能同生产职能相结合，并且依赖于生产职能。

第二，生产职能。生产职能在服务组织中占据主导地位，它创造和传递了服务产品，承担了大部分服务前台和后台管理工作。生产职能具体包括：负责生产设施和后台程序的有效运行；制定稳定的衡量服务质量水平的绩效标准；定期考核绩效指标；设计和引进创新的服务传递系统；提高生产效率和降低服务成本。

第三，人力资源职能。无论服务类型如何，顾客与服务系统的接触水平如何，服务组织都需要依靠雇员来完成组织的使命，雇员的素质已经成为组织竞争优势的重要来源。人力资源职能主要包括：雇员的招聘和培训；雇员的绩效评估；雇员的报酬体系设计。

服务管理就是要确保以上三种职能与组织的目标协调一致，并相互促进、相互补充。

对服务质量最广泛的研究是以顾客为导向的。蔡特哈姆尔（Zeithaml）、贝里（Berry）和帕拉休拉曼（Parasuraman）提出了顾客评价服务质量的五个维度：①有形要素。顾客实际接触的有形场地、设备、人员和沟通资料的外观。②可靠性。服务组织可靠地、准确地完成所承诺的服务的能力。③反应性。帮助顾客的迅速程度和提供服务的意愿。④保证性。服务提供者的可信任程度和诚实程度。⑤情感性。容易接近、良好的沟通和对顾客的了解。他们认为，这些方面都是顾客评价服务组织及服务质量所使用的指标。如果顾客认知的服务组织的表现水平低于期望值，则说明服务质量低；反之，则说明服务质量较高。

6.2.3 休闲服务质量管理

休闲服务质量管理的具体操作可以从以下几个方面着手：

1）清晰定位目标顾客

随着个人收入水平的提高，顾客感知到的服务质量、服务能力和服务熟练度都会降低，这说明收入较高者对休闲服务组织的认可度较低。休闲服务组织应该分析自身的优势，选择合适的目标顾客，清晰定位，以赢得顾客的好评。

2）提高服务能力

顾客对休闲服务组织的服务能力很看重，因此休闲服务组织应以服务设施为基础，以服务人员为依托，以顾客为导向，不断提高自身的服务能力，从而满足顾客的需求。

3）提升服务质量

人口特征变量是市场细分的重要参数，因为不同的人群对服务质量的要求不同。

休闲服务组织应根据目标市场的特点，提升服务质量，以较低的成本更好地满足顾客的需求，最终发展壮大。

4）突出服务特色

不少休闲消费场所仅仅突出了外在形象特点，并未从根本上突出其服务的内在特色。例如，城市居民之所以要在休闲农业场所消费，是希望通过消费体验回归自然，感受农耕文化。因此，休闲农业服务提供者应该突出乡村特色，从而真正满足顾客的需求。

5）注重服务效力

不同的顾客对休闲服务组织服务效力的感知程度不同，因此休闲服务组织应将服务效力排在第一位，只有这样，才能以服务促进消费，才能吸引顾客。从营销学的角度来说，休闲服务组织在经营过程中，不是运用"推"的策略，而是利用自己的服务优势，即运用"拉"的策略，将顾客吸引过来，将休闲服务组织由企业导向转变为顾客导向，时刻以顾客为中心，从而提高自身的品牌价值，形成良好的品牌效应。

6）制定有效的服务策略

①主推核心服务，并根据顾客需求完善套餐服务，使顾客更好地了解和接受服务。

②突出个性化服务，优化服务运营模式。核心服务进一步完善后，应突出服务的个性化。优化服务运营模式，将运营管理方法和技巧更好地运用到休闲服务组织本身。

③感召和凝聚全体员工，在此基础上逐步建立起与企业服务理念相适应的视觉和行为识别体系，努力通过优质的产品和统一的企业形象推广体系，获得目标群体的认同和支持，从而建立起良好的休闲服务品牌形象。

④在日常服务过程中，充分了解顾客需求，完善服务方式，不断开发品类丰富、样式新颖的服务套餐，以适应顾客需求的变化，提高竞争力。

⑤制定合适的服务价格。以自身成本为基础，参照竞争对手（传统娱乐场所）的收费标准以及目标顾客的意愿价格，确定休闲服务的最终价格。同时，针对老客户采取折让价格定价法，最终达到体现顾客感受价值、扩大市场份额、促进企业增收的目的。

7）加强休闲服务组织建设

对休闲服务组织来说，规模小和单一化是比较严重的问题，这会使休闲服务组织在竞争中处于不利的地位。休闲服务组织很容易陷入恶性竞争，最终休闲服务组织自身的服务流程会被扰乱，甚至整个休闲服务行业的发展秩序也会被破坏。因此，应由某个组织牵头，将分散、单一和弱小的休闲服务组织联合起来，实施规范化管理，形成战略联盟，建立健全服务质量体系，从而为整个休闲服务行业营造一个良好和谐的服务环境。

6.2.4 休闲服务标准化

在国际和区域层面的标准化体系中，休闲服务标准化目前还是一个薄弱环节。虽然各国都比较重视休闲服务标准化，但标准化的主要对象是商业性休闲服务。因此，就城市公共休闲服务而言，国内外在这一领域的标准化还有待加强。

1）国际层面的休闲服务标准化

在国际标准化领域，国际标准化组织（ISO）、国际电工委员会（IEC）、国际电信联盟（ITU）是制定和发布标准数量最多、国际影响力最大的标准化组织，也是国际标准化活动的主体。在三大标准化组织中，涉及休闲服务领域的主要是ISO。在ISO的各技术委员会中，成立于2005年的"旅游及相关服务"技术委员会（ISO/TC 228）是专门开展旅游服务标准化活动的技术组织，其业务范围是对旅游服务机构提供的服务产品及相关活动的名词术语和特征进行标准化。ISO/TC 228下设ISO/TC 228/WG 1潜水服务、ISO/TC 228/WG 3旅游信息和接待服务、ISO/TC 228/WG 7探险旅游、ISO/TC 228/WG 8游艇港口、ISO/TC 228/WG 13可持续旅游、ISO/TC 228/WG 15膳宿、ISO/TC 228/WG 16餐馆、ISO/TC 228/WG 19在线旅行社（OTA）等工作组。

目前，ISO/TC 228已制定或采用的旅游及相关服务标准有休闲潜水服务系列标准、探险旅游系列标准等。其中，休闲潜水服务系列标准不仅将潜水员的水平进行了三级划分，规定了各级潜水的技术要求，而且将教练的水平进行了二级划分，规定了各级教练的资质要求，最重要的是规定了各个水平的认证程序。此外，休闲潜水服务系列标准还对休闲潜水供应商提出了具体要求，从而对该项娱乐活动的所有涉及方都进行了规范，保证了活动的安全和可持续发展。

2）区域层面的休闲服务标准化

在区域层面，欧洲是推动休闲服务标准化的主导者。欧盟官方认可的三大标准化组织包括欧洲标准化委员会（CEN）、欧洲电工标准化委员会（CENELEC）、欧洲电信标准化协会（ETSI），其中，CEN开展了旅游服务标准化活动。CEN与ISO签订的《维也纳协议》更是赋予了欧洲特殊的主导地位，许多欧洲标准甚至上升为国际标准。

欧洲从20世纪90年代就已经开始的服务标准化基础研究，也为欧盟领导国际旅游服务标准化工作奠定了坚实的基础。欧盟委员会高度重视利用标准增加包括旅游在内的跨国服务贸易的安全性和透明度，不但积极支持欧洲标准化组织长期开展有关服务标准化的开拓性研讨，而且资助民间咨询机构开展服务标准化现状、服务标准制定机制创新、服务标准战略等方面的专题研究，并在民间机构研究的基础上，委托CEN、CENELEC和ETSI制订服务标准项目计划。

CEN设立的"旅游服务"标准化技术委员会（CEN/TC 329）是专门从事旅游标准研制的标准化技术组织，其下设CEN/TC 329/WG 1酒店和其他各类旅游住宿、CEN/TC 329/WG 2旅行社与旅游经营者、CEN/TC 329/WG 3休闲潜水服务、CEN/TC 329/WG 4语言修学游、CEN/TC 329/WG 5导游服务等工作组。

CEN/TC 329 主导制定了休闲潜水服务系列标准、旅游服务系列标准等多项休闲服务标准，其中大部分标准已成为国际标准。从已发布的标准的数量上看，CEN发布的休闲服务标准并不多，这说明休闲服务标准化在CEN的标准化活动中还属于比较薄弱的环节。

3）发达国家的休闲服务标准化

由于发达国家的旅游目的地众多、休闲产业发达，因此其比较重视休闲服务标准化工作。例如，德国、法国、西班牙、奥地利、瑞士、英国等旅游业发达国家都制定并实施了相关标准，其中标准数量较多的国家是法国和西班牙。相比之下，美国的休闲服务标准化工作远不如欧洲，这主要是由于美国的市场经济较为发达，法律法规、行业自律以及行业协会治理结构较为完善。

从国际层面、区域层面及发达国家的休闲服务标准化状况来看，国外的休闲服务标准化主要集中在旅游服务及潜水、户外活动等商业性休闲服务领域，而在公共休闲服务特别是城市公共休闲服务领域，相应的标准则较少。

4）我国的休闲服务标准化

我国也是较早开展休闲服务标准化的国家。20世纪80年代中期旅游业开始的标准化工作探索，可以看成我国休闲服务标准化的开端。

（1）旅游服务标准化状况

旅游业是我国开展服务标准化最早的领域之一。自1993年《旅游涉外饭店星级的划分与评定》制定并发布实施以来，经过多年的发展，我国旅游服务标准化工作取得了明显成效，促进了行业的发展。其主要特点如下：

①标准数量较多且覆盖面广。旅游服务是休闲服务中开展标准化最早、制定发布标准数量最多的领域。目前，已经发布的国家标准有：《国家级生态旅游区运营管理规范》（GB/T 26362—2024）、《导游服务规范》（GB/T 15971—2023）、《旅游饭店星级的划分与评定》（GB/T 14308—2023）、《旅游民宿基本要求与等级划分》（GB/T 41648—2022）、《旅游度假区等级划分》（GB/T 26358—2022）、《内河旅游船星级的划分与评定》（GB/T 15731—2015）等。已经发布的行业标准有：《出境旅游领队服务规范》（LB/T 084—2022）、《滑雪旅游度假地等级划分》（LB/T 083—2021）、《旅游休闲街区等级划分》（LB/T 082—2021）等。这些标准涉及食、住、行、游、购、娱等旅游诸要素，涵盖了旅游饭店、旅行社、旅游车船、旅游景区、旅游规划等旅游业的主要领域。此外，地方政府及旅游主管部门对旅游服务标准化工作的重视程度和支持力度也不断增强，旅游企事业单位自主或参与制定标准的积极性不断提高，地方制定旅游服务标准的速度不断加快。

②标准化技术组织逐步建立。1995年，我国旅游标准化专业组织——全国旅游标准化技术委员会成立。该组织全面负责旅游服务标准的研究、制定、报批、实施等技术工作和相关组织工作。部分省、自治区、直辖市旅游主管部门也根据工作需要成立了相应的旅游标准化组织和研究机构，如浙江省文化和旅游标准化技术委员会、江苏省文化和旅游标准化技术委员会、内蒙古自治区文化和旅游标准化技术委员会、上

海市旅游标准化技术委员会等。标准化技术组织的逐步建立，为旅游服务标准化提供了重要的组织保障，在旅游服务标准化工作中发挥了积极作用。

③标准化作用日益显现。标准化水平是衡量一个行业成熟与发达程度的重要标志。随着旅游服务标准化领域的拓展和标准的实施，旅游服务标准化工作在提高旅游服务质量、规范旅游市场秩序、增强企业竞争力、保障旅游消费者权益、强化行业监督管理、促进旅游产业转型升级等方面发挥了重要作用，取得了显著成效。同时，旅游产业的快速发展也有力地带动了第三产业的发展，优质服务的观念已在全社会形成，从而对我国服务的标准化进程产生了积极影响。

（2）文化休闲服务标准化状况

①标准数量少。文化休闲服务标准化工作起步于20世纪90年代，1993年文化部发布并实施了《歌舞厅扩声系统的声学特性指标与测量方法》（WH 0301—1993，已废止）首个行业标准，之后又陆续发布了《歌舞厅照明及光污染限定标准》（WH 0201—1994，已废止），《歌舞厅灯具通用技术条件》（WH/T 0302—2000，已废止），《演出场馆设备技术术语 舞台机械》（WH/T 35—2009，已废止）等行业标准。从已发布的标准来看，主要涉及的是娱乐演艺服务，并且以服务设施设备标准为主要内容。与旅游服务标准相比，文化休闲服务标准数量较少。

②标准化技术组织初步建立。为了推动文化领域的标准化工作，2008年，全国剧场标准化技术委员会、全国图书馆标准化技术委员会、全国文化馆标准化技术委员会、全国网络文化标准化技术委员会、全国文化娱乐场所标准化技术委员会等八个全国专业标准化技术委员会和分技术委员会成立，这是我国首次成立文化行业标准化技术组织。八个专业标准化技术委员会和分技术委员会的工作领域多数都与文化休闲服务相关，这为文化休闲服务标准化工作提供了组织保障，相关国家标准的制定及修订工作由此展开。

（3）体育休闲服务标准化状况

①标准覆盖面窄。虽然我国在1988年就发布了《游泳场所卫生标准》（GB 9667—1988，已废止）与《体育馆卫生标准》（GB 9668—1988，已废止）两个国家标准，但体育休闲服务领域的大多数标准都是在2000年以后制定并实施的。目前已发布的标准主要有：《体育场所等级的划分 第1部分：保龄球馆星级的划分及评定》（GB/T 18266.1—2000）；《体育场所等级的划分 第2部分：健身房星级的划分及评定》（GB/T 18266.2—2002，替代标准征求意见中）；《体育场所等级的划分 第3部分：游泳场馆星级划分及评定》（GB/T 18266.3—2017）；《体育场所开放条件与技术要求 第1部分：游泳场所》（GB 19079.1—2013）；《体育场所开放条件与技术要求 第2部分：卡丁车场所》（GB 19079.2—2005）；《体育场所开放条件与技术要求 第3部分：蹦极场所》（GB 19079.3—2005）；《体育场所开放条件与技术要求 第4部分：攀岩场所》（GB 19079.4—2014，替代标准征求意见中）；《体育场所开放条件与技术要求 第5部分：轮滑场所》（GB 19079.5—2005）；《体育场所开放条件与技术要求 第6部分：滑雪场所》（GB 19079.6—2013）；《体育场所开放

条件与技术要求 第7部分：花样滑冰场所》（GB 19079.7—2013）；《体育场所开放条件与技术要求 第8部分：射击场所》（GB 19079.8—2013）；《体育场所开放条件与技术要求 第9部分：射箭场所》（GB 19079.9—2013）；《体育场所开放条件与技术要求 第10部分：潜水场所》（GB 19079.10—2013）；《体育场所开放条件与技术要求 第11部分：漂流场所》（GB 19079.11—2005）；《体育场所开放条件与技术要求 第12部分：伞翼滑翔场所》（GB 19079.12—2013）；《体育场所开放条件与技术要求 第13部分：气球与飞艇场所》（GB 19079.13—2013）等。虽然体育休闲服务领域有了一定数量的国家标准和行业标准，但这些标准主要涉及的是经营性体育场所（馆），公共健身设施、社区体育休闲等方面的标准数量仍非常少。

②标准化技术组织初步成立。2008年，经国家标准化管理委员会批准，全国体育标准化技术委员会成立。该委员会主要负责体育基础、竞技活动、设施设备、场所等领域的标准化工作，涉及竞技体育、群众体育、体育经济等各个环节，其工作内容多数与体育休闲服务有关。全国体育标准化技术委员会的成立，标志着我国体育标准化事业开始进入一个新阶段。

（4）其他休闲服务标准化状况

旅游服务、文化休闲服务、体育休闲服务都属于休闲服务标准化工作起步较早的领域。进入21世纪以来，随着休闲服务业的发展，其他休闲服务领域如农家乐、温泉、滑雪场、海水浴场、酒吧、茶馆、高尔夫俱乐部等，也逐渐形成了一些地方标准及为数众多的企业标准。

从我国休闲服务标准化的整体情况来看，旅游服务标准化堪称休闲服务标准化的典范——不仅标准化工作起步早，而且标准数量较多，覆盖面较广，标准化成效显著。相对而言，其他休闲服务领域的标准化工作则明显滞后——或是标准数量少，或是标准覆盖面窄，或是标准影响力差。因此，就休闲服务领域而言，整体标准化水平仍然较低。从已发布标准的内容来看，主要是围绕商业性休闲服务制定和实施标准，公共休闲服务方面的标准较少。

6.3　休闲营销管理

6.3.1　休闲业营销原则

随着人们对休闲活动的关心和参与程度的提高，人们的休闲观念有了明显的变化。休闲业营销的关键在于培养消费理念和习惯，创新营销方式，这样才能迎合休闲消费者多样化和个性化的需求。

1）培养休闲消费习惯的原则

消费意识和消费习惯直接导致消费行为，因此培养消费者的休闲意识和休闲习惯对于促进休闲产品的销售具有重要意义。具有强烈休闲意识和休闲习惯的休闲企业领导者能够更好地理解休闲产品设计中的创新理念和创新思维。在营销过程中，企业领导者和设计者必须打破固有观念，把对休闲的新观念反映在产品和服务中，充分体现休闲产品的创新性和革新性，以引导人们的休闲消费。

2）创造休闲消费时尚的原则

休闲消费不是人们生活必需的物质消费，它更多体现的是一种精神消费、一种时尚消费。企业要想让消费者实现休闲消费，就必须设法创造出一种消费时尚，赋予一些商品和服务新的文化和精神内涵，并引导人们消费，让人们在休闲消费时获得一种心理上的满足。在引导人们的休闲消费时，一定要注重广告宣传的感染力与诱惑力，不仅要让人们了解新的休闲消费产品与服务，而且要让人们从内心感觉到进行休闲消费的必要，激发人们的休闲欲望，潜移默化地影响人们的消费观念，使人们接受休闲消费的现代生活方式。

3）增强休闲消费体验的原则

休闲产业就是要创造出各种体验，使消费者通过欣赏艺术、科学和大自然等，达到放松身心、丰富生活的目的。企业经营者需要站在消费者的角度，从消费者的感官、情感、思维、行动和关联五个方面设计营销方案，充分利用传统文化元素、现代科技手段来提高产品的内涵，从而更好地满足消费者对情感体验、审美体验、教育体验和遁世体验等的需求，在给消费者的心灵带来强烈震撼的同时实现产品的销售。

4）突出休闲产品个性化的原则

开发休闲产品时，不仅要注重产品的娱乐性和舒适性，而且要注重产品的个性，因为休闲消费者倾向于选择符合自己个性的设计。同时，在服务过程中，也要注意提供区别化和个性化的服务，以满足消费者张扬个性的心理需要。突出休闲产品个性化的原则是现代休闲产品营销的重要原则。

5）创新复合型休闲服务的原则

商务活动和休闲相结合发展而成的商务休闲模式，是从商务活动中衍生出来的一种新的需求。最典型的例子是商务客人到了某地谈完生意之后打高尔夫球、泡温泉，这已经发展成为一种流行的模式。因此，我们应突破那种发展纯粹休闲产业的思路，力求把各种商业活动、服务活动休闲化。

6.3.2　休闲业营销策略

休闲企业是提供休闲产品、实施营销策略的基层组织，其产品营销具有强烈的针对性。不同领域的休闲企业应认真研究自己的目标市场，全方位制定营销策略，以满足休闲消费者多元化、多层次和个性化的休闲需要，最终实现经营目标。

1）树立正确的营销理念

在文化理念上，要坚持"以人为本，员工第一"，因为只有满意的员工，才会有满意的顾客；要坚持"以客为本，顾客至上"，因为只有满意的顾客，才会给企业创造满意的利润；要突破低层次的价格竞争意识，提升到质量竞争和文化竞争的层次，提倡"健康、生态、文化"的消费观念。在经营理念上，要坚持"以差异求生存，以创新求发展"，因为休闲企业同样面临着需要以异质产品赢得目标顾客并不断满足休闲消费者的多样性需要和变化着的需要的问题，休闲企业必须通过创新经营来适应需求异化，创造新的顾客惊喜和顾客满意。在服务理念上，既要体现标准化服务、规范化服务，也要迎合休闲消费者个性化服务、超值服务的需求，最终建立起综合性服务体系。

2）运用科学的经营策略

（1）强化经营要素

休闲企业要想保持其产品对休闲消费者的吸引力，必须强化休闲产品经营的四要素（即文化性、环境性、体验性和定制性）。

①突出休闲文化。休闲活动的最大特点就是它的文化性，休闲活动对于提高人们的生活质量和生命质量、对于人的全面发展有着十分重要的意义。一些休闲企业十分重视主题文化包装，在投资方面采取35%的资金用于设备引进、65%的资金用于主题文化包装的做法很值得借鉴。

②烘托休闲环境。提倡"创造性思维"的原则，尽一切可能与众不同、别出心裁地烘托艺术氛围和塑造文化氛围，营造有节奏、有情调的人格化休闲环境，同时通过这种环境来阐述休闲产品的文化理念，以赢得休闲消费者的共鸣、认同和喜爱，形成企业与顾客之间的双向交流与沟通。

③增强休闲体验。休闲产业发展的一个重要趋势就是发展以体验为基础的休闲产品，强调顾客的参与性。没有顾客参与的休闲产品是没有生命力的。顾客在休闲体验中放松身心、获得快乐，在亲朋好友中传播休闲体验，能使企业获得更多的客源。

④满足个性需要。针对消费者的特殊兴趣和爱好设计的休闲产品，对消费者来说更具吸引力。因此，企业应根据目标消费者的特殊兴趣和爱好，确定产品主题，提供充满个性和独特性的休闲产品。

（2）突出经营主题

休闲产品的主题化经营既是休闲产业发展的趋势，也是企业在激烈的竞争中取胜的关键。主题是休闲产品形成鲜明特色和独特个性的灵魂，也是企业吸引消费者的魅力所在，因此主题必须是创新性思维的结晶，并且可以通过各种技术手段转化成现实的外部环境和娱乐氛围，消费者参与其中后能够获得特别的感受。

①主题公园。主题公园是一种能够满足旅游者多样化休闲娱乐需要的现代休闲产品，珠海长隆海洋王国、深圳欢乐谷、深圳世界之窗等著名的主题公园均已取得了较好的经济效益。但是，主题公园在发展过程中应力戒重复建设，应遵循追求品质、坚持个性、不断创新的建设宗旨，注重提高主题的吸引力和游客的参与性，以增强游客的体验效果。

②主题购物。主题购物把购物和娱乐休闲组织在同一个空间内，让购物和休闲可以在同一时段进行，从而把购物活动带入了一个主题化、休闲化以及倡导一站式服务的时代。

③主题酒店。主题酒店用某一特定的主题来体现酒店的建筑风格、装饰艺术和文化氛围，能够使顾客获得富有个性的文化感受；同时，将服务项目融入主题，以个性化的服务取代模式化的服务，能够使顾客获得欢乐、知识。主题酒店的建立应注重突出特色、丰富内涵，满足顾客的个性化需要。

3）实施合理的营销组合

人们的休闲需求具有多样化的特征，因此休闲企业在开展营销活动时应该从满足人们多样化需求的角度出发，在对营销环境进行调研和分析的基础上，认真进行市场细分，准确锁定目标市场，实施产品策略、价格策略、渠道策略和促销策略的不同组合，将休闲消费者的需求作为市场经营活动的出发点，努力降低经营成本和产品价格，最大限度地满足休闲消费者多方面的需求，最终实现最佳的经济效益。同时，休闲企业应注意联合各相关企业实施休闲产品的组合，实现休闲产品的联合促销，共同提高营销效果。

4）采用有吸引力的营销方式

传统的营销方式比较注重产品的功能利益，而忽视了消费者的感受和体验。休闲经济时代的消费者已经变得越来越感性化、个性化，他们不仅重视产品和服务带来的功能利益，而且重视所购买的产品是否符合自身的审美情趣和心理需要，以及购买产品或享受服务的过程中所获得的体验和感受。体验式营销在休闲经济时代是一种营销方式的变革，它强调消费者的参与和体验，通过提供独特的消费体验来吸引和留住消费者。因此，休闲企业可以以体验为导向设计产品和服务，还可以通过实施体育营销、娱乐营销等新的营销方式，将企业的营销活动融入各类体育、娱乐活动之中，从而实现企业的营销目标。

6.3.3 休闲产品营销

由于消费者休闲需要的多元化，因此休闲产品可以分为单项休闲产品和整体休闲产品。旅游景点、娱乐项目等属于单项休闲产品；旅游线路、旅游城市则属于整体休闲产品，因为此时的消费对象是目的地有关休闲产品的集合。所以，对于休闲产品的营销，需要从地区、产业和企业等不同层面来考虑，并采取不同的营销策略。

1）宏观营销：地区营销及其策略分析

一个地区或城市集合了区域内所有的休闲及相关产品，当休闲消费者选择某一个地区或城市作为自己休闲旅游的目的地时，他看中的往往不是某个单项休闲产品，而是这个区域或城市内一系列的休闲产品。此时的休闲产品营销如果以单个企业为主体开展，那么企业往往会力不从心，并且收效甚微。

地区营销是在地区层次上进行的以目的地为营销对象的一种营销方式。地区营销的参与者不是某个企业，而是地区内所有相关的机构和人员；营销对象不是某个产品，而是地区内所有相关产品和服务；受益者不是某个企业，而是整个地区。研究者认为，地区营销过程的参与者主要分为两大类：一类是来自公共层面的政府管理者、城市规划部门、商务发展部门、旅游部门、会议部门、公共信息部门、基础设施管理部门（交通运输部门、环境卫生部门等）；另一类是来自私人层面的房地产开发商、金融机构、接待企业（商店、酒店、餐馆等）、旅行社、出租车行业、建筑业、其他相关行业以及当地居民。地区政府是区域性休闲产品和休闲目的地的营销主体。作为地区营销的核心，地区政府有必要也有能力联合相关行业实现对地区或城市的整体营销。例如，为了把一个城市推向旅游与休闲市场，地方政府可以通过行政、经济、法律等手段，联合商贸、文化和旅游、交通、通信、金融、财政等部门，为休闲者的休闲活动提供便利。

地区营销策略应从合理规划、公共管理和整体营销等方面加以把握。地区的城市规划应强调以人为本的理念，即城市规划的重点应放在研究人的存在价值、生活方式和交往模式上，规划城市中群体的文化、生活方式和社会组织，满足居民的居住、出行和娱乐休闲等需求，从而创造一个宜人的城市空间和文化氛围。城市规划的内容不仅应重视公园系统、休闲广场、步行系统、旅游景区、森林绿地系统以及文化产业系统等满足居民休闲文化需要的硬件方面的建设，而且应重视城市环境整治与安全治理、文明行为规范与养成、休闲文化活动设计及其组织机构设置、市民工作与休假制度安排等软件方面的建设，从而实现健康与和谐同在的城市管理目标。在公共管理方面，政府可以通过以下措施来促进合作：向地区内的企业和公众说明休闲产业在地区内的重要地位、地区面临的激烈竞争，以及齐心协力进行产品营销的必要性；了解地区内部利益相关者的需求，并协调好各利益相关者的关系；让企业和居民充分参与到对发展前景的描绘和营销计划的制订中来，促使其达成一致意见，建立有效的营销联盟，在营销计划的每一个实施阶段都评价实施效果并及时反馈给企业和公众。在整体营销方面，政府可以通过全面调研，分析休闲资源和休闲产品的优势，塑造休闲城市的整体形象并进行整体宣传；促进高层合作，实现扩大性营销；通过策划大型事件，实现冲击性营销；通过组织大型活动，实现广泛性营销。

　　2）中观营销：产业营销及其策略分析

休闲产业是以休闲消费者为对象，为休闲消费者的休闲需要创造便利条件并提供所需商品和服务的综合性产业群，即休闲产业是一组与休闲需求相关联的产业群。从第一产业的农业观光旅游、花卉种植、宠物饲养，第二产业的休闲食品加工、服装制造，到第三产业的电信服务、广播电视传输服务以及住宿、餐饮、文化娱乐和居民服务等，都在不同程度上为休闲消费者提供了相关的休闲产品。由于目前人们对休闲产业缺乏权威性的界定，国民经济核算中也没有相对应的统计指标，休闲产业营销更是一个有待进一步研究的课题，因此本书以《国民经济行业分类》（GB/T 4754—2017）为依据，对与休闲产业相关的行业的营销进行初步探究。

从理论上看，产业营销是休闲产业系统内的同类企业将产品推向市场、满足消费者需要的营销活动。营销活动的参与者是行业组织及提供同类产品的企业，营销对象不是单个企业的某种产品，而是某一类产品，受益者是生产和经营这一类产品的企业群而不是单个企业。休闲产业中的行业组织与协会是产业营销的主体，如旅行社协会、饭店协会及旅游车船协会等，这些协会对于指导行业整体营销、提高企业营销质量及协调行业内的企业关系具有积极的意义。因此，产业营销可以通过全行业的联合来开展，也可以通过各相关行业、企业的联合来开展。开展休闲产业营销应把握好与休闲活动密切相关的主体行业的营销。

（1）旅行社及相关服务业

旅行社业应迎合周末旅游需求和假日旅游需求扩大的趋势，致力于开发国内外休闲旅游线路，以满足休闲旅游者的需要。具体而言，应积极开发近距离周末旅游线路，逐步拓展中程及远程旅游线路，创新保健旅游、探险旅游等休闲旅游项目。同时，旅行社业应充分利用互联网推销周末休闲运动与旅游线路，在各类休闲项目需求上升的前提下，运用价格策略，适当上调价格，这也可以促进各种休闲项目的快速开发，如新建或扩建滑雪场、游乐场等。

（2）住宿和餐饮业

住宿业应丰富住宿接待类型，提供更多元的居住体验，从而满足不同消费者的需求；充分利用各类营销渠道，如社交媒体、短视频等，提高产品知名度；重视服务质量，为消费者提供更加个性化和贴心的服务。餐饮业应延长周末营业时间，有针对性地开发家庭市场、儿童市场、老年人市场等；充分利用自己的营销网络或第三方餐饮平台，提供送货上门或送货至指定地点的服务。

（3）软件和信息技术服务业

在现代社会，网络游戏、网络影视、网络聊天等已经成为人们休闲的一种重要方式。现代信息技术的发展和新产品的开发，应充分满足消费者的休闲需求。例如，使用手机的多媒体服务功能，可以随时观看各类球赛；在游乐园排队的间隙，可以体验手机游戏的乐趣。

（4）金融业

银行等金融机构应重视开发与旅行、体育、文化活动等相关的服务项目，提供休闲运动服务及用品购买优惠。在信用卡使用方面，金融机构可以向顾客提供航空、铁路、住宿、电影、休闲运动等附加优惠，或在网站上开设休闲运动专区，为顾客提供各种休闲运动的预约和结算服务。

（5）制造业

食品制造业应注重开发营养均衡、品种丰富的快餐食品和休闲食品，这些食品不仅可以节省家庭烹调时间，还可以作为野外旅游中的方便食品和消遣食品。服装制造业应重视设计制服和休闲服两用产品，运动服装的设计应体现休闲元素。汽车制造业应注重开发满足休闲功能的汽车，设计出较大的储物空间，同时突出实用性。

（6）房地产业

休闲房地产的营销必须把握好以下几点：

①培育消费群体。通过休闲教育传播住宅休闲文化，提升审美情趣，培养休闲消费理念，刺激休闲需求。

②确定目标市场。在对有休闲房地产需求的消费者进行调查研究的基础上，确定重点市场和一般市场，对重点市场中具有不同经济特征和人口特征的细分市场进行深

入研究后，确定目标市场，实行有针对性的宣传促销。

③突出主题形象。选择自然环境优美宜人、人文环境特色浓郁的区域，开发主题鲜明的休闲社区，注重社区休闲设施功能的多元化。

④完善管理机制。休闲房地产业需要相应的行业组织代表行业利益、反映行业要求、加强自我约束、促进自我发展，同时还应做到注重社区参与，培养顾客感情，实现供求互动，促进创新经营。

3）微观营销：企业营销及其策略分析

企业营销是各休闲企业将自己的产品推向市场的营销活动。企业营销的参与者是单个企业或企业集团，营销对象是企业或企业集团生产、经营的休闲产品，直接受益者是实施营销活动的企业而不是整个产业或其所在地区。与地区营销和产业营销相比，企业营销是更具有针对性的营销活动，它满足了休闲消费者多元化、多层次和个性化的休闲需要。因此，休闲企业应认真研究自己的目标市场，制定有别于其他企业的营销策略，从而实现自己的经营目标。

（1）树立以顾客为导向的营销观念

休闲企业在营销过程中应重视对顾客心理需求的挖掘，找出具有营销价值的机会，这样才能使产品和服务与目标顾客的心理需求一致；否则，企业进行的营销活动只不过是在概念上进行的假设。

体验式营销尤其注重满足顾客的个性化需求。由于顾客的知识、经历等各方面存在差异，因此不同的顾客在进行体验时，获得的感受并不相同。休闲企业应抓住顾客需求多样化的特点，完善每一个触点的顾客体验，提高顾客满意度。

（2）整合多种感官刺激

成功的休闲产品能使顾客获得轻松愉悦的心情，并且获得极大的满足感和放松感。休闲企业通过策划各种体验项目，可以打造一个高享受的体验过程，从而为顾客制造情绪的兴奋点。实践证明，顾客的感官受到的刺激越多，由此带来的感觉就越难忘，就越能够给顾客留下深刻持久的印象。

（3）建立专业的营销队伍

休闲企业的营销人员与顾客之间的交流，也是顾客体验中不可缺少的一部分。营销人员在这个过程中既扮演着导演的角色，又充当着演员的角色，他们营销的场所更像一个舞台。营销人员要想使展现在顾客面前的产品恰当地表现主题，更受顾客欢迎，就必须让顾客参与进来，让顾客也变成演员。所以，休闲企业应该加强对营销人员工作能力的培养，建立一支专业性强的体验营销队伍，从而为顾客提供更加一流的服务。

（4）勇于创新，不断发现新的体验价值

随着收入和闲暇时间的增多，人们对休闲方式和休闲内容的需求也在不断变化。因此，休闲企业必须不断创新，从而开发出具有复合性、交叉性的新型休闲产品。

休闲广角镜6-3　　　　　　　　　　　　　**运动休闲特色小镇**

　　运动休闲特色小镇是将运动休闲与特色小镇相结合的新兴小镇发展模式，在挖掘小镇特色地理资源、人文资源、环境资源的基础上，结合城镇发展的优势、运动休闲的需求等因素，推动小镇地区经济文化发展，提高人们的生活品质。

　　运动休闲特色小镇的建设与发展能够使小镇的发展与时代的发展相适应，充分发挥了小镇独有的地理环境以及人文气息，不仅有利于缓解城乡发展不同步的问题，而且为美丽乡村建设探索出了新道路。运动休闲特色小镇的建设突出了运动休闲与特色小镇两个主题，以特色小镇吸引城市居民、以运动休闲促进当地居民与城市居民健身运动的开展，有利于全民健身国家战略的顺利实施。运动休闲特色小镇的建设与发展将文化、旅游、体育、住宿、服务等产业有机结合，不仅增加了当地居民的收入，而且提高了城镇人民的幸福感。

　　资料来源　彭友. 运动休闲特色小镇品牌竞争力提升策略［J］. 山西财经大学学报，2023，45（S2）.

小思考6-3

小思考6-3

如何提升品牌竞争力，助力运动休闲特色小镇建设？

答案提示

6.4　休闲组织管理

　　休闲作为人类的天性与权利，直到现代才获得制度层面的保障。社会组织面对组织内外的"休闲人"，迫切需要科学的休闲文化理论指导休闲管理，包括休闲行业管理、休闲企业管理、休闲服务管理，以便根据休闲者的需求提供相应的休闲设施与休闲产品，确保休闲经济产业、休闲经营管理围绕着"促进人的全面发展和社会全面进步"的目标运转。

6.4.1　休闲服务组织的类型

　　随着休闲经济的蓬勃发展，各种休闲服务组织也应运而生。按照财政来源和管理方式区分，休闲服务组织包括政府部门、商业机构和非营利组织三大类。

1）政府部门

　　在美国，大多数联邦土地管理机构都已逐步介入户外游憩活动，其他许多联邦机构也间接地介入游憩和休闲活动，因为它们的工作内容涉及运输、商业和艺术等相关领域。与休闲游憩最直接相关的机构是美国内政部下属的美国国家公园管理局，其下辖的上千万英亩土地已成为具有国家历史、文化、自然和游憩意义的户外活动地区。

　　我国与休闲相关的政府机构主要有文化和旅游部、住房和城乡建设部、国家林业和草原局、国家体育总局等。这些部门对我国的宾馆饭店、旅行社、风景名胜区、文化场馆等进行宏观调控和行业管理。

2）商业机构

在各类有关休闲的机构中，商业性休闲机构的数量是最多的。近些年，我国商业性休闲机构如雨后春笋般日益增多，并占据了主要地位。在某种程度上，电视和其他大众传媒、旅游景区、专业化和商业化的体育设施以及其他许多商业企业占据了人们大部分的休闲时间。

3）非营利组织

国外有许多为青少年提供休闲服务的非营利组织，其服务内容多与"性格培养"有关。此外，还有一些非营利组织经常组织大量的志愿者和受过培训的专业人员开展广泛的活动，成为政府行为的一种补充。我国许多文化类和旅游类社团、协会、俱乐部等都属于此范畴。

6.4.2　休闲公共组织管理对策

休闲活动会影响到社会各个领域，涉及旅游、文化、交通、园林、体育、教育、卫生等部门，因此政府与相关行业协会应共同努力，以适应休闲发展的要求。具体包括：

1）健全法规与制度，规范经营

建立健全休闲法规与制度，规范经营活动，使休闲经营者以及相关执法者有法可依。例如，完善节假日制度，制定落实带薪年休假具体办法；理性规范服务行业，达到适度放开与有限禁止的统一，杜绝地下经济。

2）开展休闲教育，引导休闲消费

休闲时代的来临促使社会必须关心休闲教育，成熟的休闲研究与休闲教育有助于引导人们的休闲消费，指导企业的休闲经营，规范政府的休闲管理，建设社会的休闲文化，管理个人的休闲时间。因此，我国应加强休闲研究与休闲教育。例如，高校应鼓励学生根据自己的兴趣爱好选择适合自己的休闲教育项目，并提供个性化的培训和指导，从而使每个学生都能够找到适合自己的休闲方式。

3）创造旅游与休闲文化环境，营造休闲氛围

注重旅游休闲设施的建设、旅游休闲文化的挖掘和旅游休闲场景的设计，营造和谐有序、轻松自然的人居环境。

4）提供符合国情的公共休闲产品

提供免费的或成本价的公共休闲产品，以满足国民的休闲需求。公共休闲产品包括城市公园、城市广场、博物馆、图书馆，以及社区的休闲活动中心、单位的休闲活动中心等。这不仅是政府的责任，也是社会服务组织的责任。

启智润心 6-3

"小切口"立法，护卫公共安全大空间

6.4.3　休闲企业组织管理对策

企业内外"休闲人"的休闲需求，给企业带来了挑战与机遇，促使企业关注休闲经营管理。包括旅游休闲、保健休闲、体育休闲、文化休闲、教育休闲等在内的

休闲需求将促进休闲供给，从而促进休闲产业的大发展。休闲的产业化发展既可以弥补公共休闲产品的不足，又可以促进经济结构的调整，从而创造新的经济空间以及大量的休闲企业。在产业的休闲化发展和企业的休闲化经营方面，主要包括以下内容：

1）企业产品的休闲化

工业、农业与旅游业、休闲业不断融合，如工业旅游、工业休闲、农业旅游、农业休闲。同时，在具体物质产品中，除了增加科技含量外，还渗透了文化因素，体现了休闲情调，如休闲食品、休闲服装、休闲住宅、休闲家具等。

2）企业传播的休闲化

企业信息的对外传播（如广告传播、公关传播）离不开"休闲"内涵的渗透。例如，广告传播中需要体现"轻松、自然、随意"的诉求；商业活动中需要以旅游与休闲活动为平台引导消费。

3）企业管理的休闲化

企业应建立健全的休闲制度，如休假制度、奖励旅游制度、文体活动制度等。

4）企业环境的休闲化

企业环境的休闲化包括企业物质环境的休闲化和企业文化氛围的休闲化两个方面。企业环境的休闲化能够使员工在工作中产生轻松愉快的感觉，从而使员工的创造力得到充分发挥，提高工作效率。企业环境的休闲化在创意行业、服务行业中的作用尤为突出。

新时代·新休闲6-1 **探索旅游休闲新空间治理新模式**

2023年11月，文化和旅游部公布了第三批53家国家级旅游休闲街区名单。与前两批相比，第三批国家级旅游休闲街区呈现出文化特色更鲜明、功能更齐全、业态更多元等特点。

旅游休闲街区在激发文旅消费、增添更大动能的同时，在文化、空间、产业和管理方面也显示出了强大的综合效应，日渐成为文化保护传承集聚区、城市更新赋能新空间、休闲旅游产业集聚区和城市基层治理新样板，能够有效促进文旅产业在区域和城市基层发挥效用，带动区域经济社会持续发展。

一是打造文化保护传承集聚区。旅游休闲街区坚持推动中华优秀传统文化保护传承，推动文化遗产活化利用，挖掘文物和文化遗产的多重价值。浙江金华婺州古城历史文化街区精心打造了"非遗六馆"、熙春巷博物馆群落以及婺风宋韵文化风情节，推出景区实景剧本杀《古婺千重卷》，将名胜古迹用于剧本场景，在视觉、听觉、味觉交织中构建出实景演出空间，让文化遗产在创造性转化、创新性发展中呈现更加夺目的光彩。

二是打造城市更新赋能新空间。旅游休闲街区不仅是城市的重要公共空间和城市形象的核心展示窗口，而且是城市更新的重要组成部分。旅游休闲街区建设实现了对城市空间的改造和功能转换，改善现有人居环境、修复生态环境、加强基础设施建设，深入挖掘空间的多元价值，平衡社会、经济、人文、生态等多方利益。辽宁省沈阳市铁西区依托红梅味精厂原址，切入老工业区发展变迁的历史与文化，用文化与创意双核驱动，实现了由工厂向旅游休闲街区的转型，筑牢了城市精神根基，保留了城市记忆，赋能了城市文化，提升了城市品质。

　　三是打造休闲旅游产业集聚区。随着我国全面进入大众旅游时代，城市旅游以更加健全的现代旅游业体系和更为优质弹性的旅游供给，深刻改变着旅游休闲空间的区域格局。其中，主客共享、全天候、无门槛、有温度、多业态的旅游休闲街区正在成为新的消费热点，进一步推动了旅游休闲产业的空间集聚，并由此带动了休闲旅游方式的转变。旅游休闲街区高度重视夜间文化和旅游产业集聚，许多街区同时入选国家级夜间文化和旅游消费集聚区。云南省湄公河星光夜市旅游休闲街区是东南亚最具规模、最具特色的夜市之一，也是西双版纳旅游的新名片。

　　四是打造城市基层治理新样板。旅游休闲街区建设不仅使街区在原有的交通、居住功能上叠加了旅游、休闲、商业、娱乐等功能，而且由于人流、客流、信息流的汇聚，带来了街区治理的问题及挑战。由此，旅游休闲街区也在不断探索创新公共服务和治理模式。首批国家级旅游休闲街区中的上海市武康路−安福路街区围绕"将网红流量转化为治理能量"，联动区域单位、沿街商铺、职能部门等，成立了由55家单位组成的"风貌街区共治委员会"，实行联动联治联管"三联式"治理，并探索"对话—共创—共享"街坊参与机制，建立起多方认同的街区治理公约，营造法治、德治、自治、共治共融的环境。旅游休闲街区通过公共服务和治理模式创新，提升了城市的友好度和包容度，打破了行政、街片、居商"区隔"，推进了本地居民和外地游客的价值共创共享，推动了基层治理体系和治理能力现代化。

　　资料来源　刘敏. 探索旅游休闲新空间治理新模式［N］. 中国旅游报，2024-01-04（3）.

　　学有所悟：国家级旅游休闲街区是旅游产业与多产业融合而生的产物，是各地旅游业提质升级的新载体，为当地居民和外来游客共享美好生活提供了新空间。第三批国家级旅游休闲街区在业态发展、产品创新、服务优化、产业融合等方面呈现出诸多新亮点、新成果、新特征、新趋势，彰显了国家级旅游休闲街区的综合品牌影响力和发展推动力。未来，旅游休闲街区必将在文化传承、资源利用、产业集聚和管理探索等方面呈现更多亮点和特色，为推进中国式现代化建设贡献更大力量。

本章小结

　　● 休闲政策是国家在休闲文化艺术创作、休闲文化产业发展、休闲文化科教繁荣和休闲公共文化建设等领域进行管理所采取的一整套制度性规定、规范、原则和要求体系的总称。

　　● 休闲服务质量管理应该：清晰定位目标顾客；提高服务能力；提升服务质量；突出服务特色；注重服务效力；制定有效的服务策略；加强休闲服务组织建设。

　　● 休闲业的营销原则主要有：培养休闲消费习惯的原则；创造休闲消费时尚的

原则；增强休闲消费体验的原则；突出休闲产品个性化的原则；创新复合型休闲服务的原则。

边听边记6-1

第6章

● 社会组织面对组织内外的"休闲人"，迫切需要科学的休闲文化理论指导休闲管理，包括休闲行业管理、休闲企业管理、休闲服务管理，以便根据休闲者的需求提供相应的休闲设施与休闲产品，确保休闲经济产业、休闲经营管理围绕着"促进人的全面发展和社会全面进步"的目标运转。

主要概念

休闲政策　休闲服务　体验式营销

基础训练

6.1　选择题

1）休闲政策的特点主要有（　　　　）。

A.共享性　　　　　　　　　　　　　B.互动性

C.福利性　　　　　　　　　　　　　D.平衡性

2）下列属于蔡特哈姆尔、贝里和帕拉休拉曼的顾客评价服务质量内容的有（　　　　）。

A.有形要素　　　　　　　　　　　　B.情感性

C.时尚性　　　　　　　　　　　　　D.可靠性

在线测评6-1

选择题

3）（　　　　）年，我国旅游标准化专业组织——全国旅游标准化技术委员会成立。

A.1993　　　　　　　B.1995　　　　　　　C.1987　　　　　　　D.2010

4）企业的休闲化经营主要包括（　　　　）。

A.企业产品的休闲化　　　　　　　　B.企业传播的休闲化

C.企业管理的休闲化　　　　　　　　D.企业环境的休闲化

6.2　判断题

1）20世纪80年代中期旅游业开始的标准化工作探索，可以看成我国休闲服务标准化的开端。　　　　　　　　　　　　　　　　　　　　　　　　　　（　　　）

在线测评6-2

判断题

2）休闲企业是提供休闲产品、实施营销策略的基层组织，其产品营销具有强烈的针对性。　　　　　　　　　　　　　　　　　　　　　　　　　　　（　　　）

3）休闲的产业化发展既可以弥补公共休闲产品的不足，又可以促进经济结构的调整，从而创造新的经济空间以及大量的休闲企业。　　　　　　　　　（　　　）

6.3　简答题

1）休闲营销策略主要包括哪些内容？

2）休闲公共组织管理对策主要包括哪些内容？

在线测评6-3

简答题

案例分析 ✋

中国城市休闲化发展特征

中国城市休闲化发展呈现以下鲜明特征：从城市休闲化发展的基本态势看，中国城市休闲化总体格局基本稳定，整体水平不断提升，超大或特大城市在城市休闲化进程中的引领作用和示范作用显著。从城市休闲化发展的维度看，休闲生活和消费、休闲空间与环境两大维度在各城市间的发展差异最小，既体现了城市居民巨大的休闲消费需求与追求美好生活的高涨热情，又凸显了城市生态环境治理取得的积极成效与城市游憩空间环境质量明显提高的发展态势。从东中西部区域城市休闲化发展的状态看，"东部领先，中部崛起，西部赶超"的发展态势趋于稳定，呈现稳中有变的趋势。从城市群角度看，城市群正在成为引领城市休闲化发展的高地，并且持续推动区域协调发展。从各城市休闲化发展指标的内部结构看，各城市有序性协调性发展特征明显，并且正在走向优质耦合协调发展阶段。

资料来源　倪怡雯.《2022 中国城市休闲化指数报告》发布［EB/OL］.［2022-09-30］. http://www.ctnews.com.cn/baogao/content/2022-09/30/content_145427.html.

问题：提出促进中国城市休闲化发展的对策建议。

实践训练 ✅

选取某一具体的休闲产品，编写休闲营销策划书。

本章参考文献

❶ 刘慧梅，王晶，笪舒扬. 美好生活与中国休闲文化政策［J］. 湖北理工学院学报（人文社会科学版），2018，35（2）.

❷ 卿前龙. 城市化与休闲服务业的发展［J］. 自然辩证法研究，2006（6）.

❸ 刘少和. 休闲发展趋势及其管理对策［J］. 商业研究，2006（18）.

❹ 于光远，廖齐. 休闲服务与经营的创新问题［J］. 自然辩证法研究，2003（2）.

❺ 刘锋，施祖麟. 休闲经济的发展及组织管理研究［J］. 中国发展，2002（2）.

本章推荐阅读文献

❶ 王琪延，杨仕雄. 双轮驱动休闲服务业转型升级［J］. 经济，2022（10）.

❷ 张超，马惠. 休闲服务对城市发展创新空间效应研究［J］. 价格理论与实践，2022（8）.

❸ 吴承忠. 国外休闲政策实践及其启示［J］. 武汉大学学报（哲学社会科学版），2015，68（2）.

❹ 周晓燕，陈荣耀，王跃. 后国际金融危机时期上海休闲产业升级研究［J］. 世界贸易组织动态与研究，2013，20（4）.

❺ 张桂华. 休闲经济时代的营销方式变革［J］. 商业时代，2006（27）.

❻宋瑞. 休闲消费和休闲服务调查：国际经验与相关建议［J］. 旅游学刊，2005（4）.

本章推荐网站

❶新华网旅游频道，http://www.xinhuanet.com/travel.

❷中国文化产业网，http://www.cnci.net.cn.

❸全国标准信息公共服务平台，https://std.samr.gov.cn.

第7章

休闲发展

【学习目标】

知识目标：
•了解国外休闲研究和休闲业发展的趋势。
•了解我国休闲社会的转型基础。

技能目标：
•能够对我国休闲发展的趋势进行分析。

素养目标：
•坚持守正创新，培养服务国家、造福人民的职业精神。

【思维导图】

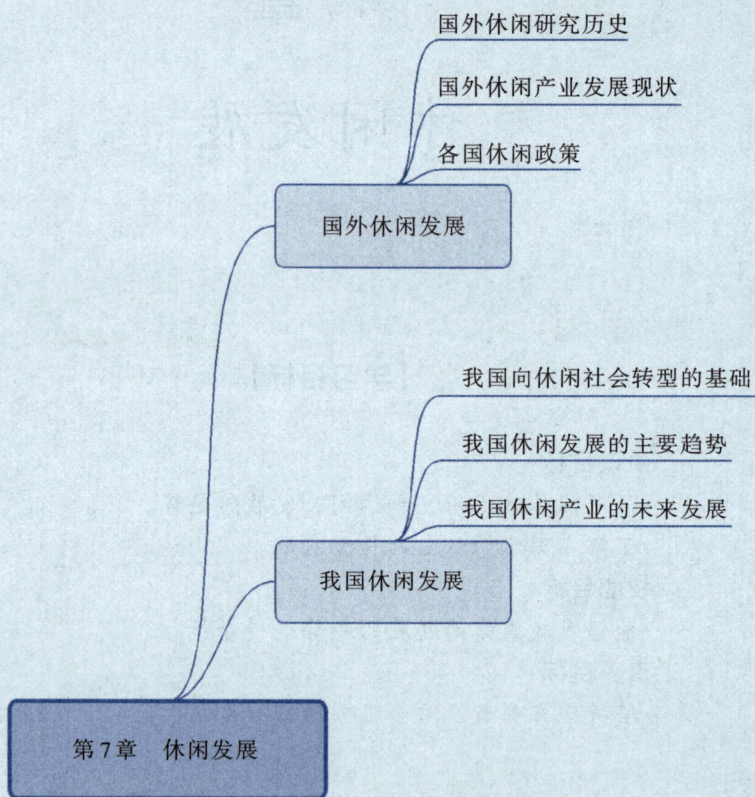

- 国外休闲发展
  - 国外休闲研究历史
  - 国外休闲产业发展现状
  - 各国休闲政策

- 我国休闲发展
  - 我国向休闲社会转型的基础
  - 我国休闲发展的主要趋势
  - 我国休闲产业的未来发展

- 第7章　休闲发展

引例

《国民旅游休闲发展纲要（2022—2030年）》印发
更好满足人民群众美好生活需要

习近平总书记指出，"人民对美好生活的向往就是我们的奋斗目标"。自《国民旅游休闲纲要（2013—2020年）》实施以来，我国旅游休闲环境持续优化，公共服务体系更加完善，产品和服务质量显著提升，与相关业态融合程度不断加深，旅游休闲内容持续拓展延伸。

为加快推进国民旅游休闲高质量发展，更好满足人民群众的美好生活需要，2022年7月，国家发展改革委、文化和旅游部联合印发了《国民旅游休闲发展纲要（2022—2030年）》，旨在进一步优化我国旅游休闲环境，完善相关公共服务体系，提升产品和服务质量，丰富旅游休闲内涵，促进相关业态融合。

《国民旅游休闲发展纲要（2022—2030年）》提出，部署培育现代休闲观念、保障旅游休闲时间、优化旅游休闲空间、丰富优质产品供给、完善旅游休闲设施、发展现代休闲业态、提升旅游休闲体验、推进产品创新升级、持续深化行业改革、不断加强国际交流10项重点任务，具体包括优化全国年节和法定节假日时间分布格局、规划建设环城市休闲度假带、以社区为中心打造休闲生活圈、完善休闲服务设施、发展新兴休闲业态、实施旅游休闲高品质服务行动、开发数字化文旅消费新场景等一系列具体举措，进一步激发旅游休闲发展内生动力。

资料来源　中华人民共和国文化和旅游部.《国民旅游休闲发展纲要（2022—2030年）》印发　更好满足人民群众美好生活需要［EB/OL］.［2022-07-18］. https://www.mct.gov.cn/preview/whzx/whyw/202207/t20220718_934744.htm.

7.1　国外休闲发展

休闲是衡量城市社会文明和居民生活质量的标尺，人类在经历了生存时代、温饱时代、小康时代以后，一个全新的时代——休闲时代正悄然来临，人类的休闲生活、休闲行为、休闲需求、休闲消费成为新一轮经济大潮，席卷世界各地。

7.1.1　国外休闲研究历史

在西方，《休闲的权利》（拉法格，1883）一书被认为是研究休闲的起点，但普遍的观点认为，第一个从经济学角度对休闲进行研究的是美国的凡勃伦，他所著的《有闲阶级论》（1899）一书标志着休闲学在美国的诞生。在这本研究休闲的经典著作中，凡勃伦第一次尝试将休闲这一社会经济现象纳入经济学的分析框架，他具体考察了闲暇时间消费的各种方式，证明了休闲与消费是如何联系在一起的，并指出休闲已成为人的一种生活方式和行为方式。

一些学者则对休闲经济和休闲产业发展的趋势给予了特别的关注。例如，杰弗瑞·戈比著有《九十年代的休闲》(1992)、《21世纪的休闲与休闲服务》(1997)、《21世纪的休闲——当前问题》(2000)等。在《21世纪的休闲——当前问题》中,他分析了休闲的本质、意义以及与休闲消费、休闲政策、休闲市场有关的问题,认为随着人们收入水平的提高,休闲消费占总支出的比重会不断提高,从而促使休闲产业在国民经济中的比重不断提高,休闲产业将成为一个成长性的产业。同时,经济的发展变化尤其是新经济形式的形成,会对休闲产业产生重要的影响。怀特(White)的《休闲服务的未来》一书对未来的休闲服务,特别是艺术、图书馆、博物馆、旅游、运动、娱乐等休闲服务和休闲服务组织进行了深入探讨,认为无论是在政府还是在企业提供的服务中,休闲服务都是增长最快的部门。理查德·克劳斯(Richard Kraus)在《变化中的美国休闲:21世纪的趋势和问题》一书中,提出了21世纪休闲服务发展的主要趋势、问题以及将要面临的挑战,认为家庭生活的改变、工作和休闲的变化、技术的进步、公私合作的趋势、环境保护、城乡发展等,都将对休闲服务产生重大影响,进而认为休闲社会化、休闲经济化、休闲文化化在20世纪的最后10年会呈现加速发展的趋势,这些将在21世纪变得更为明显。此外,凯利(Kelly)的《休闲导论》一书对休闲的形式、历史、发展趋势以及环境与资源等问题进行了讨论,认为无论从经济还是社会的角度来看,休闲都具有非常重要的意义。此外,休斯敦(Houston)和威尔逊(Wilson)(2002)、格罗瑙(Gronau)和哈默梅什(Hamermesh)(2003)也对休闲消费进行了专门的研究。

这些关于休闲经济研究的理论成果大体可归为三类:第一类是从时间分配角度研究休闲;第二类是从劳动供给角度研究休闲;第三类是从家庭生产角度研究休闲。

审视国外休闲经济理论的研究成果可以看出,从时间分配角度、家庭生产角度展开的休闲经济理论研究已经取得了不少成果。但必须指出的是,休闲经济理论研究虽然已有100多年的历史,但对休闲的研究仍依附在家庭经济学和劳动经济学的研究基础上,并没有形成较为成熟的理论框架体系,也没有得出大量的普遍性结论。休闲经济理论研究的起点各不相同,且比较狭窄,这在一定程度上限制了该理论的发展。综合现有休闲经济理论研究文献,基于消费者观点的研究屈指可数,真正以快乐(而非效用)为测度标准来分析休闲绩效的研究也乏善可陈。因此,休闲经济理论对休闲实践的现实解释能力仍然相对有限。从未来发展来看,休闲经济理论的发展将沿着以下几个方向进行:第一个方向是对休闲者及其行为的系统研究;第二个方向是将休闲纳入宏观经济的分析框架,研究休闲对宏观经济变量的影响程度和作用机制;第三个方向是从家庭生产角度研究休闲理论的深化等。

7.1.2 国外休闲产业发展现状

休闲产业是近代工业文明的产物,或者更确切地说,它是现代社会经济发展的产物。它发端于欧美,19世纪中叶初露端倪。进入20世纪,随着科学技术的快速发展,与休闲相关的产业应运而生,20世纪70年代进入快速发展时期,到20世纪末则进入成熟期。休闲产业已经成为很多国家的支柱产业，具体表现为：

1）休闲产业在创造就业机会和促进经济增长方面贡献突出

从西方发达国家社会经济发展的历程看，休闲已经成为推动社会经济发展的重要力量。以英国为例，1998—2007 年，休闲产业平均每年创造 41 000 个工作机会；休闲产业的税收收入占全国税收收入的 7% 左右，成为英国税收增长亮点。美国商务部经济分析局发布的经济数据显示，2022 年，美国户外休闲活动产生了 1.1 万亿美元的经济产出（占 GDP 的 2.2%），提供了 498 万个就业岗位（占美国雇员的 3.2%），充分证明了户外休闲业对美国经济强大且积极的影响。

2）与休闲活动密切相关的旅游业蓬勃发展

世界上许多发达国家同时也是旅游强国，如美国、法国、西班牙等。以美国为例，如果把休闲产业定义为与休闲相关的物质产品和服务的所有业务的集成，那么消费支出排名前三的产业分别是：旅游业、卫生保健业、教育业。

3）城市经济与休闲产业联系紧密

在国外，为休闲而进行的各类生产活动和服务活动正日益成为促进经济繁荣的重要因素，特别是在大中型城市，各类休闲活动已成为经济活动得以运行的基本条件。例如，都市中河、湖、港口附近的娱乐设施、餐饮服务、体育竞技等项目的开发，自然山水、文化古迹的开发，节假日和各类庆典场合的商业促销，以及各类非职业技能培训式的成人教育、众多高雅艺术的蓬勃发展，都反映了经济模式在向休闲转变。

4）国家对休闲产业的发展实施规范化管理

西班牙在发展休闲经济的过程中，十分重视产业发展的规范化，严格遵守欧盟有关休闲产业的法律和法规，如分级收费、合理收费等。此外，西班牙还要求休闲产业部门关注老年人群体的需要，在消费上给予老年人群体特殊的照顾等。

7.1.3 各国休闲政策

休闲产业是工业化社会高度发达的产物，经过多年的飞速发展，已经形成了以世界上最大的混合产业（旅游业）为龙头，以体育休闲产业、娱乐休闲产业、休闲装备制造业、休闲设施服务业和文化休闲产业等为重要组成部分的世界最大产业系统——休闲产业系统，因此制定相适应的休闲政策已经成为必然。

1）英国休闲政策

自 20 世纪 30 年代以来，英国休闲政策的变迁可分为四个阶段。在前两个阶段，英国采取了国家干预休闲政策，主要目的是增强国家的竞争力以及对问题青年进行疏导和健康教育。第二次世界大战以后，伴随着经济的复苏以及福利制度的改革，休闲作为一种福利由国家供给。这一时期，促进休闲发展，不仅是因为其外部效益显著，更是为了开发艺术、体育和旅游自身的价值。实践证明，在工业社会时期，国家干预休闲政策的实施不仅保护了自然风景和国家遗产，而且扩大了公民的休闲权利。20世纪 70 年代后期，伴随着福特主义危机的到来，虽然政府致力于降低福利支出，但是休闲方面的支出仍然保持不变，在一些项目上甚至还有所上升。20世纪80年代，随着后工业社会的到来，国家用于全民的福利费用大大减少，国家供给模式逐渐被商业供给模式所代替，休闲促进社会发展的导向逐渐被休闲促进经济复苏的导向所代替。

英国曾经发布的《运动和游憩白皮书》中反映了运动和健康之间的关系。政府运动政策的目标是大众体育和精英体育。主要途径包括：资助消费者，资助商业领域和志愿者领域的供应者，或者直接以比私人生产者更低的价格供应产品。资助的目的是更公平地分配运动产品、运动资源和运动机会。政府还通过制订国家和地区运动计划来促进学校运动与休闲教育的发展。

英国的海滨旅游政策也十分典型。英国地方政府积极参与游憩和娱乐供应，采用低税收政策吸引私人投资，促进了海滨旅游业的发展。

2）荷兰休闲政策

第二次世界大战以后，荷兰采取了国家干预休闲政策，旨在提高国家在休闲和文化设施方面的投资，文化投资的目的是对工人进行教育，体育投资的重点在于对青年进行教育。与此同时，政府还大力资助民间休闲组织的发展。20世纪60年代中期，荷兰文化、休闲与社会工作部的成立意味着文化和休闲成为荷兰社会服务的一部分。20世纪80年代，荷兰经济萧条，失业率达20%，政府迫于压力不得不进行福利改革。1982年，室外休闲被纳入主管农业和渔业的部门，文化和体育则被纳入了主管文化健康的部门。与此相适应，国家休闲政策改革的重点也开始倾向于发展旅游业等产业，并提出通过自由市场和针对国家及地方经济重建而制定的休闲政策来扩大消费者主权。

3）法国休闲政策

在休闲政策方面，法国政府致力于通过增加公共开支，特别是社会项目方面的开支，来刺激休闲经济的发展。

法国是名副其实的旅游强国，休闲活动的领域早已超越了旅游范畴。法国发展旅游业的优势十分突出，如多样化的海岸线，著名的山峰，众多的历史纪念物和文化遗产地（包括古代城堡、村庄、古镇、郊区别墅等），多样化的物种，多样化的气候、地形等。近年来，法国乡村旅游和休闲需求增长迅速，同时休闲产业规划中也出现了一些新的变化，总体思路就是规划的制定应当以公共休闲的需要为依据，并应充分考虑当地的自然、文化等资源。

①一体化度假地。休闲企业将适当的娱乐设施、食宿设施与各种有吸引力的运动项目组合在一起，形成了一个多功能的度假地，这体现了"一体化度假地"或"多功能休闲中心"的休闲理念。最典型的例子就是"地中海俱乐部"，它主要为中等收入者服务。

②村庄型度假地。阿尔卑斯山南部的山地被开发成一种"村庄型度假地"。度假地没有很特殊的设施，而是强调设施与景观的一体化。度假地的开发由当地社区控制，控制过程要协调土地所有者、当地居民等多方利益主体，强调度假地与当地居民

生活的和谐统一。

③乡村湖泊型度假中心。乡村所在地的政府通过发展该地区的旅游休闲业来吸引城市人口到此就业，以遏制该地区人口下滑的趋势。开发的形式主要是小型度假中心，这些项目以一个小湖为中心向周围展开布局，在附近安排食宿地（野营地、帐篷地、带走廊的平房、酒店和餐馆），提供运动和游戏等设施。

④郊区休闲场所。郊区休闲场所主要包括游览地、体育馆、网球场和公园等，现在也通过组织大型活动来吸引周末和星期三下午的休闲者。郊区休闲场所的开发主要包括三个方面：一是增加新型运动；二是开发主题公园；三是建立多样化的游憩中心。

⑤城镇休闲场所。城镇休闲场所的开发有利于城镇中心经济的恢复。近年来，许多城镇中心建立了步行街，开设了奢侈品商店、餐馆或陈列馆，城镇中心进入了"步行者时代"。

4）美国休闲政策

美国各级政府往往通过政策法规等手段来规范市场，从而实现对休闲经济领域的调控。

在休闲游憩资源与环境保护政策方面，以加利福尼亚州为例，海岸游憩业是该州海岸地区的支柱产业，80%的人口住在距海岸48千米的范围内。休闲活动的扩张带来了游憩资源供应与环境保护之间的冲突以及与办公、工业和能源发展等事业用地之间的冲突。加利福尼亚州1976年通过的一项关于海岸的法令规定，海前方适用于游憩的土地应该被保护起来做该用途的使用和开发，同时强调适用于游客参观和游憩的海岸土地在海岸游憩开发使用方面较私人居住、一般产业和商业开发使用具有优先权。该法令首次强调了海岸游憩必须和运输业、渔业、商业和工业活动结合起来考虑。

在森林休闲政策方面，《国家森林管理法》（NFMA）要求美国林业部门制订土地和资源管理计划，并且对计划的执行进行公共干预。

在旅游政策方面，《国家旅游政策法》规定，美国商务部有推动美国旅游业发展、减少旅游障碍、便利国际旅行的职责；授权美国商务部与外国政府就旅行和旅游事务进行磋商，在国外建立官方旅游办事机构；美国商务部经济分析部门负责旅游具体工作。

在休闲设施政策方面，由美国健康、生理教育和游憩协会编写的《规划运动、生理教育和游憩设施》分析了室内设施、运动设施、游憩和公园设施等的建设标准和规划等问题，这是一部专业性和指导性很强的协会文件。

美国政府不仅对非营利休闲文化产业提供直接资助，如对许多城市的剧场、音乐堂、博物馆、历史遗迹和公园的建设及维修提供资助，甚至给艺术家提供工作室和公寓补助，还以税收方式进行间接补贴。美国电影行业坚持的一个基本原则是，在市场竞争机制下，依靠商业运作，让最好的文化产品流行于市场，被媒体等社会潮流的引领者认知和接受，继而影响大多数民众。尽管如此，美国政府对这种市场竞争模式也会加以限制和约束，如要求文化观念的自由表述不能侵害种族、宗教等社会结构，或引发社会动乱。

正是由于美国政府积极的适度干预，美国的休闲经济与休闲产业才得以迅速发展。

休闲广角镜7-1   市场经济背景下的美国休闲产业政策

美国政府对经济的干预较少，美国政府实施的有关休闲产业管理的公共政策在很大程度上弥补了市场经济的缺陷，这使得美国休闲产业得以迅速发展并成为美国经济运行中的支柱产业。

美国政府参与休闲产业管理和制定休闲产业政策的范围主要涉及公共休闲领域的运动部门、户外部门、环境部门、遗产部门、旅游部门及一些综合性领域，具体表现包括：推广休闲运动，提供休闲产品、休闲设施及服务；通过保护性立法、提供教育培训和研究资金以及慈善活动给产业发展以支持；通过制定法律法规对休闲产业加以规范和控制；对销售兴奋药品等行为加以禁止。产业管理通常是为休闲产品和服务的提供者提供法律规范、信息发布等方面的服务，并保护相关组织、机构及个人的合法利益，在一定范围和程度上提供公共休闲产品；信息服务则主要是通过政府网站向居民及游客提供休闲娱乐资讯和消费指导。

资料来源　唐湘辉. 美国休闲产业的发展及对中国的启示［J］. 求索，2010（5）.

小思考7-1

答案提示

小思考7-1

美国休闲产业的发展对我国有哪些启示？

7.2　　我国休闲发展

在政策外力和市场内力的共同作用下，我国休闲需求持续增强。休闲已成为人民群众实现自我和追求美好生活的重要方式。

7.2.1　我国向休闲社会转型的基础

随着生活水平的提高，休闲在中国人的生活中起着越来越重要的作用。美国学者杰弗瑞·戈比、中国学者关丽萍等都对中国向休闲社会转型的基础进行了细致分析。

1）人们的闲暇时间不断增加

随着我国经济的快速增长和社会的进步，以及年轻人晚婚晚育的趋势和五天工作制的实施，人们的闲暇时间不断增加。此外，元旦、清明节、端午节、中秋节、劳动节、国庆节、春节等节日组成的假期系统，也增加了人们的闲暇时间。

2）居民收入的提高为休闲活动的开展提供了基础

随着城乡居民收入的不断提高，人们对于自己想做的事情有更大的选择范围，对休闲的期望值也更高。国家统计局发布的数据显示，2023年，我国居民人均可支配收入为 39 218 元，比上年名义增长 6.3%；恩格尔系数从 2016 年的 30.1% 降到 2023 年的 29.8%，说明居民的消费结构在改善。这些都为我国休闲经济的发展提供了物质基础。

3）教育水平的提高促使人们尝试新的休闲活动

旅游和个性化休闲活动是以个人兴趣为基础的。随着我国教育水平的不断提高，个人在自由时间里开展兴趣活动的范围也在不断拓宽。

4）休闲对家庭的重要作用正在显现

休闲在促进家庭和谐方面具有举足轻重的作用，休闲场所已经成为家庭成员之间相互亲近的重要场所。休闲时光是家庭关系得以维系的重要保证。

5）老年人口的增多和城镇化水平的提高为休闲产业的发展创造了客观条件

国际上通常把 60 岁以上的人口占总人口的比例达到 10%，或 65 岁以上人口占总人口的比例达到 7%，作为一个国家或地区进入老龄化社会的标准。《2022 年度国家老龄事业发展公报》指出，截至 2022 年末，全国 60 周岁及以上老年人口为 28 004 万人，占总人口的 19.8%；全国 65 周岁及以上老年人口为 20 978 万人，占总人口的 14.9%，这表明我国已经进入老龄化社会。相对来说，老年人有更多的可自由支配时间，他们是参与休闲活动的很重要的群体。同时，城镇化水平的提高也为我国休闲产业的发展提供了客观条件。2023 年，我国常住人口城镇化率达 66.16%。预测到 2035年，我国城镇化率能够达到 72% 左右，到 2050 年将接近 80%。由此可见，在未来一段时间，我国休闲活动参与者的绝对数量会持续增长。

6）国家重视扩大内需为休闲的发展提供了保障

消费、投资、出口是拉动经济增长的三大因素，其中，消费对经济发展的贡献占主导地位。近年来，在世界经济低迷的情况下，中国经济仍然保持了快速增长的势头，这与我国多措并举着力扩大内需是分不开的。休闲活动的出现会在拉动消费方面起到重要作用，因此休闲活动是一种重要的消费方式。

7.2.2　我国休闲发展的主要趋势

楼嘉军、魏小安等学者在对我国休闲发展现状进行分析的基础上，对我国休闲发展的趋势进行了梳理。

1）经济休闲化

经济休闲化主要是指经济的发展越来越依赖于人们的休闲消费信心、休闲消费行为和休闲消费支出。20 世纪 60 年代以来，随着生产力水平的不断提高，休闲消费观念逐渐深入人心。人们用于日常休闲消费的支出持续递增，休闲消费对国内生产总值增长的重要性逐渐显现出来。如今，我国城镇居民家庭的休闲消费支出每年都有较大的增幅，休闲活动对经济发展的影响力也逐年增大。由于经济生活消费中服务产品和精神产品的比重不断加大，因此经济增长不再主要依靠简单的物质投入和劳动力因素，而是主要依赖于休闲经济的智力因素和精神产品的扩大再生产，从而使经济中的休闲因素不断扩大。

2）文化休闲化

20世纪末期以来，文化的发展出现了令人瞩目的四大趋势，即文化现代化、文化经济一体化、文化国际化和文化休闲化。其中，文化休闲化是21世纪最令人瞩目的文化发展潮流。特别需要引起关注的是，在新技术、新政策、新理念的背景下产生的当代休闲文化，正在演绎着一个个现代文化生活概念的神话，它不仅迅速改变着青年人的日常生活方式，也在改变着全体社会成员的生活方式。文化休闲化主要表现在以下几个方面：

①文学娱乐化。这不仅是指文学作品本身早已成为人们娱乐消遣的重要手段，而且原本严谨的文学创作活动也越来越多地成为一种娱乐性文化活动方式。

②影视作品通俗化。影视作品的市民气息愈发浓厚，通俗化正在影响影视产品市场发展的价值取向。

③艺术表演形式大众化。从世界范围来看，高雅和经典的艺术作品正在逐步走出艺术的象牙塔，来到大众面前。在我国，无论是戏曲、歌剧，还是现代芭蕾舞，它们在保持高雅艺术精髓的前提下，都在各自的艺术范围内进行着大胆的改革，沿着平民化和大众化的发展之路进行积极的探索。在当代，人们对文化的理解和享用范围已经明显扩大，这不能被消极地看成当代文化样式的退化，而应视为文化样式与时代同步发展的新生现象，是文化休闲化的重要标志。

3）消费休闲化

随着社会生产力的发展，人均国内生产总值的提高，居民家庭生活消费结构也在发生重大变化。这种变化不仅具有量变的阶段性，而且具有质变的显著性。消费结构变化带来的一个重要特征就是人们对传统的物质产品的消费需求开始下降，而对以精神产品为主导的非物质产品的消费需求迅速上升，这表明人们的休闲消费进入了质变的历史新阶段。在这一阶段，人们进行休闲消费活动的出发点已发生明显变化，即从关心休闲物质产品的使用价值，转移到注重依附在物质产品身上的文化价值和精神内容。西方学者将这一现象称为休闲消费的精神化和软件化。一般认为，一个国家的人均国内生产总值达到3 000美元是发生这种转变的临界点。随着我国一批大中型城市的人均地区生产总值陆续跨越3 000～5 000美元的门槛，消费休闲化趋势在我国也已经显现。例如，在上海，时尚的消费方式莫过于"心情消费"，上海市民每年用在花卉、宠物上的消费就高达数十亿元，这就是一种典型的精神消费形式。

4）生活休闲化

生活休闲化主要是指休闲娱乐因素越来越多和越来越广地渗透到工作、生活、购物及其他各种活动中去。即便是乘坐公共交通工具上下班，公共汽车、地铁车厢里也配备了移动电视，绚丽多彩的画面和悦耳动听的音乐让人心情愉悦。例如，在我国很多城市，肯德基、麦当劳等快餐店随处可见，人们去那里并不只是为了填饱肚子，整洁的环境、舒适的座椅、优雅的音乐、可口的快餐、规范的服务，都可以使人获得一份好心情，去快餐店的目的已超出了传统意义上仅满足食欲的简单想法，而是具有了更多的娱乐内涵，"饮食是娱乐的重要时刻"正在成为一种共识。再如，人们喜欢逛街购物，因此逛街也融入了娱乐休闲的内容，逛街被看成一种调节心情的方式。上海南京路步行街一再改造，而改造的目的就是不断丰富娱乐内涵。生活休闲化正在以不可思议的速度和力度向各方面渗透，甚至我国许多公司也引入了大量的游戏性项目作为员工培训和团队精神培养的重要内容。生活休闲化已经成为我们这个时代一个非常显著的特征。

5）运动休闲化

作为休闲方式之一的休闲运动，是人们在闲暇时间出于身体健康和心情愉悦等目的而参与的各种运动项目，如为了身体健康而进行的爬山、跑步、游泳，群体娱乐性的羽毛球、网球，对抗性的篮球、足球比赛，冒险刺激性的蹦极、小轮车等。休闲运动参与者的年龄、身份、能力不同，有的人是自身参与体育活动，有的人是观看体育比赛，但他们都属于休闲运动服务的对象。休闲运动在促进人类进步和社会发展过程中所起的有益作用，也越来越受到学者们的关注。休闲运动不仅可以提高人们的生活质量，而且可以促进家庭和睦，减少犯罪率，降低医疗花费，提高工作效率，从而有利于个人、社会、环境和经济的发展。随着我国全民健身运动的不断推进和休闲体育服务的不断完善，人们将不再受到时间、地点、场所、组织形式的限制，而是自愿参与、自由选择休闲方式，以家庭、朋友、同事和体育俱乐部为主体的休闲体育活动将不断增多，并成为群众性体育活动的主体。随着大众对休闲运动含义的了解更加全面，休闲运动将成为人们健康生活方式的主要内容。休闲运动强调的是人们的一种自由体验，是心理的愉悦与满足，而不是强迫与负担，这将在很大程度上改变人们的体育活动观念。

6）旅游休闲化

中国旅游业经过几十年的发展，已成为国民经济的重要产业。休闲度假旅游悄然兴起，人们的旅游观念逐渐变化。休闲度假旅游首先发端于有闲、有钱阶层，并逐步为社会所认同，进入大众化发展阶段。这种消费的大众化趋势，为休闲产业提供了广阔的市场空间。随着时代的发展，传统旅游的功能已难以满足人们的需要，因此旅游被赋予更多的内涵。休闲旅游强调个体与群体间的文化氛围、文化经历、文化体验、文化传播、文化欣赏，不仅能满足人的感官需求，而且能满足人的心理需求和精神需求。

7.2.3　我国休闲产业的未来发展

1）城市休闲

城市休闲是指城市居民以特有的休闲观念和休闲行为，在特定的休闲空间内产生的带有一定经济性的现代文明生活方式。作为一种区别于乡村休闲的生活方式，城市休闲与城市所达到的文明程度是相适应的，它体现在城市居民的活动和行为方式之中。作为一种现代人的休闲行为，城市休闲是城市居民特有的休闲观念和休闲行为，以及休闲产业供给和休闲消费需求的统一体。作为一个地域化的休闲概念，城市休闲是指主要产生于城市居民，发生于城市内部（家庭、市区、市域范围）或异地的休闲模式。

我国城市休闲旅游发展的趋势主要体现在以下几个方面：

（1）客源市场大众化和多元化

启智润心 7-1

以美好生活为导向，推进繁荣阶段国民休闲高质量发展

在很长一段时间里，人们对休闲生活存在误解，认为外出旅游等休闲活动是奢侈浪费的表现，休闲只是富人的一种生活方式，并且对收入水平有很高的要求。当然，如果人们的收入水平很低，连基本生活需求都得不到保障，那么谈休闲旅游是没有实际意义的。然而，现在的形势已经发生了很大的变化，不仅人们的生活水平提高了，人们对生活的态度也发生了变化，人们对满足自身精神需求、丰富闲暇生活的要求变得相对迫切。人们将休闲旅游作为业余生活的一部分，休闲旅游的大众化倾向日益明显。此外，随着我国老龄化社会的到来，老年人对休闲旅游也逐渐热衷，从而使休闲旅游的客源市场日益多元化。

（2）家庭旅游是主要形式

家庭是社会的重要组成单元，也是我国休闲旅游的主要单元。在家庭的物质生活水平有了明显改善之后，人们对增进家庭成员之间的感情、提高家庭精神生活品质有了更高的要求。旅游作为一项休闲活动，已被很多家庭列入每年的活动计划。同时，人们对孩子的教育问题非常重视，并将休闲作为孩子增长见识、缓解学习压力的一种有效手段。因此，在寒暑假期间，以家庭为单位的休闲旅游活动增多。同时，由于每个家庭成员的身体素质等方面存在差异，因此家庭旅游需要考虑每个家庭成员的需求，这样才能真正达到放松、休闲的目的。

（3）目的地多为城市周边的旅游地

对大多数旅游者来说，他们一般会选择乘坐火车、汽车就能够到达的旅游地。这些旅游地一般位于经济发达、生活水平较高的大中城市周边，交通较为便利，自然环境优美，如一些城市周边的休闲度假区等。这些旅游地的客源一般较为稳定，且消费水平较高。

休闲驿站 7-1

城市休闲化进程中要处理好六个关系

随着社会经济的发展，我国大部分城市休闲经济的规模仍将保持继续扩大的趋势。在未来，城市休闲产业的发展应考虑以下几个方面：第一，通过成立休闲管理委员会、制定休闲产业发展规划以及建立信息平台加大对外宣传等方式，确立产业地位，培育休闲产业和休闲市场；第二，确立政府的主导地位，政府直接或间接地提供公共休闲服务，适当引导多种资本进入休闲服务领域或资助民间休闲服务，并适时为休闲服务立法；第三，加强规划和调控，引导休闲产业科学发展，可以考虑由政府负责设立专家委员会，专家委员会提供科学论证或咨询服务，定期提供全市休闲产业经营损益和分析报告，以供社会各方投资者决策参考。

2）户外与运动休闲

我国休闲运动的发展与国家政局的稳定和居民生活水平的提高息息相关。随着休闲方式的多样化和农村、城市生态环境的不断优化，户外运动将成为休闲方式的主流。

随着后工业化社会的到来和我国城市化水平的不断提高，原本躲在"温室"里的人们逐渐意识到健身的重要性，同时饱受条条框框约束的现代人，由于生活压力大，迫切需要寻找空间宣泄，找回信心和激情，于是人们纷纷投入运动休闲。不过，人们大多喜欢在空气新鲜、阳光充足的户外进行休闲娱乐，这样既可以欣赏到大自然的美景，又可以体会到参与活动的莫大乐趣，从而满足个人回归自然的愿望。

马蜂窝提供的数据显示，2022年，在各类户外运动中，露营、漂流、滑雪、徒步等项目一直稳居户外运动搜索热度排名前列，成为人们关注度最高的项目。航空运动、冲浪、潜水、登山、攀岩、骑行、路跑、垂钓、定向运动等传统户外运动方兴未艾。飞盘、桨板、陆冲、腰旗橄榄球、匹克球、city walk（城市漫步）等新兴户外运动项目正逐步成为年轻群体"新城市运动"潮流的代表。

休闲广角镜7-2　　　　　　**推动露营经济可持续发展**

随着生活节奏的加快，人们对于休闲度假的需求日益增长。走进沙滩、草地、花丛、树林，搭一座帐篷，看山峦渐绿的颜色，听枝头重现的雀跃，享受贴近自然独有的愉悦……露营作为一种新兴的旅游方式，逐渐受到广大消费者的青睐，成为文旅消费的新风口。

露营经济以其独特的魅力和广阔的市场前景，正引领着文旅产业创新发展，为文旅产业带来了新的增长点。推动露营经济可持续发展，要制定服务标准和规范，完善露营运营标准、监管体系及惩罚机制，加强公共营地建设，将露营基地土地使用、装备配备、安全保障、环境保护等内容纳入行业监管范畴。营地经营者和露营者要牢固树立环境保护意识，遵守景区安全管理规定，规范露营秩序和行为，将"文明露营""无痕露营"理念落到实处，共同保护好生态环境，营造安全、文明、和谐的旅游环境，让露营成为更美的诗和远方。

资料来源　潘铎印.推动露营经济可持续发展［EB/OL］.［2024-04-17］. https://baijiahao. baidu.com/s?id=1796545441326161032&wfr=spider&for=pc.

小思考7-2

如何推动露营经济可持续发展？

3）休闲农业

休闲农业是生态、生产、生活共同发展的"三生"产业，是将农业和旅游相结合、以农业为基础的农旅新业态，是第一、二、三产业融合发展的新型产业。发展休闲农业，能够进一步促进乡村地区的产业兴旺，为乡村振兴提供新动力。随着国民经济的发展，居民收入水平的提高，城乡居民的休闲消费需求日益高涨，休闲农业已进入快速发展的新阶段。2020年7月，农业农村部印发了《全国乡村产业发展规划（2020—2025年）》，提出了未来我国休闲农业发展的方向。

（1）聚焦重点区域

依据自然风貌、人文环境、乡土文化等资源禀赋，建设特色鲜明、功能完备、内涵丰富的乡村休闲旅游重点区。

①建设城市周边乡村休闲旅游区。依托都市农业生产生态资源和城郊区位优势，发展田园观光、农耕体验、文化休闲、科普教育、健康养生等业态，建设综合性休闲农业园区、农业主题公园、观光采摘园、垂钓园、乡村民宿和休闲农庄，满足城市居民消费需求。

②建设自然风景区周边乡村休闲旅游区。依托秀美山川、湖泊河流、草原湿地等地区，在严格保护生态环境的前提下，统筹山水林田湖草系统，发展以农业生态游、农业景观游、特色农（牧、渔）业游为主的休闲农（牧、渔）园和农（牧、渔）家乐等，以及森林人家、健康氧吧、生态体验等业态，建设特色乡村休闲旅游功能区。

③建设民俗民族风情乡村休闲旅游区。发掘深厚的民族文化底蕴、欢庆的民俗节日活动、多样的民族特色美食和绚丽的民族服饰，发展民族风情游、民俗体验游、村落风光游等业态，开发民族民俗特色产品。

④建设传统农区乡村休闲旅游景点。依托稻田、花海、梯田、茶园、养殖池塘、湖泊水库等大水面、海洋牧场等田园渔场风光，发展景观农业、农事体验、观光采摘、特色动植物观赏、休闲垂钓等业态，开发"后备箱""伴手礼"等旅游产品。

（2）注重品质提升

乡村休闲旅游要坚持个性化、特色化发展方向，以农耕文化为魂、美丽田园为韵、生态农业为基、古朴村落为形、创新创意为径，开发形式多样、独具特色、个性突出的乡村休闲旅游业态和产品。

①突出特色化。注重特色是乡村休闲旅游业保持持久吸引力的前提。开发特色资源，发掘农业多种功能和乡村多重价值，发展特色突出、主题鲜明的乡村休闲旅游项目。开发特色文化，发掘民族村落、古村古镇、乡土文化，发展具有历史特征、地域特点、民族特色的乡村休闲旅游项目。开发特色产品，发掘地方风味、民族特色、传统工艺等资源，创制独特、稀缺的乡村休闲旅游服务和产品。

②突出差异化。乡村休闲旅游要保持持久竞争力，必须差异竞争、错位发展。把握定位差异，依据不同区位、不同资源和不同文化，发展具有城乡间、区域间、景区间主题差异的乡村休闲旅游项目。瞄准市场差异，依据各类消费群体的不同消费需求，细分目标市场，发展研学教育、田园养生、亲子体验、拓展训练等乡村休闲旅游项目。顺应老龄化社会的到来，发展民宿康养、游憩康养等乡村休闲旅游项目。彰显功能差异，依据消费者在吃住行、游购娱方面的不同需求，发展采摘园、垂钓园、农家宴、民俗村、风情街等乡村休闲旅游项目。

③突出多样化。乡村休闲旅游要保持持久生命力，要走多轮驱动、多轨运行的发展之路。推进业态多样，统筹发展农家乐、休闲园区、生态园、乡村休闲旅游聚集村等业态，形成竞相发展、精彩纷呈的格局。推进模式多样，跨界配置乡村休闲旅游与文化教育、健康养生、信息技术等产业要素，发展共享农庄、康体养老、线上云游等模式。推进主体多样，引导农户、村集体经济组织、农业企业、文旅企业及社会资本等建设乡村休闲旅游项目。

（3）打造精品工程

实施乡村休闲旅游精品工程，加强引导，加大投入，建设一批休闲旅游精品景点。

①建设休闲农业重点县。以县域为单元，依托独特自然资源、文化资源，建设一批设施完备、业态丰富、功能完善，在区域、全国乃至世界有知名度和影响力的休闲农业重点县。

②建设美丽休闲乡村。依托种养业、田园风光、绿水青山、村落建筑、乡土文化、民俗风情和人居环境等资源优势，建设一批天蓝、地绿、水净、安居、乐业的美丽休闲乡村，实现产村融合发展。鼓励有条件的地区依托美丽休闲乡村，建设健康养生养老基地。

③建设休闲农业园区。根据休闲旅游消费升级的需要，促进休闲农业提档升级，建设一批功能齐全、布局合理、机制完善、带动力强的休闲农业精品园区，推介一批视觉美丽、体验美妙、内涵美好的乡村休闲旅游精品景点线路。引导有条件的休闲农业园建设中小学生实践教育基地。

（4）提升服务水平

促进乡村休闲旅游高质量发展，要规范化管理、标准化服务，让消费者玩得开心、吃得放心、买得舒心。

①健全标准体系。制修订乡村休闲旅游业标准，完善公共卫生安全、食品安全、服务规范等标准，促进管理服务水平提升。

②完善配套设施。加强乡村休闲旅游点水、电、路、讯、网等设施建设，完善餐饮、住宿、休闲、体验、购物、停车、厕所等设施条件。开展垃圾污水等废弃物综合治理，实现资源节约、环境友好。

③规范管理服务。引导和支持乡村休闲旅游经营主体加强从业人员培训，提高综合素质，规范服务流程，为消费者提供热情周到、贴心细致的服务。

4）休闲林业

（1）从休闲目的地来看，森林休闲呈现长线休闲和短线休闲双轨发展的趋势

随着休闲时代的到来，以休闲度假为主要目的的度假区建设日益受到重视。休闲度假的长短线双轨化发展是一个世界性的现象，森林休闲作为休闲度假的主要产品之一，也将呈现长线休闲和短线休闲双轨发展的趋势。长线森林休闲目的地主要是一些具有世界影响力或国家级的森林公园和自然保护区；短线森林休闲目的地主要是城市郊区的森林休闲地带，包括城市周边的森林公园、郊野公园、乡村旅游区

等。需求决定供给，双轨的市场必然要求提供双轨的产品。因此，森林休闲的发展方向应为1~3天的城郊森林休闲和10天以上的度假休闲，即实行"两头大，中间小"的发展策略。

（2）从休闲参与者来看，越来越重视老年人的休闲需求

我国已经进入老龄化社会，老龄化给社会的长治久安和经济的进一步发展都带来了一定的影响，因此城市中老年人的休闲问题已引起了社会的广泛关注。城市森林系统是城市资源的有机组成部分，除了美化城市环境等功能外，在老年休闲活动中也起着非常重要的作用。因此，在休闲产品开发和设计方面，老年人的休闲需求将越来越受到重视。

（3）从休闲活动的类型来看，倾向于发展康复疗养型和户外体验型活动

随着环境的恶化和竞争的加剧，"第三状态"已成为现代人的常态。世界卫生组织的一项全球性调查显示，全世界真正健康的人仅占5%，有75%的人处于一种奇怪的状态：他们一般情况下能正常学习、工作和生活，但生活质量较差、工作效率低、极易疲劳，同时可能伴有食欲不振、失眠健忘、心绪不宁、精神萎靡、焦虑忧郁等状况。现代医学将这种介于健康与疾病之间的状态称为"第三状态"。在现代人旅游动机重要性均值排序中，精神放松的重要性居各种旅游动机之首。这表明，精神上的困倦远胜过体力上的疲劳的现代人越来越向往轻松、健康的生活，而森林旅游正日益成为保证人们身心健康的重要方式，"森林浴""森林医院"等康复疗养型森林休闲活动和有利于城市白领释放精神压力的山地户外体验型森林休闲活动越来越受到人们的欢迎。

5）游艇休闲

游艇产业是融合了生产制造业和商贸服务业的一个产业群。一个较为完整的游艇产业链包含游艇设计业、游艇制造业、游艇消费业和关联产业，当然，辅助性质的行业也会强有力地拉动游艇主体产业的飞速发展。游艇产业的特点如下：第一，综合带动能力较强。游艇产业具有劳动密集和资金密集双重属性，有利于长线经营，投入产出比较高，对增加就业岗位也大有裨益。第二，推进海洋产业发展。游艇产业隶属于海洋产业，它能够促进消费方式的多元化，增加人们对海洋的关注度，满足人们多层次的物质文化需求。第三，引领船舶行业高质量发展。游艇产业的发展要求制造商必须具备先进的设计研发能力和生产销售能力。

我国游艇产业从2005年开始加速发展，具有以下特点：在产业规模方面，受资源、资金、环境、市场的约束较大，且对城市有一定的选择性；在关联程度方面，是海钓活动品质与安全的可靠保障；在产业辐射力方面，主要涉及高科技产业和中高端消费层面，辐射力相对有限；在城市形象方面，有利于提高城市的文化品位，有利于打造城市的高端休闲品牌。

在未来，我国游艇休闲产业将朝着大众化的方向发展，在实践中我们需要考虑以下几条建议：

（1）完善产业链，让游艇经济渐行渐近

游艇产业链的构建是一个系统工程，必须加强研究设计，以便促进产、学、研一体化发展。从根本上来说，应提高游艇产能和服务水平，加强景观水系资源的开发；同时，要注重资源的整合，将俱乐部间的交流与合作、以展促销与政策引导、社区参与和宣传推介等各个方面联系起来，这样才能将游艇产业做大、做强。游艇经济呼唤产业上游和下游的紧密配合，当游艇旅游也成为一种福利的时候，大众的融入就不再是一个难题了。

（2）实施"两个重点"和"四个优先"的招商政策

"两个重点"：吸引重大项目投资是建设大众游艇业的一项有力举措，这将直接影响到大众休闲能否成行。就目前而言，需要政策先行，重点引进国内外有影响力、有实力的商业机构加盟合作，对名家、名品、名企、名人进行重点招商。"四个优先"：必须把厂家、名优品牌、独家经营和特色项目放到优先发展的位置上予以考虑，在此基础上完善城市公共配套、一线海景资源、专享娱乐休闲、度假酒店集群、品牌物业服务以及高端住宅产品六大价值体系。

（3）加强人才培养和制度建设，扩大游艇俱乐部规模

会籍管理是游艇俱乐部的一大特色，针对俱乐部管理人才紧缺的现实，从源头上把关是当务之急。因此，必须尽力完善考证制度，让培训和考试统一于大纲的要求。尤其要建立起配套的专业人才教育和成长机制，从而储备好生力军。同时，尽快出台更为详细的监督管理办法，从而为行业提供安全保障。优化制度环境，鼓励健康消费，形成规模效应。

6）农民休闲

社会进步使休闲成为普遍的生活方式，政府的倡导使休闲主体更加广泛，科技的发展使休闲内容逐步多样和完善。随着农村文化建设的逐步加强，我国农民的休闲活动将呈现出以下发展趋势：

（1）科学理性发展

农民的消极休闲行为逐渐被科学理性的休闲活动所取代。除了睡眠、休憩等正常的生理休闲之外，旅游、购物、度假等多种休闲方式逐渐进入农民的日常生活。同时，农民对休闲产品的选择更加慎重，不再盲目跟风攀比，各种体育活动、社团活动、俱乐部活动也逐渐成为农民的休闲方式。

（2）科技含量增加

农民休闲活动的科技含量日益增加，以经验交流为核心、以科技运用为手段的休闲活动日益增多。例如，中国（寿光）国际蔬菜科技博览会的成功举办，不仅为农民的生产提供了交流的平台，而且为农民的休闲活动注入了科技元素。此外，高科技在休闲活动中的后续效应也日益受到重视。

（3）文化性更加突出

农民的休闲活动中蕴含的文化因素增多。农民开始逐渐投入到创作中去，自编自导自演各种以农村生活为题材的作品，从而丰富了休闲活动的内容。"休闲教育的内

容很广泛，表现为智力、玩的能力、对美的欣赏能力、价值判断能力、心理承受能力、社会交往能力等，还可以通过创造性的休闲方式来表达自己的追求与理念，如志愿者活动鼓励人们把自我发展和承担社会责任联系在一起，这是对休闲理念新的诠释。"同时，我国很多地区的农民也开始加入社区志愿者队伍，并在很多慈善机构实现着自己的人生价值，这也将成为休闲活动的重要内容。

（4）和谐持续推进

新农村建设不仅对农民的生产，也对农民的生活提出了新的要求，农民的休闲活动作为一种生活方式也将和谐推进，主要表现为家庭和谐、社区和谐和城乡和谐三个方面。和谐社会建设与每个家庭都息息相关，家庭在休闲中的地位不可忽视。旅游是一种重要的休闲方式，农民的出游方式也将呈现出全家集体出游的典型特征，这对于维系家庭稳定以及融洽家庭关系具有重要作用。和谐持续推进农民休闲，将在很大程度上缓解城乡差别，维护社会稳定。

休闲广角镜7-3　　　　　　　　　　中国农民旅游市场开发

随着经济水平的提高与季节性闲暇时间的增加，农民也成为旅游群体中日益壮大的队伍。然而当前，无论是农民还是旅游产品提供者，都没有做好充分的准备。

从农民的角度来看，尽管有一定数量富裕起来的农民有丰富的旅游经历，但是从总体上来说，农民的旅游消费水平仍远远低于城市居民。旅行社提供的旅游产品价格偏高，超出了农民旅游支出的心理预期；对于自助游方式，农民又缺少经验，难以成行。所以，当前农民旅游仍处于较低的层次：有闲，就去县城公园溜达溜达；有闲还有很多钱，才去周边景点走马观花；有钱有闲还有心，才会到大城市或者较远的知名景区游玩。

从旅游产品提供者的角度来看，农民旅游并没有受到重视：很少有旅行社将农民作为重点服务对象；旅游线路的安排缺少针对性，农民看惯了乡村的自然风光，更喜欢欣赏都市的繁华景象和游览著名的人文景观。

资料来源　刘文勇，张伟宾. 农民旅游　准备好了吗？[N]. 农民日报，2015-04-29（3）.

小思考7-3

答案提示

⚙ 小思考7-3

如何引导我国农民休闲旅游市场的开发？

7）休闲管理

我国的休闲管理可从休闲需求和休闲供应两个方面来考虑。从休闲需求方面来考虑，重点是对休闲行为和休闲主体进行引导，逐步消除影响人们参与休闲的障碍性因素，从而促进休闲需求的不断增长；从休闲供应方面来考虑，重点是抓休闲产业的规划和质量管理，促进休闲产品的品质全面提升，数量及类型全面增长，从而有效满足人们的休闲需求。

我国政府应该科学认识休闲活动的功能，考虑将促进休闲事业和休闲产业的发展列入政府工作目标中，并制定中长期发展规划。由于休闲事业和休闲产业在范围上与文化事业和文化产业有很大的交叉性，因此需要认真思考如何有效协调这两类产业在国家经济和社会生活中的地位问题，同时重视对我国传统文化中的精华进行挖掘、整理与利用，在吸收和利用传统休闲文化的基础上，创造富有中国特色的休闲文化体系。

此外，我国政府还应重视对社区休闲和游憩工作的规划、实施和管理。社区是人们日常开展休闲活动的重要区域，科学的社区休闲和游憩规划能够满足居民的休闲需求，增进社区居民之间的感情；能够改善城市生态环境，提高居民的生活质量；能够促进社区的健康发展，营造和谐的社区氛围。

新时代·新休闲7-1   **政策赋能旅游休闲城市建设**

启智润心7-2

美好生活、文化自信与旅游使命

在全域旅游"城区即景区，旅游即生活"理念的引领下，城市居民的休闲游憩空间与游客的观光游览空间进一步交融重叠，边界日益模糊。城市日渐成为主客共享的重要休闲空间与消费场景，游客与居民对都市旅游、城市休闲核心吸引物的需求呈现加速增长态势。以市场需求为导向，大力建设旅游休闲城市，丰富旅游休闲公共服务供给，是满足人民群众美好生活需要的切实之举。

2023年11月，文化和旅游部印发《国内旅游提升计划（2023—2025年）》（以下简称《提升计划》），从9个方面明确30项主要任务，旨在更好地满足人民群众的美好生活需要，推动旅游业高质量发展。在丰富旅游供给方面，《提升计划》提出，"实施文旅产业赋能城市更新行动""打造一批文化特色鲜明的国家级旅游休闲城市和街区"，这表明城市是落实计划的核心载体；在改善旅游消费体验方面，《提升计划》提出，"加强标准制定实施""完善旅游标准体系""提高标准实施应用水平和效果"，这表明标准化是落实计划的重要手段。

在旅游业迈向高质量发展的关键时期，《提升计划》适时出台，不仅为推动旅游业高质量发展提供了指引，而且为高水准建设旅游休闲城市指明了方向，具有重要的现实意义。此前印发的《"十四五"旅游业发展规划》《国民旅游休闲发展纲要（2022—2030年）》《关于释放旅游消费潜力推动旅游业高质量发展的若干措施》等文件也均重点提及"打造一批文化特色鲜明的国家级旅游休闲城市和街区"。总之，打造旅游休闲城市是践行"人民城市人民建，人民城市为人民"重要理念、增强人民群众幸福感和获得感的有效途径。

资料来源 吕宁，庞博，赵旭. 发挥标准引领作用　赋能旅游休闲城市建设［N］. 中国旅游报，2023-12-11（3）.

学有所悟：加快建设世界一流旅游休闲城市是更好满足人民群众对美好生活需要的内在要求，是培育城市经济新动能的重要组成部分。我们应以党的二十大精神为指引，贯彻落实以人民为中心的发展思想，坚持以文塑旅、以旅彰文，不断提升城市文旅吸引力、影响力、创新力和竞争力，持续推动城市高质量发展，让中国式现代化在祖国大地绽放蓬勃生机、展现独特魅力。

本章小结

从未来发展来看，休闲经济理论的发展将沿着以下几个方向进行：第一个方向是对休闲者及其行为的系统研究；第二个方向是将休闲纳入宏观经济的分析框架，研究休闲对宏观经济变量的影响程度和作用机制；第三个方向是从家庭生产角度研究休闲理论的深化等。

我国向休闲社会转型的基础包括：人们的闲暇时间不断增加；居民收入的提高为休闲活动的开展提供了基础；教育水平的提高促使人们尝试新的休闲活动；休闲对家庭的重要作用正在显现；老年人口的增多和城镇化水平的提高为休闲产业的发展创造了客观条件；国家重视扩大内需为休闲的发展提供了保障等。

我国休闲发展的趋势主要有经济休闲化、文化休闲化、消费休闲化、生活休闲化、运动休闲化及旅游休闲化等。我国休闲产业在城市休闲、户外与运动休闲、休闲农业、休闲林业、游艇休闲、农民休闲以及休闲管理等领域都呈现出了新的发展特点。

边听边记7-1

第7章

主要概念

休闲政策　休闲社会　城市休闲　农民休闲

基础训练

7.1　选择题

1）国外休闲经济理论研究虽然已有100多年的历史，但对休闲的研究仍依附在（　　）的研究基础上，并没有形成较为成熟的理论框架体系。

A.福利经济学和微观经济学　　　　B.家庭经济学和劳动经济学

C.家庭经济学和微观经济学　　　　D.福利经济学和劳动经济学

2）在拉动经济增长的三大因素中，（　　）对经济发展的贡献占主导地位。

A.消费　　　　　B.投资　　　　　C.出口　　　　　D.信贷

3）生活休闲化主要是指（　　）因素越来越多和越来越广地渗透到工作、生活、购物及其他各种活动中去。

A.余暇时间　　　　B.富裕社会　　　　C.品质生活　　　　D.休闲娱乐

4）（　　）不属于文化休闲化范畴。

A.文学娱乐化　　　　　　　　　B.影视作品通俗化

C.艺术表演形式大众化　　　　　D.文化产业化

在线测评7-1

选择题

7.2　判断题

1）根据恩格尔系数，居民用于食品的支出比重越小，这个国家的居民福利水平越高。

（　　）

2）休闲在当今世界的出现主要是由于商业原因，但是受商业影响最大的不是在休闲中获得了人的存在，而是发现了休闲的商业化。　　　　　　　　　（　　）

3）经济休闲化主要是指经济的发展越来越依赖于人们的休闲消费信心、休闲消费行为和休闲消费支出。　　　　　　　　　　　　　　　　　　　　（　　）

4）游艇产业是融合了生产制造业和商贸服务业的一个产业群。　　　（　　）

在线测评7-2

判断题

7.3　简答题

1）简述美国休闲政策的主要内容。

2）简述我国休闲发展的趋势。

在线测评7-3

简答题

案例分析

休闲产业发展奏响"人产城"和谐乐章

2023 年 9 月 6 日，由新华每日电讯、新华社内蒙古分社、内蒙古日报社和北京全域旅游规划院主办的"新形态·新趋势·新动能"首届休闲发展论坛在内蒙古自治区兴安盟阿尔山市举行。

如今，我国休闲产业已经进入蓬勃发展阶段，休闲消费结构不断升级换代，休闲产业出现了更丰富的形态与内涵。

"休闲产业高质量发展，是提高我国国际竞争力之策，是产业转型升级的引擎，是满足人民美好生活需要之源。"中国人民大学休闲经济研究中心主任王琪延说。

王琪延介绍，休闲产业包括五大产业，即休闲核心产业、休闲品种植业、休闲工业、休闲设施建设业、休闲服务产业。其中，休闲核心产业主要包括旅游休闲产业、体育休闲产业、养生休闲产业等。

随着时代的发展和社会的进步，休闲不但提供了丰富有趣的生活方式，而且成为人们追求幸福和健康的重要途径。休闲旅游度假是全面建成小康社会后我国人民追求的一种高品质文化生活。

对于休闲产业未来的发展趋势，王琪延认为，主要包括三品化、双轮化、人性化、环保化、简约化、精细化、融合化、安全化等。南开大学旅游与服务学院马晓龙教授认为，从资源到产品到场景的市场消费需求重构是休闲产业发展的新趋势，"创意+技术+小资本"的场景创新是小城市休闲旅游创新发展的方向。

休闲经济正在成为我国经济发展新的增长点，休闲产业为城市发展赋予新动能。中国人民大学创意产业技术研究院副院长宋洋洋表示，文化的融入和重构是传统文旅转型升级的关键，而文化旅游的发展又能赋能城市焕新。

宋洋洋分享了对休闲城市建设的几点思考：一是建立"1+N"的立体化发展思路，有一个立体的文化形象和定位，同时配合一组立体的文化体验和互动；二是树立"4C"发展原则，即融入现代场景、打通年轻社群、讲好文化故事、激发社交传播；三是推动"文旅+"的跨界融合，让地区品牌化、文化化、场景化；四是推动"产城融合"布局旅游节点型城市，通过文化旅游赋能城市焕新，通过区域节点构建网状布局，让城市文旅发展着眼于人、着手于产、落脚于城。

在本次论坛上，新华社中国经济信息社依托"2023中国魅力城市指数"评价结果，围绕"富、和、美、精"的"魅力"内涵和当前各地呈现出的主流休闲方式，发布了"十大品质休闲胜地"，北京朝阳区、淄博张店区、鄂尔多斯康巴什区、西安雁塔区、甘孜藏族自治州理塘县等地区上榜。

资料来源　彭源. 休闲产业发展奏响"人产城"和谐乐章——"新形态·新趋势·新动能"首届休闲发展论坛观察 ［EB/OL］. ［2023-09-07］. http://www.xinhuanet.com/fortune/2023-09/07/c_1129850421.htm.

问题：结合首届休闲发展论坛思考，未来我国休闲产业如何实现高质量发展？

实践训练 ✔

结合本地区的发展实际，谈一谈本地区的休闲产业是否具有迎合未来发展趋势的可能。

本章参考文献

❶ 王蔚，曹银玲，赵晓涵. 我国农民的休闲趋势研究 ［J］. 中共济南市委党校学报，2012（3）.

❷ 吴承忠. 国外休闲和旅游规划理论及案例分析 ［J］. 城市问题，2011（4）.

❸ 张晓. 中国游艇休闲产业的大众化发展研究 ［J］. 青岛酒店管理职业技术学院学报，2011，3（4）.

❹ 吴承忠. 国外休闲经济主要构成产业的现状分析 ［J］. 河北工程大学学报（社会科学版），2009，26（4）.

❺ 朱寒笑，苗大培. 欧洲休闲运动政策的演变 ［J］. 体育文化导刊，2009（2）.

❻ 蔡玳燕. 德国：乡村休闲旅游一枝独秀 ［J］. 宁波经济（财经视点），2008（2）.

❼ 叶晔，李智勇. 森林休闲发展现状及趋势 ［J］. 世界林业研究，2008（4）.

❽ 卿前龙. 西方休闲研究的一般性考察 ［J］. 自然辩证法研究，2005（1）.

❾ 关丽萍，王哲，金海龙. 中国休闲产业发展的趋势及对策 ［J］. 新疆师范大学学报（自然科学版），2004（2）.

❿ 刘康. 美国休闲渔业现状及发展趋势分析 ［J］. 中国渔业经济，2003（4）.

⓫ 徐锋. 国外休闲产业的发展现状与加快我国休闲产业发展的对策 ［J］. 商业经济与管理，2002（9）.

本章推荐阅读文献

❶ 郭鲁芳. 国外休闲经济研究的历史与进展 ［J］. 经济学家，2004（4）.

❷ Godbey，白雪莲，王丰年. 走向休闲社会：中国未来前景的展望 ［J］. 自然辩证法研究，2001（12）.

❸ 阿荷拉. 休闲社会心理学 ［M］. 谢彦君，等译. 北京：中国旅游出版社，2010.

❹凯利. 走向自由——休闲社会学新论 [M]. 赵冉，季斌，译. 昆明：云南人民出版社，2000.

本章推荐网站

❶旅游休闲网，http://www.travelleisure.org.cn/index.

❷中国小康网，https://m.chinaxiaokang.com.

❸中国农网，https://www.farmer.com.cn.

❹中国森林康养产业网，http://www.zgslkycyw.cn/home/arder/index/catId/57.html.